ENCICLOPEDIA
DE EJERCICIOS DE ESTIRAMIENTOS

拉伸训练
解剖全书

基于解剖学原理
全方位的科学拉伸训练

〔西〕奥斯卡·莫兰◎著
〔西〕伊莎贝尔·阿雷查瓦拉◎绘
徐佳宇◎译

北京科学技术出版社

读者须知

　　运动学和医学是随着我们科研成果与经验的积累不断发展的。本书中所有的建议都由作者审慎提出，尽管如此，读者仍应根据自身情况和医生的建议来选择适合自己的运动方式。

　　因本书相关内容而造成的直接或间接的不良影响，出版社和作者概不负责。

Enciclopedia de Ejercicios de Estiramientos by Óscar Morán

© 2012 by Editorial Pila Teleña

All rights reserved.

Simplified Chinese edition copyright © 2023 by Beijing Science and Technology Publishing Co., Ltd.

著作权合同登记号　图字：01-2023-1880

图书在版编目（CIP）数据

　　拉伸训练解剖全书 / (西) 奥斯卡·莫兰著；(西) 伊莎贝尔·阿雷查瓦拉绘；徐佳宇译. — 北京：北京科学技术出版社，2023.10（2025.11重印）

　　ISBN 978-7-5714-2958-4

　　Ⅰ. ①拉… Ⅱ. ①奥… ②伊… ③徐… Ⅲ. ①健身运动—图解 Ⅳ. ①G883-64

　　中国国家版本馆CIP数据核字(2023)第069956号

策划编辑：魏林霞	**电　话**：0086-10-66135495（总编室）
责任编辑：付改兰	0086-10-66113227（发行部）
责任校对：贾　荣	**网　址**：www.bkydw.cn
图文制作：旅教文化	**印　刷**：北京宝隆世纪印刷有限公司
责任印制：李　茗	**开　本**：710 mm×1000 mm　1/16
出 版 人：曾庆宇	**字　数**：193 千字
出版发行：北京科学技术出版社	**印　张**：15
社　址：北京西直门南大街 16 号	**版　次**：2023 年 10 月第 1 版
邮政编码：100035	**印　次**：2025 年 11 月第 4 次印刷
ISBN 978-7-5714-2958-4	

定　　价：98.00 元

前　言

　　和大部分高等动物一样，人类天生需要进食、繁衍后代和躲避灾难——低等动物一般不会在这些方面消耗大量能量。然而，随着不断进化，除了上述本能活动，人类又开始进行一些社交和休闲娱乐活动。如果日常生活中我们不需要伸展身体，那么我们也就没有必要进行拉伸。但若长年累月不拉伸，我们的身体就会变得弯曲，出现疼痛、僵硬等问题。不要等到出现问题才追悔莫及。你是不是经常看着镜子中身体状态不佳的自己，一遍又一遍地问自己这是为什么？这样做没有任何意义，你要去锻炼，直到身体重新恢复健康。我们总是忽视健康，而只有当我们真正失去它的时候才会意识到它的重要性。因此，保持健康最明智的方法就是坚持健身。

　　只要留心观察自然界的其他动物我们就会发现，它们经常伸展自己的身体。自然界有一些优秀的"运动员"，比如猫，总是在做伸展动作，这是为了保证自己不但具有捕猎能力，同时还能避免被其他捕食者捕获。

　　在现代社会中，人类不需要拥有特别强壮的身体就可以生存，尤其是对那些将"生命在于静止"作为自己人生信条的人来说，活动一下身体简直要了他们的命。本书不仅能让我们的身体发挥最大作用、使我们的运动效果最大化、增强我们处理日常事务的能力，还将为我们揭示如何从拉伸中获益。

　　遗憾的是，拉伸训练很容易被人们忽视。原因可能在于，拉伸训练的效果并没有其他体育训练的效果那么显著，至少它没有力量训练和耐力训练的效果那么明显。在瑜伽中，拉伸是基础，也是本质；在芭蕾舞中，拉伸更是必不可少；但是在体育训练中，人们却经常将拉伸训练的时间缩减到运动前后的几分钟，有时甚至完全不进行拉伸。然而，许多人都没有意识到，从美学角度来看，一个身体兼具敏捷性和柔韧性的人将拥有优于他人的身材，并且正如我们上面所提到的，这样的身体更加健康。

在《力量训练解剖全书》中，我指出了驼背一般情况下是因为身体背面的肌肉缺乏张力而身体正面的肌肉缺乏柔韧性造成的——这只是为什么我们要将身体锻炼得既协调又柔韧的重要原因之一。

读完本书你会发现，经常进行拉伸不仅有利于改善健康状况，而且能够提高生活质量。

如何使用本书？

读者朋友，无论你的柔韧性如何，或者关于拉伸方面的知识有多少，你都将被本书所吸引。这是一本内容丰富、可操作性强的书，你可以根据目录，从本书的任意一页开始学习并进行练习。

本书插图中的人物均为专业真人模特，其动作都是在专业人士的指导下完成的。

此外，本书还指出了如何在练习中正确完成动作、应当避免的常见错误、练习中涉及的主要肌肉和次要肌肉，并给出了一些实用的建议。

关于练习页面

标题： 包括练习的序号、类型和名称。大部分拉伸练习没有通用的名称，在本书中我是根据动作或姿势来命名的。

插图： 展示了练习的正确姿势，并标出了参与运动的部分肌肉。

所涉肌肉： 按照肌肉的参与程度或练习对肌肉的作用程度（锻炼效果）进行排序，列出了相关肌肉的名称，略去了一些参与程度低的肌肉。

动作要领： 说明了主要练习的动作要点。

提示： 包括具体的说明、建议、注意事项和常见错误等。

变式： 介绍了主要练习的变式，说明了动作过程、注意事项和主要锻炼的肌肉等。

另外，本书非常实用的一点是，从第二章开始，在每一章的开篇，从人体解剖学角度简要介绍了主要肌肉的起点、止点和主要功能等。

本书的练习适合大部分人，在某些情况下，练习者可以根据自己的身体情况进行调整。

标题　　　插图　　　动作要领　　　所涉肌肉

10 颈肩部单人练习　头部后仰拉伸

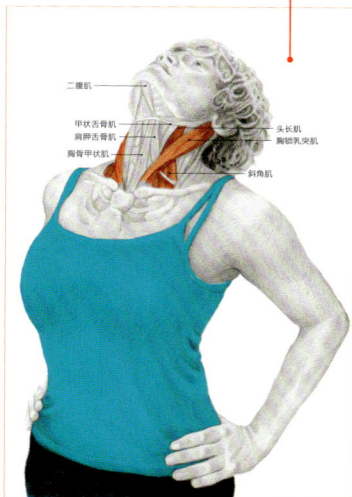

二腹肌
甲状舌骨肌
肩胛舌骨肌
胸骨甲状肌
头长肌
胸锁乳突肌
斜角肌

所涉肌肉

主要肌肉： 斜角肌、头长肌、颈长肌、头前直肌、胸锁乳突肌。

次要肌肉： 下颌舌骨肌、甲状舌骨肌、胸骨舌骨肌、胸骨甲状肌、肩胛舌骨肌、二腹肌。

动作要领

站立或坐在一个低靠背的椅子上（最好坐在椅子上），让头在重力作用下轻轻向后仰。

提示

此练习比前面的头部前屈拉伸要难得多。如果你患有颈部疾病，最好不要做此练习。实际上，此练习拉伸的肌肉也可以在旋转和屈曲头部的练习中被拉伸，且做旋转和屈曲头部的练习更舒适。

用手向上顶下巴有助于控制并完成动作。和其他颈部练习一样，如果你在日常生活中经常头痛或头晕，此练习可以改善或消除这种不适，使紧张的肌肉得到放松。

如果想让更多的肌肉被拉伸，在练习过程中应保持上下颌闭合。

变式　仰卧头部后仰拉伸

躺在长凳上，将头伸出长凳外，让头在重力作用下自然下垂。练习时要小心、缓慢，否则可能造成颈部损伤。

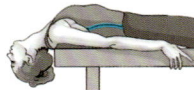

72　　　　　　73

主要练习

变式

提示

目　录

在正式学习拉伸训练的基础理论前，我先来解释一些相关的概念。

人类的四种基本身体素质（也称"身体能力"，但我更倾向于使用"身体素质"这一传统术语）是柔韧性、力量、耐力和速度，拉伸与其中的柔韧性密切相关。

我们可以将"拉伸"定义为拉长、伸展身体部位，比如活动手臂或腿来进行放松，这个概念涵盖了动作和效果两个层面。而柔韧性则指能够轻松屈曲肢体的能力。

历史上有许多优秀的学者都关注和研究过拉伸，比如林格（Ling）、巴克（Buck）、梅道（Medau）等。20 世纪中期，神经生理学领域的一些学者将收缩—放松技术应用到了拉伸运动中，现代拉伸运动和本体感神经肌肉促进技术（以下简称"PNF 拉伸"）由此开始发展，鲍勃·安德森（Bob Anderson）和同时代的其他运动学家将其推广开来。

本书将运动科学的各种基础理论与拉伸训练的理论结合起来，介绍了在实际训练中效果最佳的练习。

如何拉伸？

有一种观点是，在进行拉伸训练时，练习者如果不感到疼痛，就无法取得进步。有人甚至主张进行会造成疼痛并且使关节和韧带接近活动极限的训练。还有一些人建议用弹震拉伸的方式来使练习者逐步实现训练目标。

对此我有不同的观点——我提倡用合理、科学且有效的方法来进行拉伸训练。运动学中的刺激阈值理论在拉伸训练中同样适用。下面的例子有助于你理解我的观点。

1. 过于轻微的拉伸几乎不会对身体产生什么影响，也不会提高关节活动度。

2. 过度拉伸极有可能对身体造成伤害，即使身体不受伤，肌肉也会进行保护性收缩，阻碍柔韧性的提升。

3. 强度适当的拉伸不仅能提高关节活动度、增强耐力，而且有利于达到更好的效果，还不会造成身体疼痛或损伤。强度适当指的是比日常生活中的动作强度高但又不会使身体受伤的强度。

在进行大部分的身体活动时，尤其是进行具有一定强度的活动时，热身至关重要。拉伸训练也不例外。有些人会混淆"拉伸"与"热身"这两个概念，有时我们会听到一些运动员甚至是体育记者说某人正在"热身"，实际上他正在拉伸。事实上，正确的做法是先热身，后拉伸。一般的热身活动能够加速血液循环并使体温适当升高，特定的热身活动还会为我们即将拉伸的部位提供更多的营养物质和氧，这对体育锻炼（包括拉伸）是非常有益的。

我可以为你介绍各种拉伸技巧和它们的优缺点，但是你可能更希望我把重点放在那些已经证实有效的技巧上，所以在这里，我将就如何进行拉伸训练提供一些建议。

1. 你可以从有助于加快血液循环的温和有氧运动（比如慢跑、骑动感单车等）开始，时间为5~10分钟。

2. 活动一下即将锻炼的部位及其周围关节，时间为2~3分钟。

3. 有时候，你可以针对即将锻炼的部位进行阻力训练，然后进行拉伸。例如，如果稍后要进行拉伸胸部肌群的训练，你可以先以地板或墙壁为支撑做俯卧撑。

有些人会选择通过提高外部环境的温度来热身，比如在运动前蒸桑拿，但这并不是最有效的热身方式。提高外部环境的温度的确会对拉伸产生积极的影响，但真正的热身应该是练习者的主动运动。例如，简单地反复屈伸关节就有利于提高关节活动度以及后续的拉伸练习的质量。

现在来具体介绍一下拉伸。本书最重要的建议之一是：拉伸应该是轻柔且可控的，我们要将动作做到自己能承受的最大幅度，然后保持几秒不动。应避免弹震拉伸、快速摆动拉伸（比如做投掷动作，这可能会损伤某些身体部位）以及其他受损性过度拉伸。一般来说，同伴的辅助非常有用，但同伴必须具备足够的运动学知识，并且要在训练过程中始终注意自己的动作，不得使练习者进行极限拉伸。

在进行拉伸训练时，我们应当缓慢且有节奏地呼吸，通常在伸展时呼气，从而释放胸腔和腹腔的压力。身体（特别是即将拉伸的部位）不应处于过度紧张状态。这就解释了为什么有些运动员在运动后因突然拉伸而受伤——因为他们不知道"当身体还很热的时候"拉伸仍会受伤。

当长期久坐不动的人决定通过拉伸训练改善身体状况时，他们应该怎么做呢？一个好的建议是，先进行力量训练，再进行拉伸训练（同时兼顾力量训练）。

那么，对有运动习惯但暂停运动了一段时间的人来说，应该怎样开始拉伸训练呢？对于运动经历不同的人，我们的建议也不尽相同。如果一名耐力运动员经过一段时间的休息后重返体坛，那么他会发现，无论是在速度还是在耐力上，他的表现都有所下降。但这并不是什么大问题，速度和耐力都是可以通过训练恢复的。无论是在拉伸训练中还是在力量训练中，都存在练习者因急于恢复到停止训练之前的水平而受伤的情况。长时间休息后的突然训练可能会造成身体损伤。这时，练习者不必沮丧，可以通过巧妙地设定短期目标来逐步达到期望的训练效果。如果停止训练的时间不长，那么恢复起来比从零开始容易得多。即使主观上我们感觉这段过渡期很漫长，但实际训练起来，它比我们预期的短得多。

然而，对初学者来说，一个很大的困难在于：如何区分疼痛感和不适感。疼痛感一般是急性、剧烈且难以忍受的，而不适感是由于肌肉拉伸而引起的紧张感。如果我们放松身体，疼痛感并不会减弱或消失，但是不适感会减弱或消失。

拉伸的种类

为了有效地进行拉伸训练，你需要了解不同类型的拉伸方法，这样就可以根据自己的水平和目标来进行有针对性的训练。接下来，我将介绍静态拉伸、动态拉伸和PNF 拉伸，其中静态拉伸和 PNF 拉伸是两种我认为简单且有效的拉伸方法。

静态拉伸

静态拉伸也称"被动拉伸"，指将关节拉伸至最大活动范围内的某个点，并保持几秒钟不动。静态拉伸是一种简单的拉伸方法，我们还可将其细分为两种。

主动静态拉伸：通过其他肌肉的收缩来拉伸目标肌肉。主动静态拉伸不是最有效的拉伸方法，因为单纯依靠练习者自身的力量来保持身体某些肌肉的拉伸状态并不容易，因此我更推荐接下来要介绍的被动静态拉伸。

被动静态拉伸：借助健身器械或同伴的辅助来拉伸。具体过程如下。

1. 在疼痛感出现之前缓慢拉伸。

2. 保持姿势约 20 秒。

3. 休息 20~30 秒（在休息期间，也可以拉伸其他肌肉——最好是目标肌肉的拮抗肌）。

4. 重复这个过程 3~4 次。

动态拉伸

从"动态拉伸"的名称就可以看出，我们需要使身体的一部分在可控范围内运动，直至达到极限。动态拉伸要求练习者能很好地控制动作，在某些体育运动（比如武术和舞蹈）中应用较为广泛。

注意，只有具有一定经验和控制能力的练习者才能进行动态拉伸训练，不建议初学者使用这种拉伸方法。动态拉伸也可以分为两种。

爆发性拉伸：这种拉伸方法利用运动惯性使关节的活动超出正常活动范围。使用这种方法拉伸具有潜在的受伤风险，因此一般来说，应避免使用这种拉伸方法。

控制性拉伸：在整个运动过程中，动作均在可控范围内，但拉伸效果极好。

PNF 拉伸

PNF 拉伸也被一些学者称为"等长拉伸"，这些学者主要来自北美，如卡巴特（Kabat）、莱文（Levine）和波巴斯（Bobath），他们将这种方法推广到了医学界并取得了重大成就。事实上，PNF 技术是卡巴特发明的，因此它也被称为"卡巴特法"。由于这种方法有一定难度，所以我将它推荐给有经验的练习者，而不建议初学者使用。具体过程如下。

1. 缓慢拉伸，直到你感到轻度不适。

2. 让肌肉等长收缩，保持姿势 6~8 秒。

3. 放松 2~3 秒，但是姿势保持不变。

4. 继续加大拉伸幅度，并保持姿势 10 秒左右。

5. 让肌肉等长收缩，并重复以上步骤 1~2 次。

如果你能够正确地使用这种方法，效果会非常好。这种方法与"米歇尔（Michell）法"相似，即拉伸肌肉，让肌肉等长收缩，然后放松一会儿。每次肌肉收缩之后你都要再次适当加大拉伸幅度，让拉伸达到新的极限。

科学地拉伸

在拉伸训练中，肌肉并非处于被动状态，但初学者可能很难发现这一点。当我们拉伸肌肉时，肌肉会向相反的方向收缩以保护自身和周围关节，这是为了避免在日常生活中受伤，我们的身体做出的自然、必要且关键的反应。如果我们进行弹震拉伸或爆发性拉伸，这种反应会加剧，使练习变得困难，这就是所谓肌肉的"牵张反射"。这种反射是非常有用的，可以防止关节在无意识中达到极限甚至受伤。牵张反射的强度非常大，在某些情况下甚至可能导致关节脱臼。举一个典型的例子：在交通事故中，当车内的人受到撞击时，他的肌肉会处于紧绷状态以保护身体不受伤害；他的大多数关节会在几秒后恢复到正常状态，但是有些关节，比如颈部关节，会由于牵张反射而导致扭伤，这是因为头颈部非常重要，因此这种反射的作用也就更强烈。

科学的拉伸必须是可控的、轻柔的且持续的。

虽然肌肉是拉伸训练的主角，但相关的关节也会得到锻炼。事实上，一些研究表明，某些肌肉可以拉伸到原来长度的两倍而不会受伤，但关节却不能承受同样的拉伸强度。关节的活动范围取决于其稳定性和活动度。韧带、肌筋膜、关节囊和肌腱（特别是肌腱）在拉伸练习中很容易受伤，当拉伸强度超出它们的最大承受范围时，它们就会被拉伤。

科学的拉伸是使关节活动度接近极限，因此我们在练习过程中会感到一定程度的不适。当这种不适感变成疼痛感时，意味着我们的拉伸可能超过了这个极限，马上就会受伤。

需要注意的是，在拉伸过程中，一些松弛度较高、稳定性较差的关节很快就会达到极限——当关节活动到正常活动度的一半时，可能就已经达到极限。此时我们需要做的是，保持拉伸姿势3~4秒，如果拉伸感不再那么强烈（不改变姿势，但逐渐感到更加舒适），就表明动作是正确的。

不科学的拉伸指在运动中使关节的活动超出其正常活动范围，比如利用反弹力来拉伸，或在肌肉处于拉伸状态时继续对其进行拉伸（比如站在地面上，向前屈曲身体，保持双膝伸直，尝试用双手接触地面）。

最后，我有必要强调有效拉伸的决定性因素，那就是注意力。虽然对所有运动来说，这一因素都是必要的，但在拉伸训练中，它起着至关重要的作用。练习者必须将注意力集中在拉伸的部位，不能因为与同伴谈话、看电视或者做其他类似的事情而分心。注意力分散的练习者很难正确完成动作，如果动作不正确，就难以获得最佳拉伸效果；而如果动作幅度过大，练习者就可能受伤。另外，为了更好地感知被拉伸肌肉，练习者还应具备一定的解剖学知识，这也是我将解剖学知识纳入本书的原因之一。

拉伸训练的时机和时间

在体育训练中，不同的练习者对待拉伸的态度不尽相同。有些练习者把拉伸当作热身的一部分，有些练习者则在每组练习之间的休息时间或训练之后进行拉伸，还有些练习者甚至会将拉伸与日常训练完全分开。那么，如何正确安排拉伸训练呢？这其实没有一个标准答案。

在众多拉伸训练模式中，我推荐以下两种基本的模式：

- 热身—拉伸—运动—拉伸；

- 热身—拉伸。

在第一种模式中，拉伸既可以作为运动前的准备活动，也可以用于运动后的恢复。而在第二种模式中，拉伸本身就是一种运动，也就是说，我们要专注于拉伸。只有在一种情况下，拉伸前不需要热身，那就是当人们因为工作或处理其他事情而长时间保持一个固定姿势后，想通过拉伸来消除身体的酸痛感和僵硬感时。一般来说，这样的拉伸是为了提高关节的灵活性，而不是为了提高身体柔韧性。

如果你希望保持关节的灵活性，那么你需要每周进行 3~7 次拉伸训练，每次持续 15 分钟左右。如果你想提高身体的柔韧性，那么训练时间应该是每次 15~30 分钟，每周 5~6 次。而那些对身体柔韧性要求很高的运动员（比如体操运动员），他们每天的拉伸训练时间通常超过 1 小时，而且几乎一周 7 天都保持这样的训练强度。

本书中的每一项练习都需要重复做 3~6 次，每次持续 10~20 秒。最好每天坚持锻炼全身的所有肌群，而不是每天锻炼一个肌群（这与力量训练不同）。为了避免在日常训练中感到疲劳或忽略没有拉伸到的部位，你可以每周更换练习动作。如果你没有足够的时间，可以将身体分成两部分（比如上半身和下半身），每两天交替拉伸这两部分。

在拉伸训练的组间休息时间，你可以拉伸目标肌肉的拮抗肌。例如，如果你正在拉伸股四头肌，那么在这一组练习结束后的休息时间，你可以拉伸腘绳肌。这样做不但有利于节省时间，而且可以避免肌肉没被拉伸到的情况。

提高身体柔韧性对我们来说是非常有益的，但我希望你更理性地看待拉伸训练的重要性。对不同的运动员来说，拉伸训练的重要性有所不同。毫无疑问，体操运动员和武术运动员比长跑运动员需要更好的柔韧性。对体操运动员和武术运动员来说，训练应当侧重于柔韧性，而长跑运动员应当侧重于耐力。如果将他们的训练重点对调，那么结果可能适得其反。此外，柔韧性过强还可能对身体素质的其他方面造成影响，比如力量。虽然柔韧性训练确实可以预防某些运动伤害，但并不能说明柔韧性好的人就比柔韧性差的人受伤风险低，尤其是在运动过程中关节的活动没有超出正常范围的时候。提高柔韧性是有必要的，但更重要的是，要以正确的方法进行适度的训练。

拉伸训练的场地和条件

与其他训练不同的是，拉伸训练不需要特殊的器械、服装和工具。传统运动服就可以满足拉伸训练的需求。如果地板很硬，不适合直接在上面做拉伸练习，那么铺上瑜伽垫就足够了。当然，如果你能在健身房中找到器械，或有同伴辅助，那么训练将更有效率。

在进行拉伸训练时，既要保证环境温度适宜，又要保证自身情绪稳定、心情舒畅。如果想放音乐，最好选择一些舒缓的乐曲，这样效果会更好。

在自然环境中进行拉伸训练能让人心情愉悦。森林、海滩、公园的草坪等都是进行拉伸训练的理想场所。和其他训练相比，拉伸训练更需要内心高度平静，和谐舒适的训练环境更有利于达到最佳训练效果。

拉伸训练既不需要专门的运动场地，也不需要固定的训练时间。无论是在工作还是在学习，我们都可以抽出几分钟来拉伸。那些平常做拉伸练习的人就像"补充了能量"，他们感觉身体状态更好，并更愿意参加各种活动。

关于服装，和进行其他类似运动一样，我建议拉伸时穿轻便、透气的运动服。衣服上不应该有容易引起不适的铆钉或其他东西。拉伸对鞋的要求不像其他运动那样严格，甚至在大多数拉伸训练中，我们都可以赤脚或只穿袜子。唯一特别的是，进行拉伸训练时，最好穿长袖上衣和长裤，并且衣服要能起到充分的保温作用。温度是拉伸训练的一项重要因素，适宜的温度既可以让训练发挥更大的效果，又可以降低练习者的受伤风险。请注意一点，在任何情况下，你都不应该选择塑料或类似材质的服装，这种服装的确可以增加排汗量，但会干扰人体自身的体温调节机制。

双人拉伸训练

在大多数体育训练中，如果缺乏一定的专业知识，我们就可能受伤或发生意外。

这一点在拉伸训练中同样适用。而在进行双人拉伸训练时，我们就要依赖于同伴的专业知识和经验了。因此，在进行双人拉伸训练时，我们必须遵循一定的规则，这样既能防止受伤，又能提高拉伸效率，让拉伸发挥出最佳效果。以下是双人拉伸训练的一些规则。

- 两个人必须彼此了解并充分交流，知晓彼此的身体状况和关节的正常活动范围。
- 两个人最好在体重、身高、体形和训练目标等方面都相似。
- 两个人应当约定一个手势（比如拍打地面或其他类似手势）作为停止进一步动作的信号，这样就能让同伴明确知道何时该停止动作。
- 开始拉伸前，两个人应该就将要做的练习以及要达到的练习程度交换意见。
- 缓慢地完成动作。在单人训练中，这条规则很重要，在双人训练中它更加重要。任何"快速"的动作都可能会刺激另一个人保护性的肌紧张反射，从而阻碍训练的正常进行。
- 在双人训练中，无论是在身体层面，还是在心理层面，都必须尊重同伴。
- 确保同伴的呼吸顺畅且自然。
- 训练过程中必须集中注意力，尽量不要发出声音；如果必须说话，应尽量小声。
- 练习者必须信任同伴，否则自己的身体会一直处于紧张状态，进而阻碍训练。

尽管身体所有部位的拉伸都可以由单人完成，但是无论是在提高拉伸效率方面，还是在互相激励方面，双人练习总是可以达到 1+1 > 2 的效果。

怀孕期间和产后的拉伸训练

一些有运动习惯的女性一旦得知自己怀孕，就会立即暂停运动，其实这并不完全正确。在医生允许的情况下，大多数女性在怀孕的大部分时间里都可以进行拉伸训练。当然，在怀孕期间和产后，练习者不能继续采用怀孕前的拉伸模式，而应遵循以下基本规则。

1. 降低训练强度（减小动作幅度、减少训练组数、增加休息时间等）。

2. 缩短每日训练时间。

3. 不要憋气（屏住呼吸）。

4. 不做会挤压到腹部的动作。

5. 从怀孕的第 3 个月起，避免以俯卧的姿势做练习。

6. 不要将动作做到最大幅度，因为激素（荷尔蒙）的变化会导致关节的稳定性下降。

7. 必须严格控制饮食。

8. 孕期最后几个月建议减小运动量或停止训练。

9. 避免做难度较高或危险的练习。

10. 不要参加竞技运动。

11. 要特别注意体温和训练场地的温度。

12. 注意卫生，保持身心健康。

13. 在地面上做完练习后，须缓慢起身，避免因低血压等问题而导致晕厥。

14. 能否进行产后恢复训练必须遵医嘱，如果没有并发症且身体状态良好，那么大多数女性可以在产后的几周内恢复正常训练。

怀孕期间训练时，受到最大压力的肌肉是腹部和腰部的肌肉。腹围增大容易让腹部肌肉受伤，也会让腰部肌肉负重更大。如果一名女性正在备孕，那么腹部和腰部的肌肉应该是她锻炼的重点。同样，腹部和腰部的肌肉也是产后需要着重锻炼的肌肉。

特殊人群的拉伸训练

对身体活动受限的特殊人群来说，我们首先需要区分受限的因素是先天的还是病理性的。如果是先天因素，我们还须进一步了解肌肉、肌腱、骨骼、脂肪、内脏甚至皮肤的情况。

"残疾"可以定义为由于某些身体或智力功能的变化，一些人日常生活有障碍或有困难。医生是专业人士，可以判断这样的特殊人群能否进行拉伸训练，以及能够进行什么程度的拉伸训练。

只有极少一部分特殊人群完全无法进行拉伸训练，大多数特殊人群都可以进行拉伸训练，但都需要一段适应期。我们来看一下导致身体活动受限的因素以及相应的应对措施。

● 心理问题。对因为心理问题导致身体活动受限的练习者来说，虽然受限的程度取决于心理问题的类型和程度，但在大多数情况下，这样的练习者在训练时只需要由一位家庭成员或一位了解其心理状况的监护人陪伴并照顾就足够。除此之外，他们的拉伸训练通常与正常的拉伸训练没有差别。

● 感觉障碍。盲人、弱视患者以及聋哑人可以进行与其他人相同的拉伸训练。当进行双人训练时，两个人必须事先商量好交流方式，比如以轻拍同伴为信号，告诉同伴自己的动作幅度达到极限，需要停止施压。

● 疾病。只有医生才能确定患有某种疾病的人能否进行体育锻炼。在医生允许的情况下，如果你正在服用药物（无论什么类型），一定要事先告知医生你要进行的体育锻炼，并告知教练你正在服用药物。与其他运动相比，拉伸对心血管、呼吸系统的要求较低，几乎任何身体状况的人都能够快速适应拉伸训练。

● 身体局部活动受限或无法活动。教练可以根据每位练习者的特点制订训练计划。本书的一个优点是，它展示了各种各样的拉伸练习，你如果无法做某项练习，可以很容易地找到其他适合自己的练习。

拉伸训练不仅能在心理层面，而且能在社会层面给予人们帮助，它让人们感到更加满足，并让人们有机会建立良好的人际关系。一家好的健身房应该有适合残疾人的健身环境，而不应限制残疾人进入。

对受伤的人来说，通常身体某一部位受伤并不妨碍其他部位的拉伸。此外，某些症状，如肌肉痉挛，可以通过拉伸来改善。对术后康复或长期无法行动的人来说，拉伸训练与力量训练的结合至关重要，这些人的训练计划应该在医生的参与下制订。

总结

拉伸很简单，但如果想要动作到位并取得良好效果，我们需要有一定的专业知识；而想要通过拉伸达到改善健康状况的效果，我们需要的就是专业的知识加上科学的计划和持之以恒的训练。

我在前文已经介绍了不同的拉伸方法，你应当选择适合自己的拉伸方法和训练强度。大多数练习者都可以在几周内通过静态拉伸或 PNF 拉伸等感受到拉伸训练所带来的效果。尽管每个人的身体情况不同，但一般来说，每周进行 3~4 次拉伸训练，每次 20 分钟左右就足够了。力量训练要求每 8~10 天更换一个身体部位进行训练，而拉伸训练则要求每天都锻炼全身的肌肉。锻炼顺序并不是最重要的，但一般来说，你应该从最需要拉伸的部位开始，以柔韧性最好的部位结束。

虽然选择自己喜欢的拉伸动作是无可厚非的，但你必须明白一个道理：每个拉伸动作的效果是不同的。因此，你应该尽可能选择多种拉伸动作，这样才能确保把身体的每个部位都锻炼到。

拉伸训练也有一些缺点。一是许多人认为拉伸训练比较枯燥，二是拉伸训练不像有氧运动和力量训练那样有显著的瘦身作用。然而，拉伸训练的优点远远多于缺点。除了能够为骨骼肌带来不可或缺的健康益处外，拉伸训练还有利于保持良好的身材，并且能够预防疾病。

我们可以得出这样一个结论：拉伸对所有人都是有益且必要的。更重要的是，拉伸是一项需要练习者拥有谨慎的心态、掌握足够的专业知识才能顺利完成的运动。在此，我给所有准备进行拉伸训练的人的建议是：和解决生活中的其他问题一样，你需要设定可实现的小目标，并不断给自己鼓励。希望本书能陪你坚持不懈地走下去。

第二章

胸部肌群

胸部主要肌肉示意图

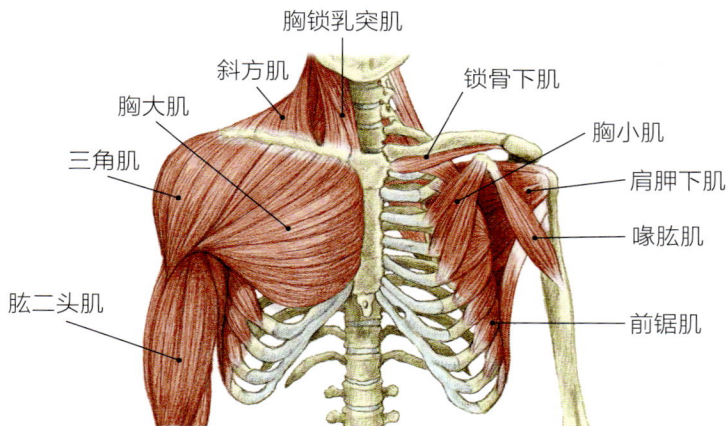

- 胸锁乳突肌
- 斜方肌
- 锁骨下肌
- 胸大肌
- 三角肌
- 胸小肌
- 肩胛下肌
- 喙肱肌
- 肱二头肌
- 前锯肌

胸部主要肌肉的生物力学介绍

附着于肱骨的肌肉

胸大肌（正面浅层肌）

起点：锁骨内侧 2/3 段，胸骨前面和第 1~6 肋软骨，腹直肌鞘前壁上部。

止点：肱骨大结节嵴。

主要功能：使外展的手臂内收，使肩关节内收和旋内，使前屈的手臂后伸，辅助吸气（手臂固定的情况下）。

喙肱肌（正面深层肌）

起点：肩胛骨喙突。

止点：肱骨中部内侧面。

主要功能：使肩关节前屈和内收。

肩胛下肌（正面深层肌）

起点： 肩胛下窝。
止点： 肱骨小结节。
主要功能： 使肩关节内收和旋内。

肱二头肌（正面浅层肌）

详见上臂肌群。

解析

我们无须掌握太多知识就可以很容易地拉伸胸部肌群，但是进一步的研究发现，对这一区域以及其他关节活动度较大的区域（如肩胛骨－肱骨区）来说，小心谨慎地进行身体活动是非常重要的。当身体的活动范围超过极限时，胸部肌群很容易出现损伤。胸大肌是一块非常强健的肌肉，但这并不意味着我们可以粗暴地对待它的纤维和肌腱。

不附着于肱骨的肌肉

胸小肌（正面深层肌）

起点： 第3~5肋。
止点： 肩胛骨喙突。
主要功能： 拉肩胛骨向前、向下。

前锯肌（正面深层肌）

起点： 通常起自第1~9肋。
止点： 肩胛骨内侧缘和下角。
主要功能： 拉肩胛骨向前，使肩胛骨紧贴胸廓；近固定时，可使上臂屈曲、内收、旋内；远固定时，上提肋骨辅助吸气。前锯肌下部纤维可使肩胛骨下角旋外；前锯肌上部纤维与肩胛提肌和斜方肌上部纤维协同作用，可上提肩胛骨。

解析

与其他部位一样，胸部的次要肌肉也难以单独拉伸，但拉伸主要肌肉时，次要肌肉也会得到拉伸。

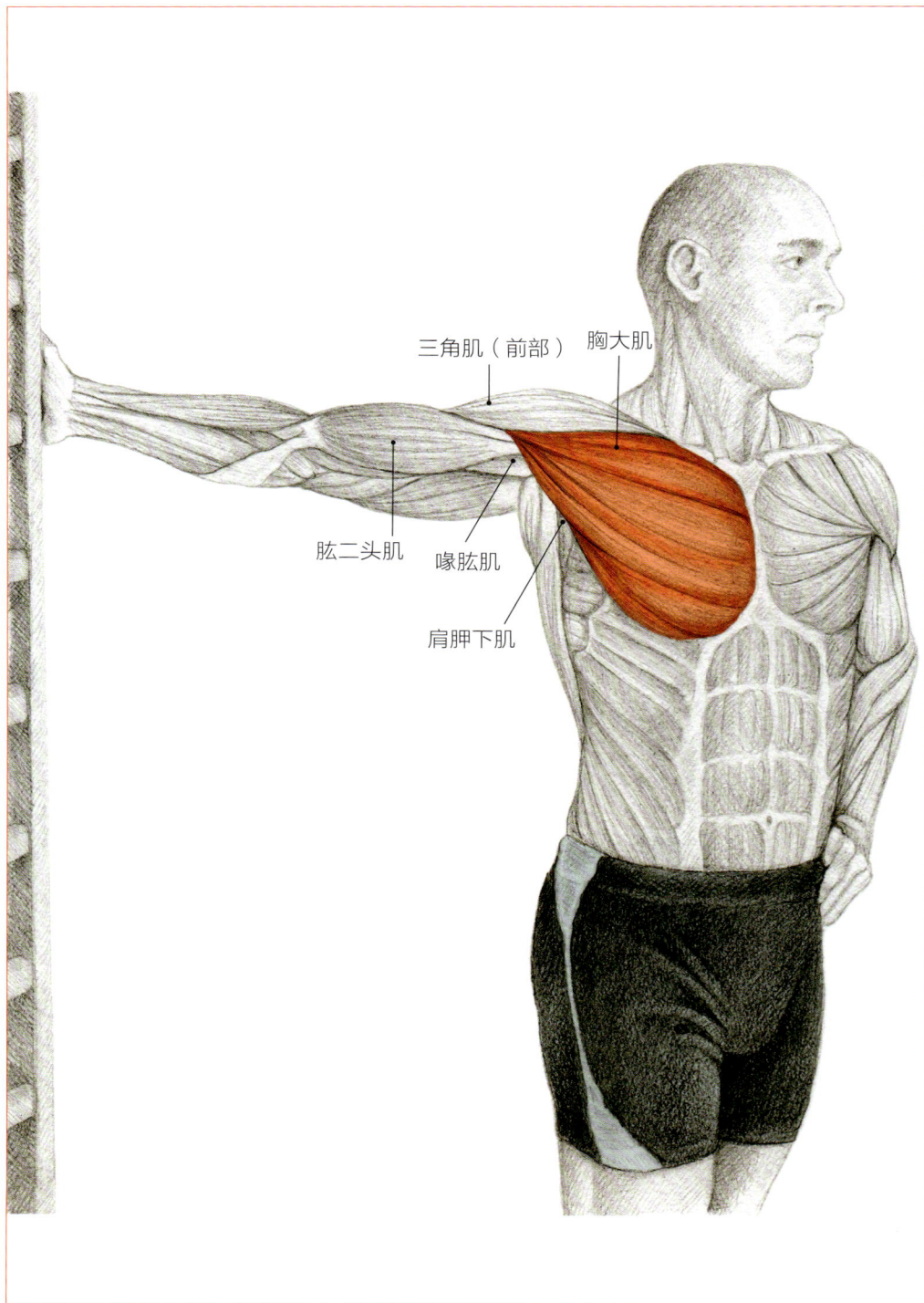

三角肌（前部）　胸大肌

肱二头肌

喙肱肌

肩胛下肌

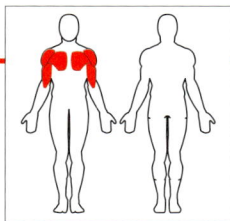

所涉肌肉

主要肌肉：胸大肌。

次要肌肉：三角肌（前部）、肱二头肌、喙肱肌、肩胛下肌、胸小肌。

动作要领

侧身站在一面墙（或类似的纵向支撑物）旁边。靠近墙壁的手臂外展并抬高至与肩等高，掌心朝前支撑墙面。肘部保持微屈，参与拉伸的手臂和胸部放松，躯干向与抬起的手臂相反的方向转动。

提示

这是一项简单的练习，它涉及一系列肌群，这些肌群会参与投掷运动（棒球、标枪）、大部分挥拍类运动（网球、壁球）和格斗运动（拳击、武术）等。

手臂过于紧张会导致无法继续练习，因此练习中要保持肘部微屈的状态。

还有一点需要说明：如果手臂的高度高于肩部，拉伸的重点是胸大肌下部；如果手臂的高度低于肩部，则拉伸的重点是胸大肌上部。但奇怪的是，在许多拉伸书中，关于这项练习的说明却与上述说明恰恰相反，这可能是受到了力量训练的影响。

练习中最常见的错误是将发力的重点放在胸大肌，就好像你想推开墙壁一样——这种感觉与正确动作所带给你的感觉完全相反。此外，你没有必要完全伸展肘部，因为此时你进行的不是手臂拉伸运动。

变式　屈肘

动作与主要练习类似，但此时要屈肘并在肘部的支撑下完成推的动作。此变式同样可以拉伸胸部肌群，但不会拉伸屈肘肌群（肱二头肌、肱肌等）。一些健身书指出，此变式侧重锻炼胸小肌。其实，这个说法是完全错误的。屈肘不会影响从肋骨到肩胛骨的肌肉的拉伸效果，也不会影响从肋骨到尺骨或桡骨的肌肉的拉伸效果，甚至不会影响从肋骨到肱骨的肌肉的拉伸效果。

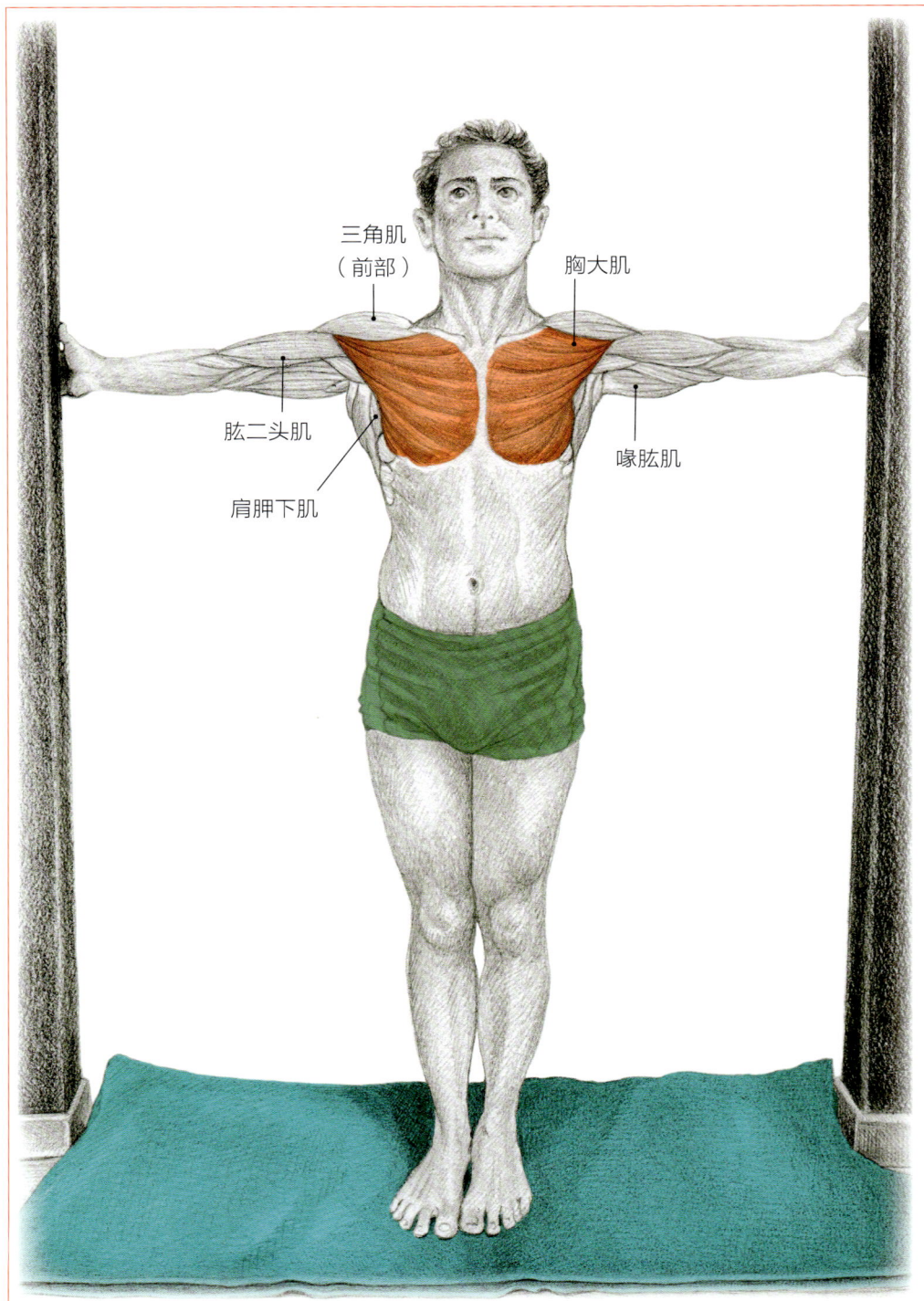

三角肌
（前部）

胸大肌

肱二头肌

喙肱肌

肩胛下肌

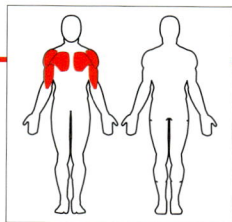

主要肌肉： 胸大肌。

次要肌肉： 三角肌（前部）、肱二头肌、喙肱肌、肩胛下肌、胸小肌。

动作要领

面朝墙壁的一个角落站立。双臂展开与躯干垂直，躯干慢慢靠近墙角。

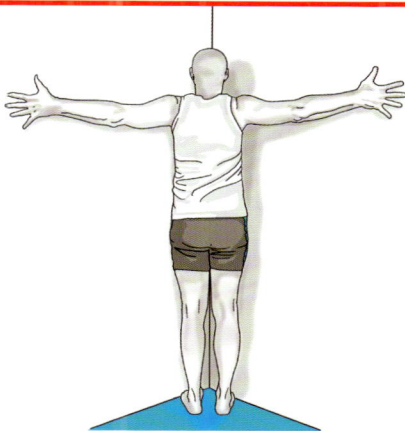

提示

此练习可以锻炼双侧胸大肌、肩部肌肉和手臂前侧肌肉。

与前一项练习的变式类似，如果屈曲肘部做推的动作，那么屈肘肌群不会被拉伸。

练习中最常见的错误是保持双脚不动将身体向前倾。正确的做法是小步向前移动，使整个身体靠近墙角。否则，胸大肌将收缩以防止身体向前倾倒，但是我们的目的是让胸大肌放松以正确拉伸。

此练习也可以在门口进行。练习时双脚都往前迈可以更好地锻炼胸大肌和手臂肌肉，但为了保持平衡和拉伸感，最好采取一只脚在前的姿势。

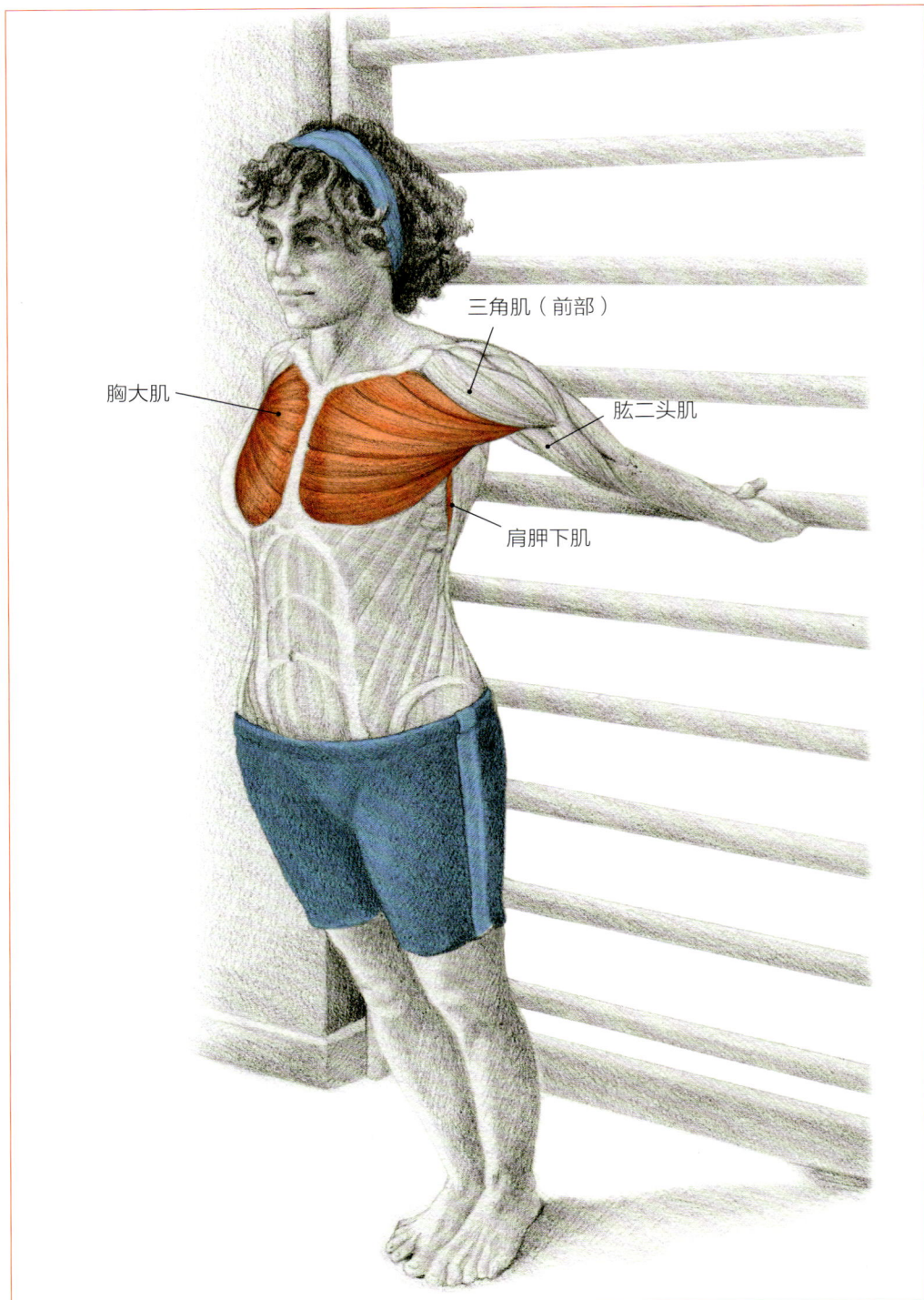

三角肌（前部）

胸大肌

肱二头肌

肩胛下肌

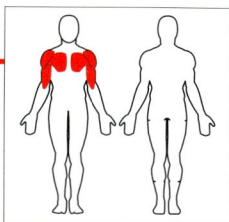

主要肌肉：胸大肌、肩胛下肌。
次要肌肉：三角肌（前部）、肱二头肌、喙肱肌。

动作要领

背靠肋木架站立。双臂向后伸展，双手内旋并握住身后的横杆（掌心朝上），身体慢慢向前倾。

提示

掌心朝上抓握横杆可以避免屈肘肌群（如肱二头肌）对动作的阻碍。如果掌心朝下抓握横杆，屈肘肌群也会被拉伸，但在练习时要特别小心。

此练习也会使三角肌和肩部其他小肌肉得到锻炼，特别是肩部前侧肌群。

如果抓握的位置非常低，则必须慢慢屈膝来使躯干前倾。通过这种方式可以加强手臂肌群的拉伸。

变式　双人练习

两个人背对背，握住彼此的手，同时将身体向前倾。为了保持平衡，二人需要减小动作幅度，因此此变式的效果可能没有主要练习的效果好。

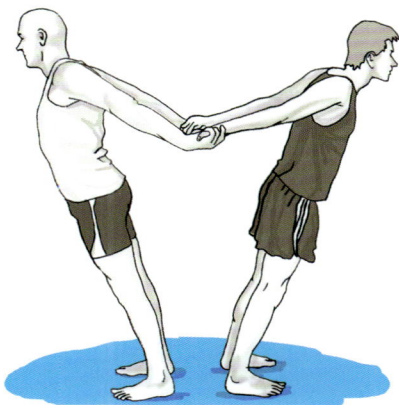

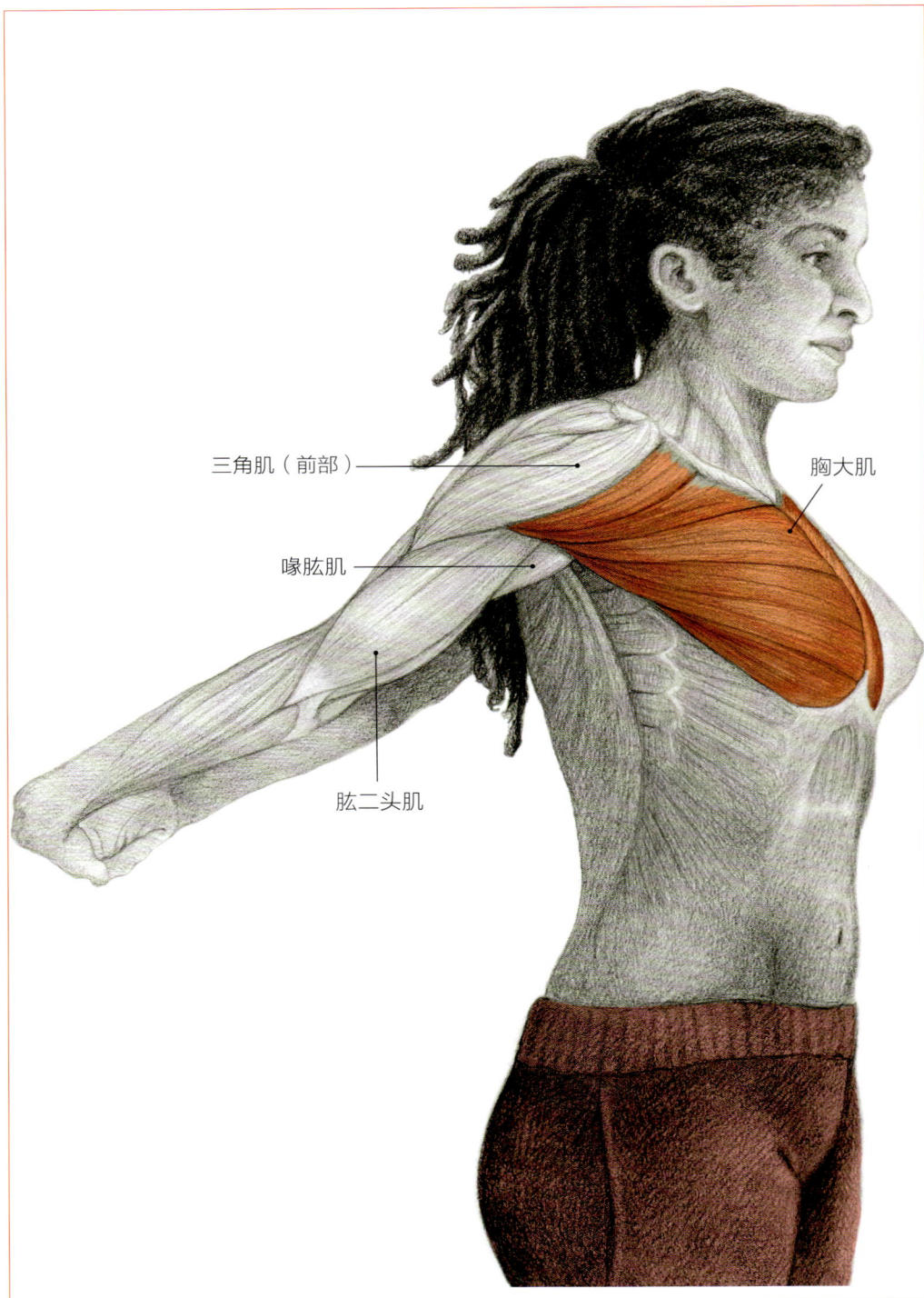

三角肌（前部）

喙肱肌

肱二头肌

胸大肌

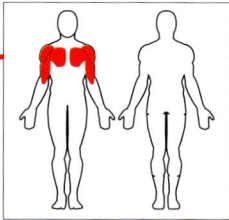

所涉肌肉

主要肌肉: 胸大肌、肩胛下肌。
次要肌肉: 三角肌（前部）、肱二头肌、喙肱肌。

动作要领

直立，向后伸展双臂，双手在身后交叠（掌心朝后）。慢慢抬起手臂，直至感觉到胸大肌被拉伸。

提示

与其他练习一样，掌心朝后可以避免屈肘肌群对动作的抑制。这一抑制在掌心朝前握杆练习中经常发生，会导致肌肉紧绷。

此练习与前一项练习类似，但在这里手臂肌肉得到了主动拉伸。同样，此练习也会使肩部肌群（尤其是肩部前侧肌群）得到锻炼。与大部分拉伸练习一样，在此练习中不应进行弹震拉伸。在没有同伴辅助的情况下，动作幅度会受到限制，因此练习者很难进步。由于要克服重力和肌肉的张力，此练习对缓解肌肉的紧张感或消除肌肉的麻木感效果显著，但是如果想在拉伸训练中提高身体的柔韧性，它有很大的局限性。

✳ 有些人有这样一个疑问：进行拉伸训练前是否需要热身？答案很简单，一般来说，在拉伸前热身可以防止受伤，更加安全。有些人认为不热身直接拉伸的做法更能被接受，因为在日常活动中，人们都不会特意热身。但我不同意这种观点，因为体育锻炼不属于日常活动，要想改善身体状态，必须改变懒散的习惯。

趴式胸部拉伸

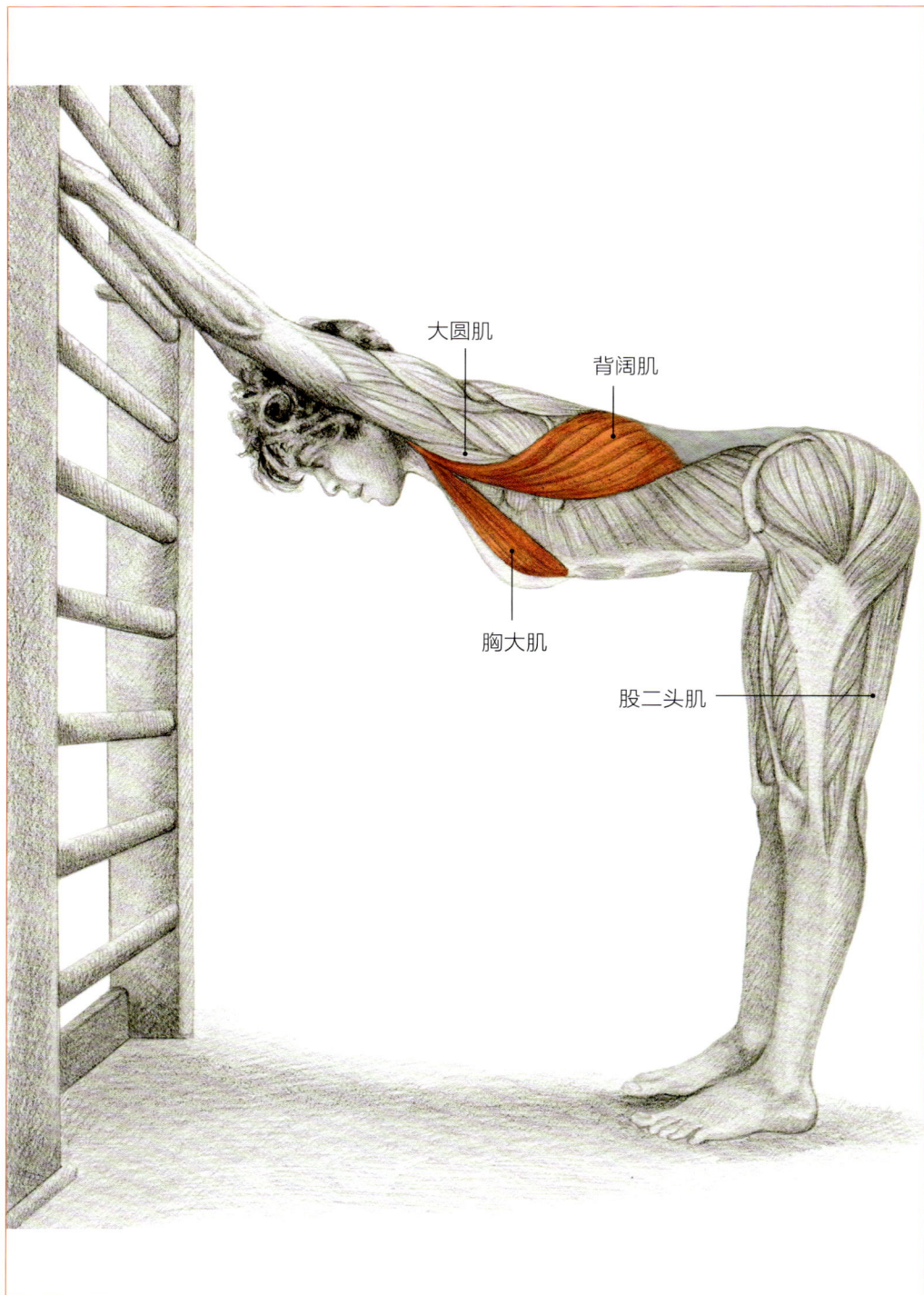

大圆肌

背阔肌

胸大肌

股二头肌

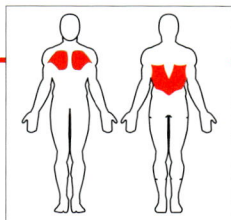

所涉肌肉

主要肌肉: 胸大肌、背阔肌。
次要肌肉: 大圆肌。

动作要领

站在支撑物（桌子、肋木架等）前，支撑物的高度不低于腰部。将双手放在支撑物上，双手间距略大于肩宽。缓慢向前屈曲躯干，逐渐将上半身向下压。

提示

此练习可以拉伸不同的肌群。拉伸胸大肌时，双臂之间的距离不能太大，否则背部（以及其他）肌群会受到更大的拉伸力。

你也可以对动作做适当的调整，比如用屈曲的肘部来支撑身体。这样做不会过多地削弱胸部和背部肌群的拉伸效果，但是由于手臂必须保持屈曲状态，因此可能会使背部更有拉伸感。

另一种十分有效甚至效果更好的练习方法是，站在两个高度相同的支撑物之间，用双臂支撑，动作与上述练习基本相同。在这种情况下，背部受到的拉伸力较小，更能锻炼胸部肌群。

变式 双人练习

在户外没有支撑物的情况下，你可以与同伴搭着彼此的肩进行练习。理想条件是练习的二人体形相似。如果二人体形差异非常大，则必须先由一人完成动作然后再换另一人做动作。辅助练习的人须保证二人动作的稳定。

蝴蝶机胸部被动拉伸

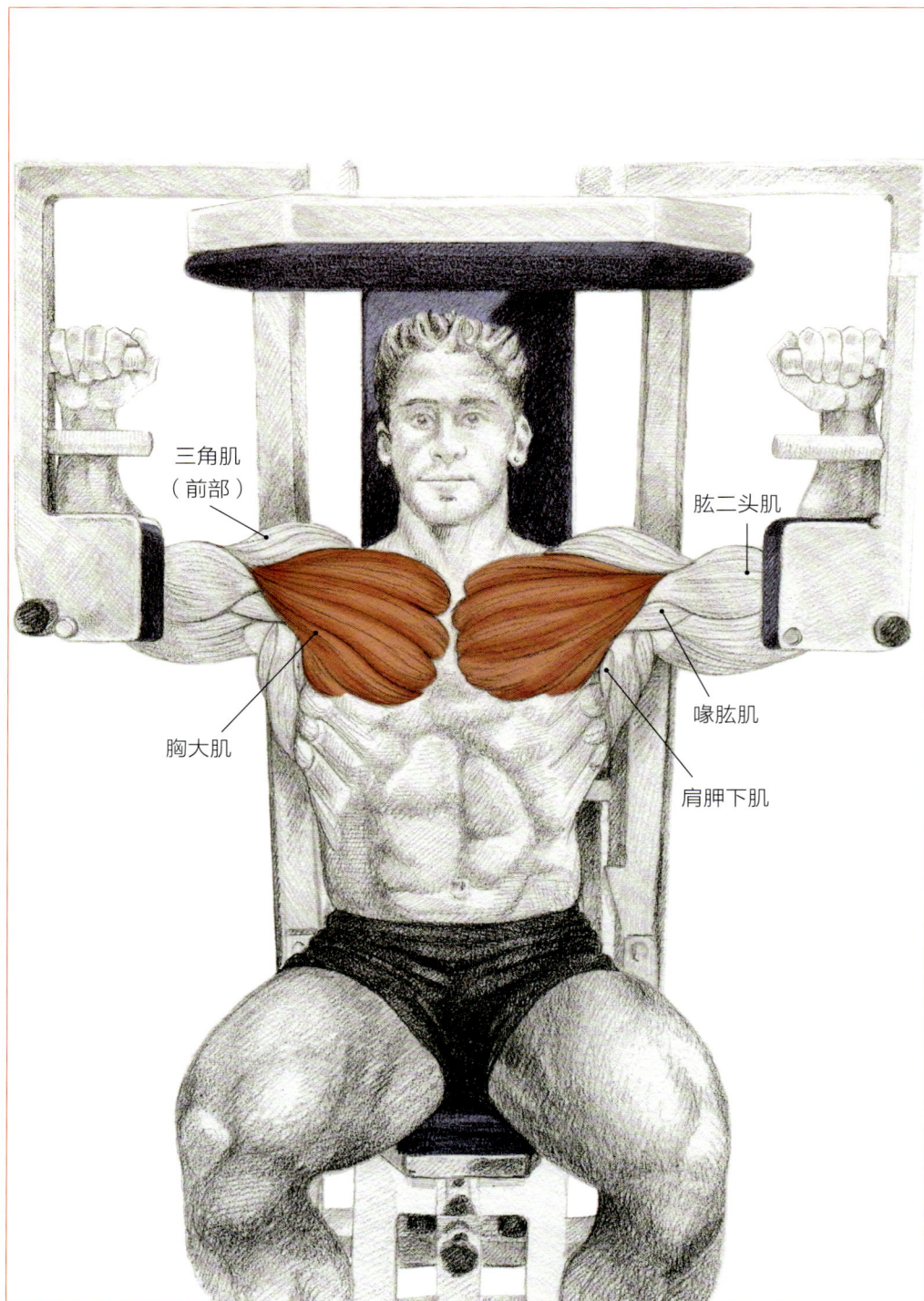

三角肌
（前部）

肱二头肌

胸大肌

喙肱肌

肩胛下肌

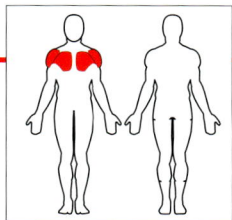

主要肌肉：胸大肌。
次要肌肉：三角肌（前部）、肩胛下肌、喙肱肌。

动作要领

坐在蝴蝶机（在所有健身房都可以找到）的座椅上，将肘部靠在支撑垫上。选择适当的重量并用双腿抬起重量（蝴蝶机通常有释放重量的装置）。在释放双腿重量的同时，手臂会被动移动，直至双腿承受的重量完全转移至手臂。结束动作时，无须将两只手臂完全收拢，仅释放双腿的重量即可。

提示

这是一项借助器械进行的简单却十分有效的练习，但是所用器械要配有一个能释放重量的装置，否则练习者可能受伤。此外，在健身训练中，很多人经常为了追求效果而施加很大的重量，但这种做法不一定奏效。

此练习的一些变式也需要使用蝴蝶机，在这些变式中，一般需用双手而非肘部来支撑。当然，你也可以屈曲肘部进行拉伸练习。如果身边没有器械，你可以找同伴来辅助你完成这一练习（见本章练习5的变式）。

选择合适的器械可以帮助你在拉伸训练中取得更好的效果。一些练习者不使用器械，因为他们认为拉伸不需要借助器械。其实，重要的是采用最佳训练方法并不断进步，而不是对某一种动作形式心存偏见。

※ 突然拉伸胸肌可能导致肌纤维断裂或撕裂。为了避免这种情况，练习前应有针对性地进行热身，并根据个人情况使用恰当的训练方法，使关节在缓慢且可控的状态下活动到极限。如果已经受伤，必须停止练习，立即冷敷并就医。如果没有重大损伤，通常休息几天即可；但如果肌纤维严重撕裂，可能需要进行手术，并且需要数月才能康复。

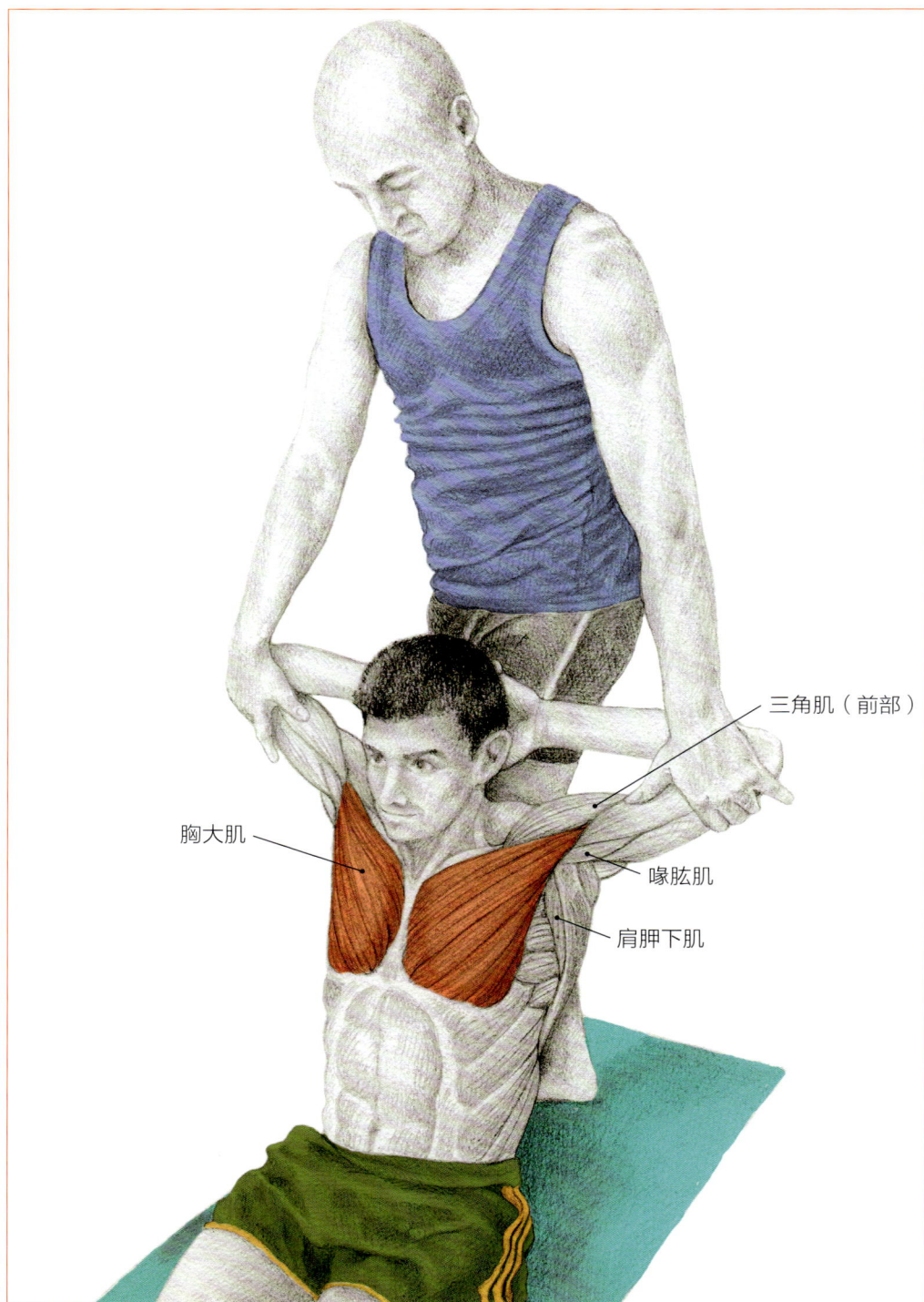

三角肌（前部）

胸大肌

喙肱肌

肩胛下肌

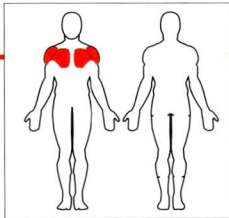

所涉肌肉

主要肌肉： 胸大肌。

次要肌肉： 三角肌（前部）、肩胛下肌、喙肱肌。

动作要领

练习者坐在瑜伽垫或长凳上，将双手放在头后，使肘部与头部平齐。辅助练习的同伴站在练习者身后，将练习者的手臂向后上方牵拉，同时用腿抵住练习者的背部。

提示

和所有的双人练习一样，同伴牵拉的力量要适中，并且他要时刻注意练习者的反应，预估练习者的拉伸极限以防止其受伤。此练习也可在横杆上进行，即双手从背后握住横杆进行拉伸，此时同伴须及时判断练习者拉伸的极限。正确的辅助方法是抓在练习者上臂（不是肘部）的肱三头肌附近。

在此练习中，胸大肌上部所受的拉伸力要小于胸大肌下部所受的拉伸力。

在双人练习中常出现的错误是，同伴用膝盖顶住练习者的背部，使其背部弯成弓形。最好在镜子前面进行练习，这样两个人可以看见彼此的脸，更容易沟通。

✳ 在拉伸训练中是否会受伤？是的，尤其是当练习者将关节拉伸到超出其活动范围，或被动做动作时。此外，拉伸前未热身、饮食不合理或身体状况不佳都会导致在拉伸训练中受伤。

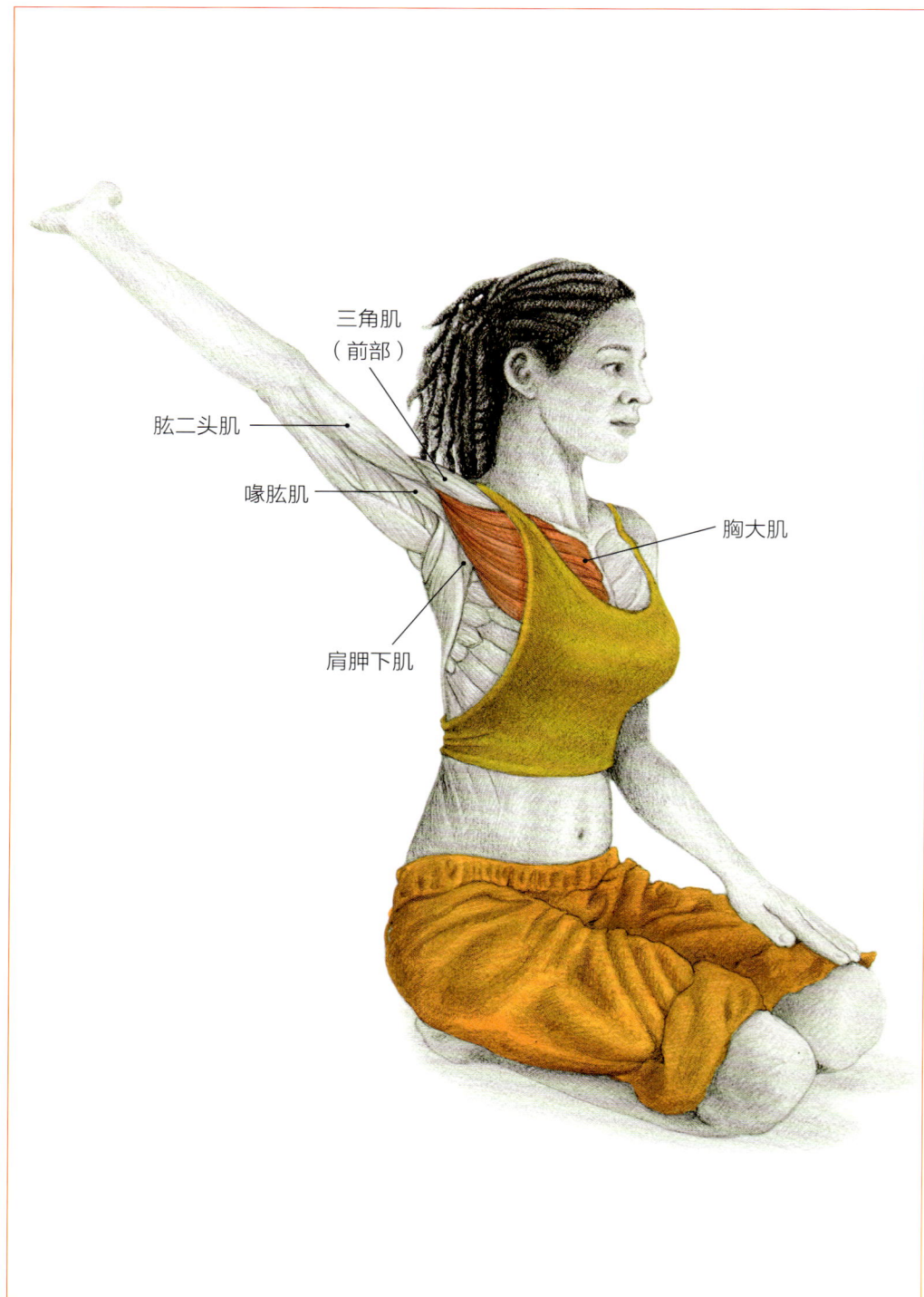

三角肌
（前部）

肱二头肌

喙肱肌

胸大肌

肩胛下肌

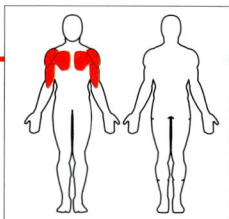

主要肌肉：胸大肌。

次要肌肉：三角肌（前部）、肱二头肌、喙肱肌、肩胛下肌、胸小肌。

动作要领

　　练习者站立或跪坐在地面上，将一只手臂向后伸。辅助练习的同伴在练习者身后用一只手撑住练习者的肩部，使其身体保持稳定，同时用另一只手将练习者的手臂向后上方牵拉。

提示

　　如果同伴的力量足够大，可以有效固定你的身体，那么训练效果会更好。如果没有同伴，你必须采用本章前面介绍的其他拉伸练习。同伴必须确保你不转动躯干，否则拉伸效果会减弱。

　　如果同伴抓着你的前臂向后牵拉，你的肘部也会被拉伸，所以屈肘肌群也会得到拉伸。而如果同伴抓着你的肘部向后牵拉，你的胸部肌群也会得到拉伸。

　　＊　　我们是应该将拉伸作为常规训练的一部分，还是应该进行专门的拉伸训练？答案是，二者应该结合起来。也就是说，既要用专门的拉伸训练来提高身体的活动能力，又要把拉伸作为常规训练的一部分，用以维持和调节健康状态。

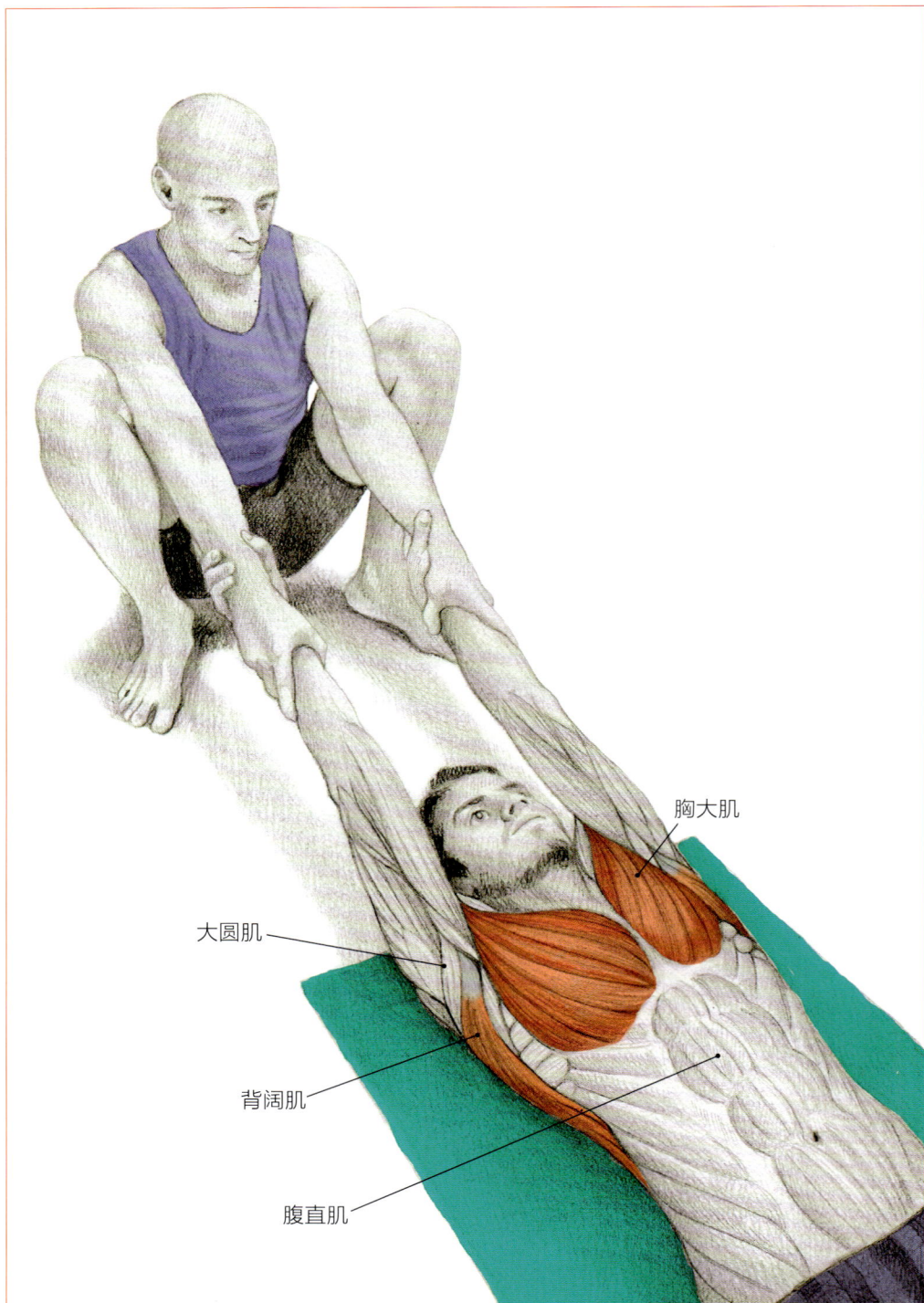

胸大肌

大圆肌

背阔肌

腹直肌

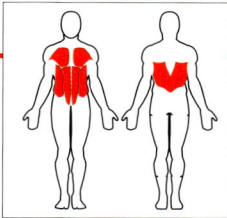

所涉肌肉

主要肌肉：胸大肌、背阔肌。
次要肌肉：大圆肌、腹直肌。

动作要领

练习者仰卧，辅助练习的同伴站在练习者头部后方并向后拉练习者的手臂。练习者应处于主导地位，且尽量不让身体处于紧张状态。

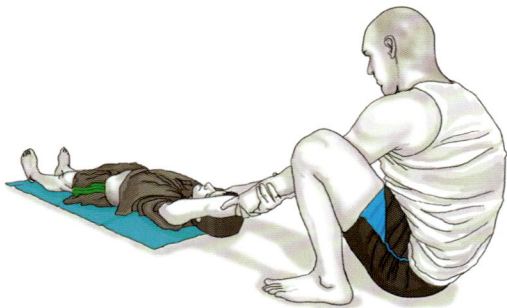

提示

此练习主要锻炼上胸部肌群，对下胸部肌群的锻炼较少。除了胸部肌群，此练习也可锻炼背部肌群。由于练习中肩部的姿势和拉伸方式的特殊性，对肩部有伤病的人来说，进行此练习要格外小心。

拉伸特定部位的肌肉时，选择多种练习有利于增强锻炼效果。此练习并不是锻炼胸部肌群的最有效的练习，还有其他对胸部肌群来说更有效的练习。

＊ 任何年龄段的人都可以进行拉伸训练吗？答案是肯定的，尽管不同年龄的人柔韧性不同。与力量训练或耐力训练等不同，拉伸训练可以从幼年时期开始，但是要适度并且最好以游戏的形式开展。对还没有进入青春期的低龄运动员来说，一些竞争激烈的体育训练（如体操训练）往往会给他们带来身体上的疼痛，还有可能造成心理上的创伤。

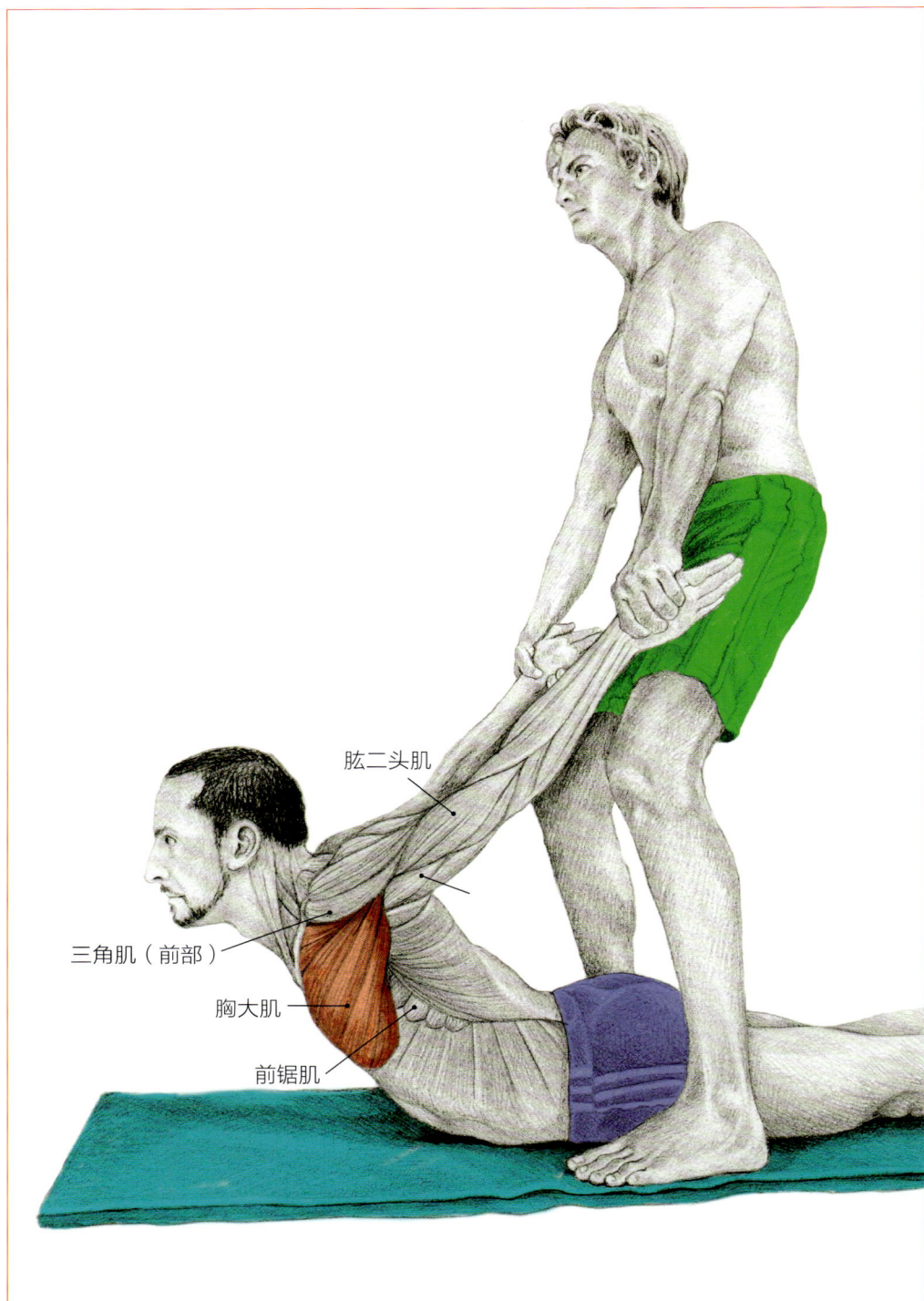

肱二头肌

三角肌（前部）

胸大肌

前锯肌

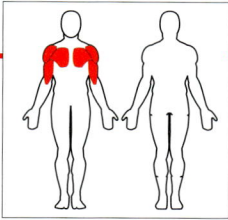

所涉肌肉

主要肌肉：胸大肌。

次要肌肉：三角肌（前部）、肱二头肌、喙肱肌、肩胛下肌、胸小肌、前锯肌。

动作要领

练习者俯卧，辅助练习的同伴向后牵拉练习者的手臂。练习者可以伸展手臂，也可以屈曲手臂将双手放在颈部。

提示

进行此练习时必须十分小心。练习者在被拉伸至上半身抬起时，必须要求同伴停止拉伸并保持姿势不动。

对练习者来说，学会如何放松胸部肌群是这一拉伸练习的关键——既要将手臂抬离地面，又要防止跌落至地面。如果练习者有习惯性脱臼的问题，则应避免进行此练习。此外，练习者可能会出现呼吸不顺畅的情况，因此辅助练习的同伴应该时刻注意练习者的身体状况，以确保练习者能继续练习。

在结束动作并将手臂放下时也必须缓慢。

✳ 双人练习的要点主要有3点：
①对将要进行的练习有深入的了解；
②无论是练习者还是辅助练习的同伴，动作始终都要缓慢进行；
③与同伴商定一个信号，在即将达到关节的活动极限时要及时停止动作。

第三章

背部肌群

背部主要肌肉示意图

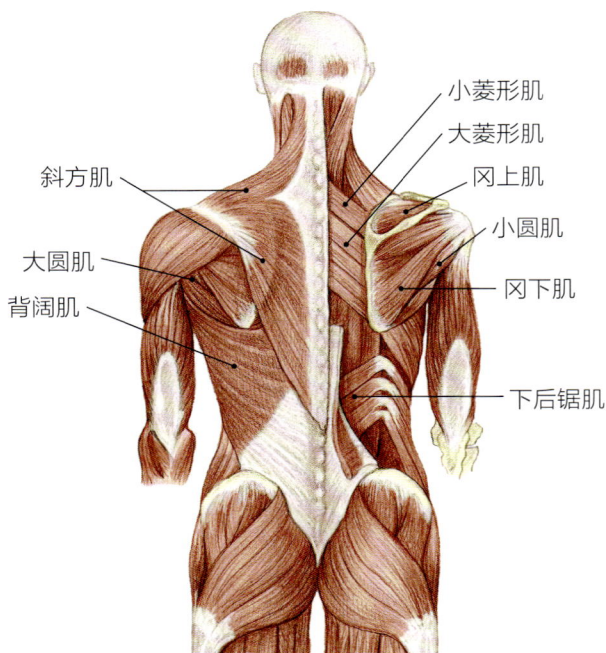

小菱形肌
大菱形肌
冈上肌
斜方肌
小圆肌
大圆肌
冈下肌
背阔肌
下后锯肌

背部主要肌肉的生物力学介绍

附着于肱骨的肌肉

背阔肌（背面浅层肌）

起点： 第 7~12 胸椎及全部腰椎的棘突，髂嵴后 1/3，第 10~12 肋骨外侧面以及肩胛骨下角。
止点： 肱骨小结节嵴。
主要功能： 使肩关节后伸、旋内及内收；使肩胛骨下降；上提躯干，辅助吸气。

大圆肌（背面深层肌）

起点： 肩胛骨下角背面。
止点： 肱骨小结节嵴。
主要功能： 使肩关节内收和旋内。

小圆肌（背面深层肌）

起点：肩胛骨外侧缘。
止点：肱骨大结节下部。
主要功能：使肩关节旋外和内收。

冈下肌（背面深层肌）

起点：肩胛骨冈下窝。
止点：肱骨大结节中部。
主要功能：使肩关节旋外，可将肩关节稳定在关节窝内。

解析

强健而宽厚的背部肌肉在各种体育活动中非常重要，但它们在日常生活中却无法被充分利用。在久坐不动的情况下，背部肌肉与周围其他肌肉通常会因挛缩和僵硬而引起疼痛。遗憾的是，当你想锻炼这部分肌肉时，总有一种无从下手的感觉。按摩是一种非常常用的方法，此外，拉伸训练也有助于预防和改善各种背部问题。

不附着于肱骨的肌肉

大菱形肌（背面深层肌）

起点：第 1~4 胸椎的棘突。
止点：肩胛骨脊柱缘。
主要功能：使肩胛骨内收及内旋，上提肩胛骨使之靠近脊柱。

小菱形肌（背面深层肌）

起点：第 6~7 颈椎的棘突。
止点：肩胛骨脊柱缘。
主要功能：同大菱形肌。

斜方肌（背面浅层肌）

详见颈肩部肌群。

肩胛提肌（背面中层肌）

详见颈肩部肌群。

下后锯肌（背面深层肌）

详见腰腹部肌群。

髂肋肌（背面深层肌）

详见腰腹部肌群。

解析

躯干是身体的支柱，几乎身体的所有其他部位都直接或间接依靠躯干支撑，以完成人体的各种功能。很多背部肌肉无法单独被拉伸，但当你拉伸身体其他部位时，背部肌肉也会得到拉伸。这就是多样化练习在拉伸中十分重要的原因之一。

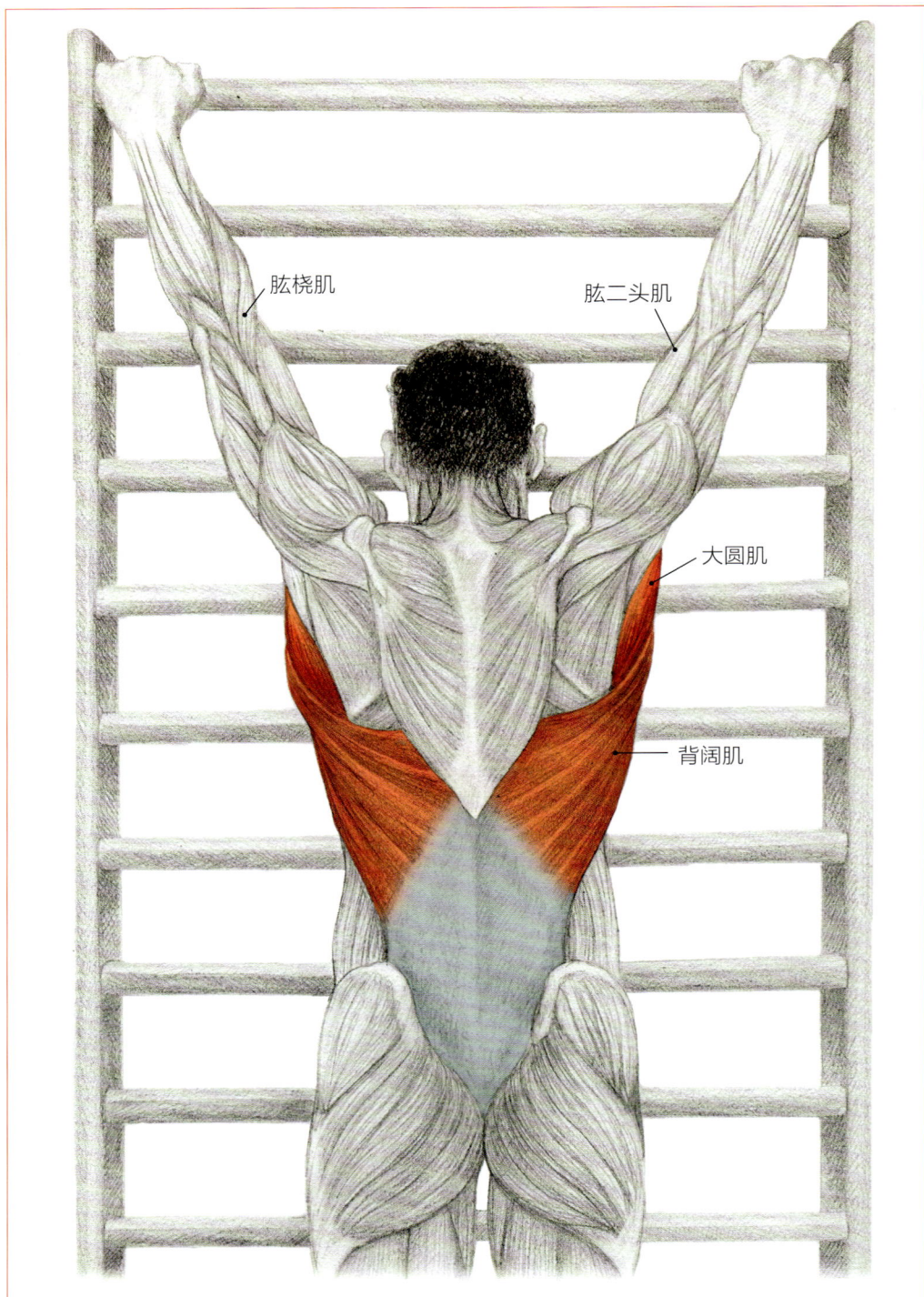

肱桡肌

肱二头肌

大圆肌

背阔肌

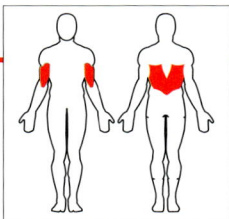

主要肌肉： 背阔肌、大圆肌。
次要肌肉： 肱二头肌、肱肌、肱桡肌、胸大肌。

动作要领

双手抓住肋木架的横杆（掌心朝前）将身体悬吊起来，双脚不接触地面。保持姿势一段时间，尽量放松。

提示

此练习很简单。如果增大双手间的距离，则拉伸重点将放在背部两侧区域。如果掌心朝后，肱二头肌的拉伸效果将增强。

悬吊拉伸是一项很好的练习，可以放松并拉伸脊柱两侧的区域。在日常生活的大部分时间里，背部都承受着很大的压力，而这项练习仅仅在重力的作用下就拉伸了整个背部。此练习的最大受益人群是有脊柱偏斜问题（如脊柱前凸、脊柱后凸，尤其是脊柱侧凸）的人。对于脊柱前凸的人群，我还建议屈曲髋关节和膝关节以拉伸腰部。

一些练习者喜欢使用腰带（通常用于举重）来增加额外的负重。我建议谨慎使用腰带，因为负重过大可能会损伤脊柱。此练习的动作设计非常合理，它使人竖直承受重量，而不是承受较大牵引力。

在悬吊过程中，如果身体条件允许，你可以轻微扭转躯干，但绝不可以超出关节的正常活动范围，否则可能导致身体受伤。

变式　借助器械

初学者或握力弱的人可以使用高位下拉训练器做替代练习，练习时建议选择适合自己的重量。

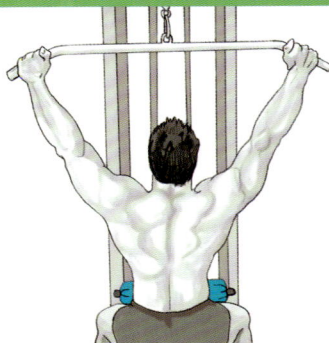

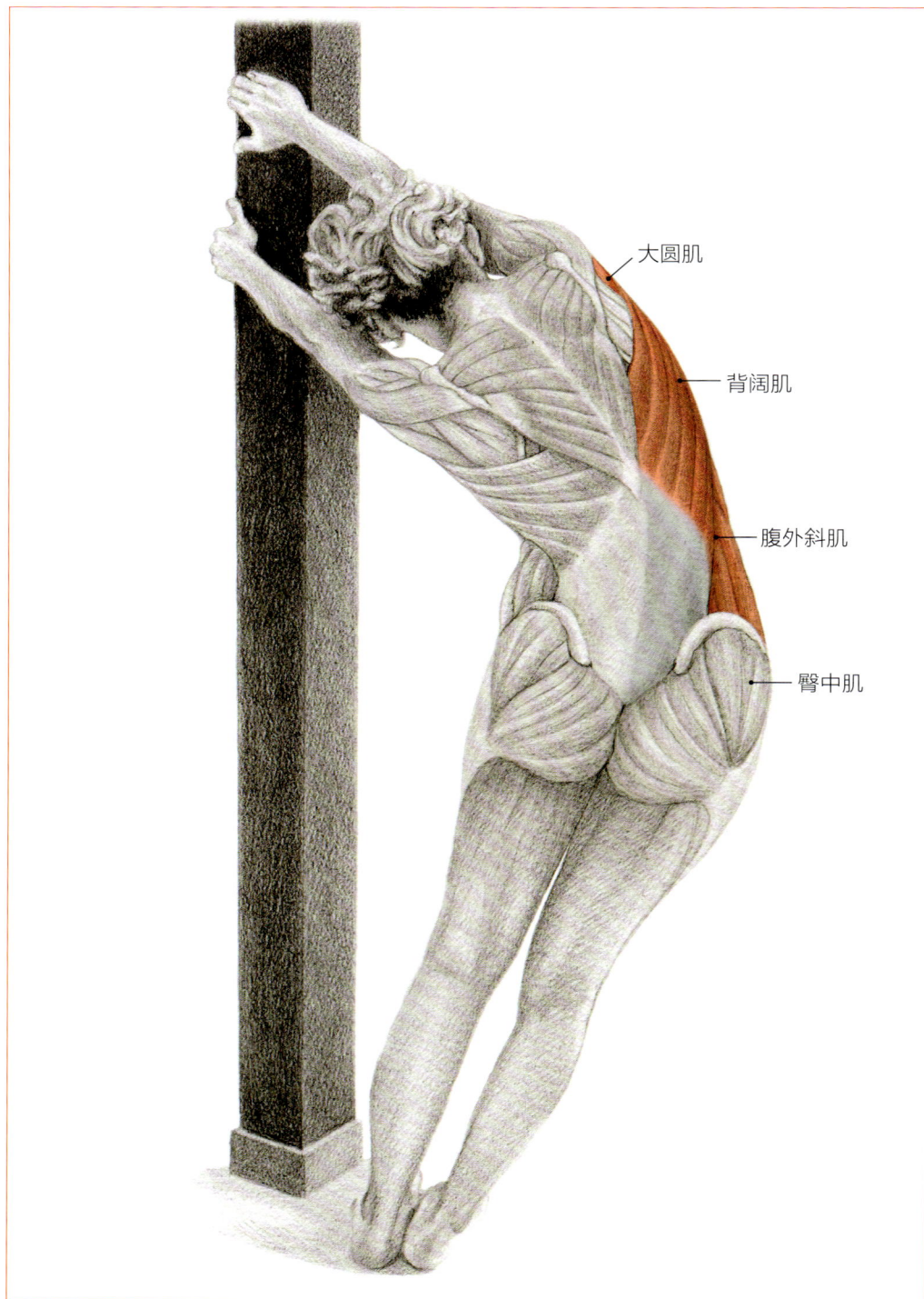

大圆肌

背阔肌

腹外斜肌

臀中肌

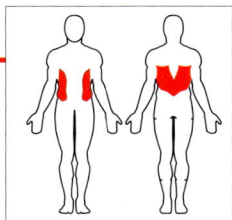

所涉肌肉

主要肌肉： 背阔肌、大圆肌、腹外斜肌、腹内斜肌、腰方肌。

次要肌肉： 臀中肌、阔筋膜张肌。

动作要领

　　站在竖杆的一侧，双脚靠近竖杆底部。抬起双臂，用手抓住竖杆，注意双手在同一侧且掌心朝前。让身体在重力作用下向远离竖杆的方向下坠。

提示

　　尽管拉伸力只发生在身体远离竖杆的一侧，但另一只手也要抓牢竖杆，以防摔倒。

　　此练习锻炼的肌肉与悬吊拉伸类似，但它能更好地拉伸腰部。此外，除了背阔肌，此练习能使背部其他区域的肌肉也得到拉伸。当你使用正确的方法完成练习时，整个身体侧面的拉伸感会非常明显。如果你想更多地拉伸臀部肌肉（如臀中肌、阔筋膜张肌等），可以让远离竖杆的那条腿从另一条腿后面与其交叉。

　　练习中常见的错误是挺直身体，使躯干正对竖杆。正确的做法是躯干始终在竖杆的侧面。

　　在拉伸任何肌肉之前，你都必须先回顾一下肌肉的起点和止点。如果你不这么做，那么拉伸效果会大打折扣。

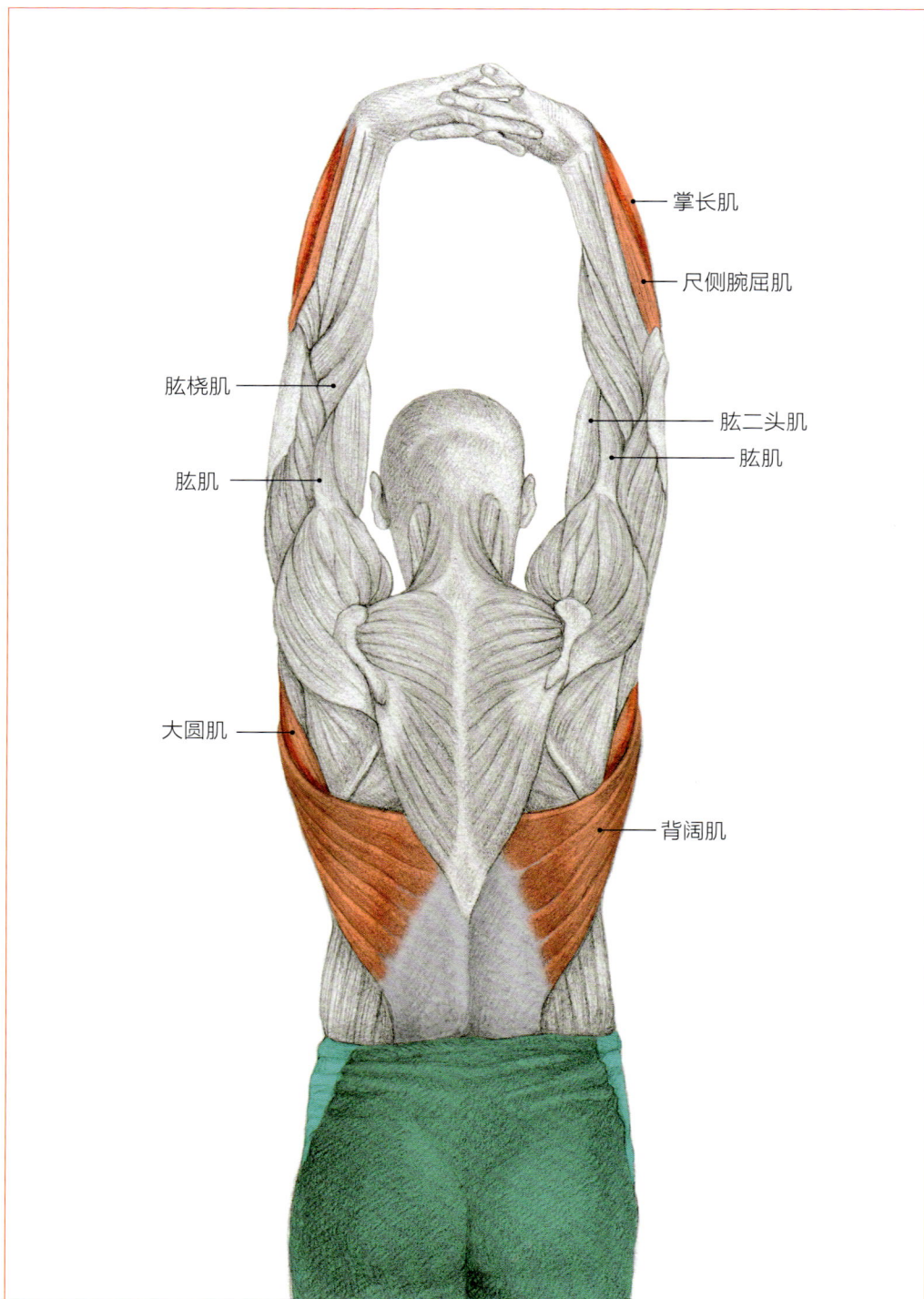

掌长肌

尺侧腕屈肌

肱桡肌

肱二头肌

肱肌

肱肌

大圆肌

背阔肌

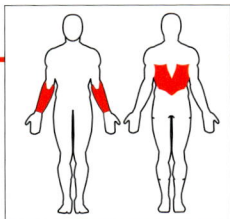

所涉肌肉

主要肌肉： 背阔肌、大圆肌、指深屈肌、指浅屈肌、拇长屈肌、尺侧腕屈肌、桡侧腕屈肌、掌长肌等。
次要肌肉： 肱二头肌、肱肌、肱桡肌、胸大肌。

动作要领

站在地面上（最好面前放一面镜子），举起双臂。双手交叉，掌心朝上。向上拉伸。

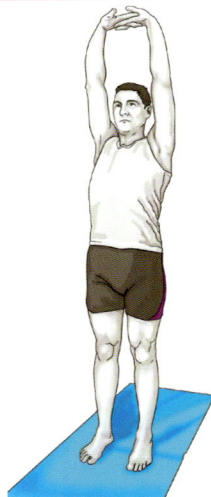

提示

此练习与本章前面介绍的两项练习类似，但强度绞小。除了背阔肌和大圆肌，此练习还拉伸了手部的屈肌。

与前面两项练习不同的是，老人或残疾人（取决于残疾类型和等级）通常也可以进行这一练习。对这样的人群来说，如果交叉手指有困难，则可以不交叉。

在这项练习中，有些练习者会踮起脚尖以拉伸身体的更多部位。虽然这在原则上是可行的，但它会导致身体不稳定并分散注意力。所以，你最好只拉伸你想拉伸的肌肉，不要把情况复杂化。

✳ 在柔韧性训练中，镜子可以作为一个参照物。镜子的作用不是帮助我们评估自己的姿势是否美观，而是帮助我们判断自己的动作是否到位。

41

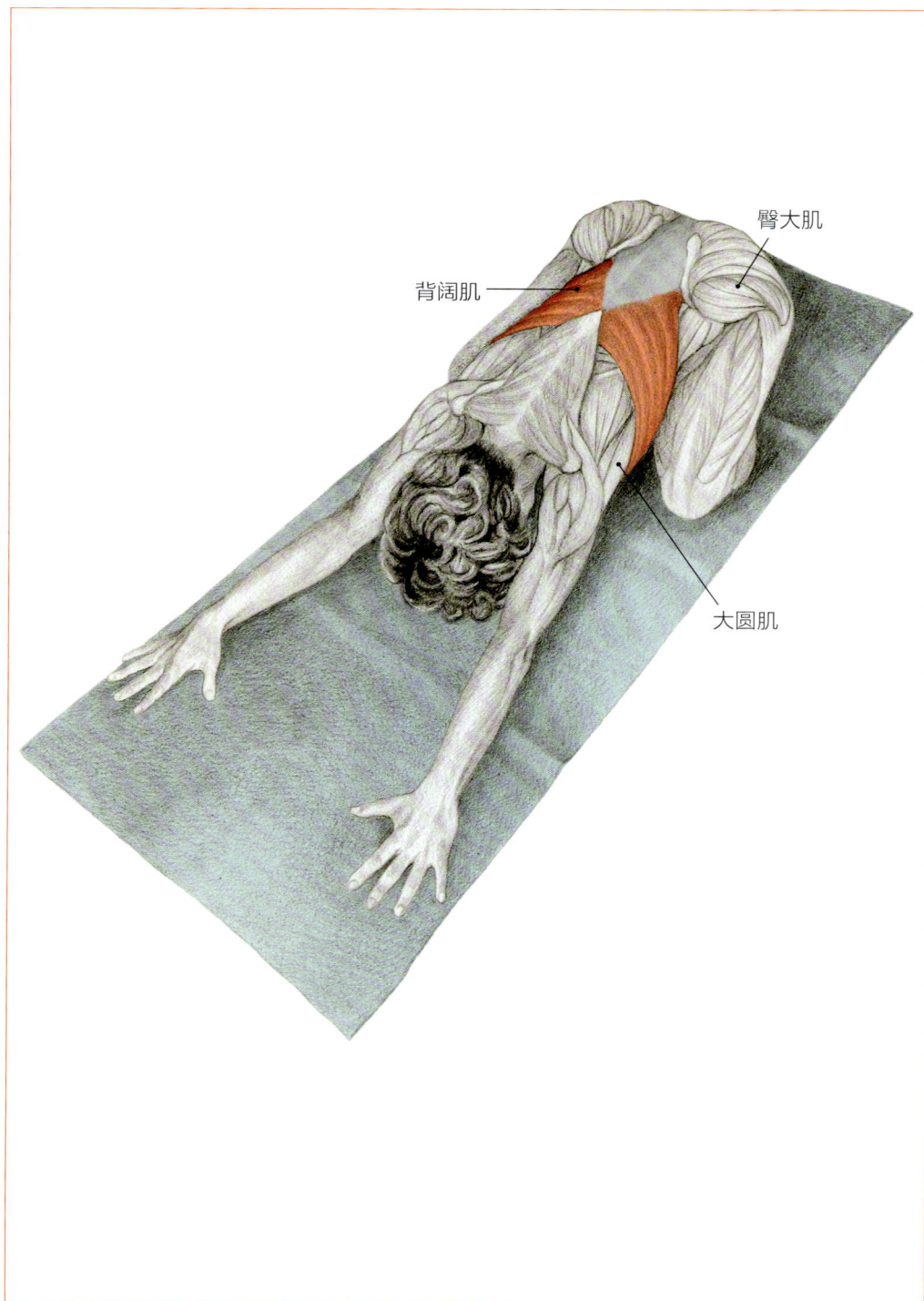

臀大肌

背阔肌

大圆肌

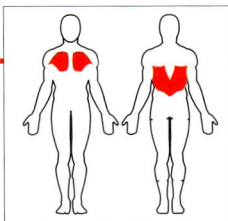

主要肌肉： 背阔肌、胸大肌。
次要肌肉： 大圆肌、臀大肌。

动作要领

双膝跪地（最好跪在合适的垫子上），躯干向前屈曲，双手支撑在头部前方。腰部向下、向后移动，直至胸部紧贴大腿。在这个过程中，肘部最好保持伸直，双手最好贴地保持不动。

提示

此练习的名称非常形象生动。注意，此练习着重拉伸的是背部。如果不想让胸部被过多拉伸，则双手不应分开过大。正确的结束姿势是：胸部紧贴大腿（当然，大腿也可以不为胸部提供支撑），肩部尽量靠近地面。

此练习也可替换为类似练习，比如用双手握住横杆进行的练习（见下一页的趴式背部拉伸）。

柔韧性训练与身体和心理状态密切相关。例如，在放松、温暖的环境中进行柔韧性训练不仅令人愉悦，而且更有效。

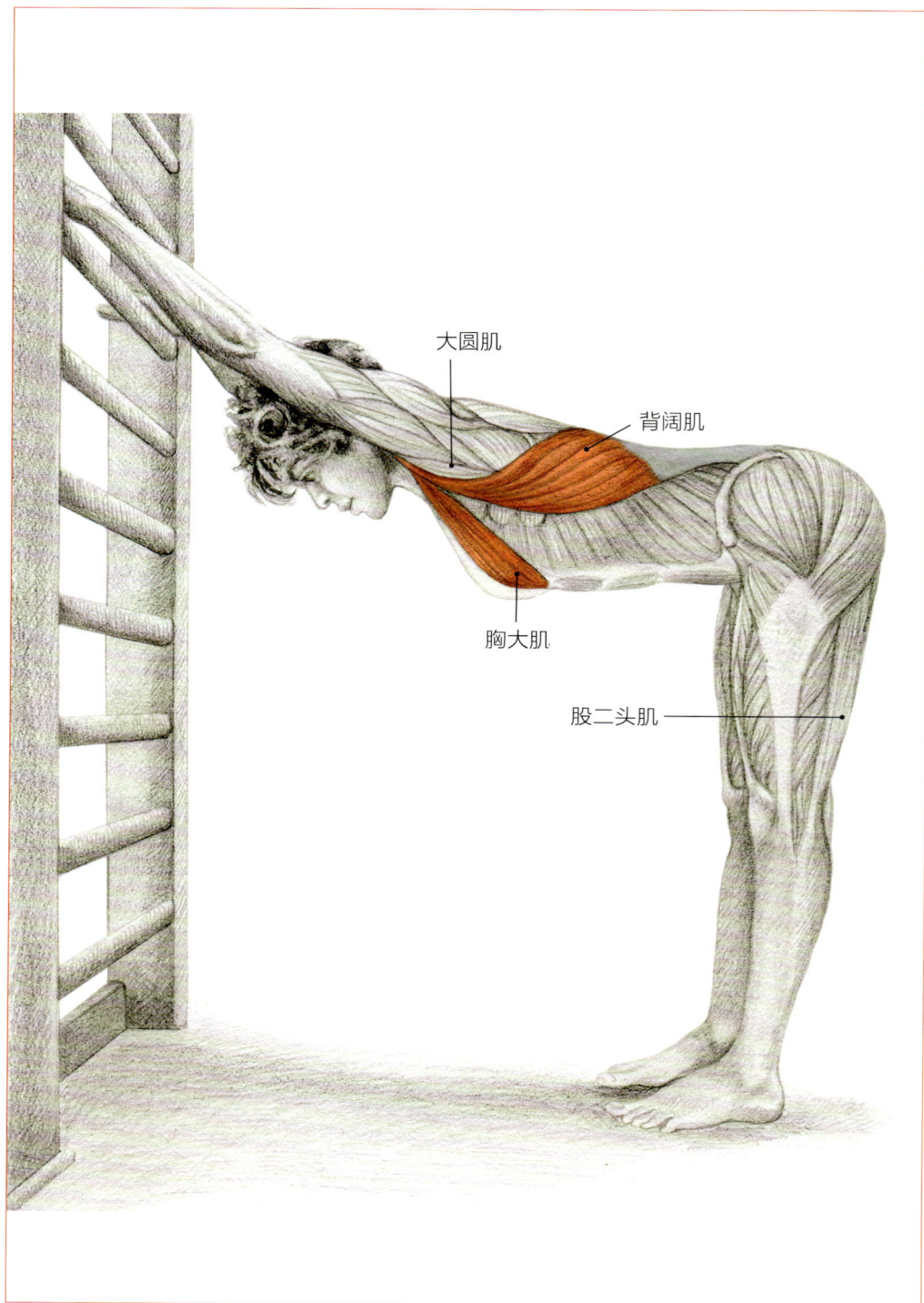

大圆肌

背阔肌

胸大肌

股二头肌

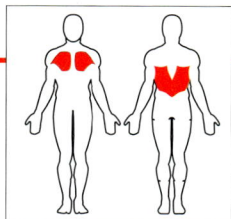

主要肌肉： 背阔肌、胸大肌。
次要肌肉： 大圆肌、腘绳肌。

动作要领

　　站在比腰部略高的支撑物前。向前屈曲躯干并将双手放在支撑物上，手臂最好外旋。保持手臂不动，进一步压低身体，直到感觉相应肌群被拉伸。

提示

　　练习中如果手臂外旋，则背部肌群的拉伸会更加充分。因此，练习时握住横杆要比把手搭在桌子或其他平坦表面上更舒适，并且也更容易使身体向后倾斜，进而使双手尽量远离横杆并增强背部肌群的拉伸力。如果没有辅助器械，也可以在地面进行练习（见本章的练习4）。

　　此练习不可避免地会拉伸胸部肌群和周围肌群。我们还可以通过一个变式来增强背部肌群的拉伸效果：仅抬起一只手臂并将其放在支撑物上，将骨盆和脊柱向远离抬起的手臂的方向扭转，从而使躯干侧向拱起。将受力一侧的脚向后退更容易达到目的。

＊　　在用手握住固定支撑物的练习中，肌肉可能会产生不必要的紧张感。抓握时，只有前臂和手的小块肌肉用力，而要拉伸的部位必须保持放松。这需要不断地练习和学习，但只有遵循一定的规则才能收到更好的效果。

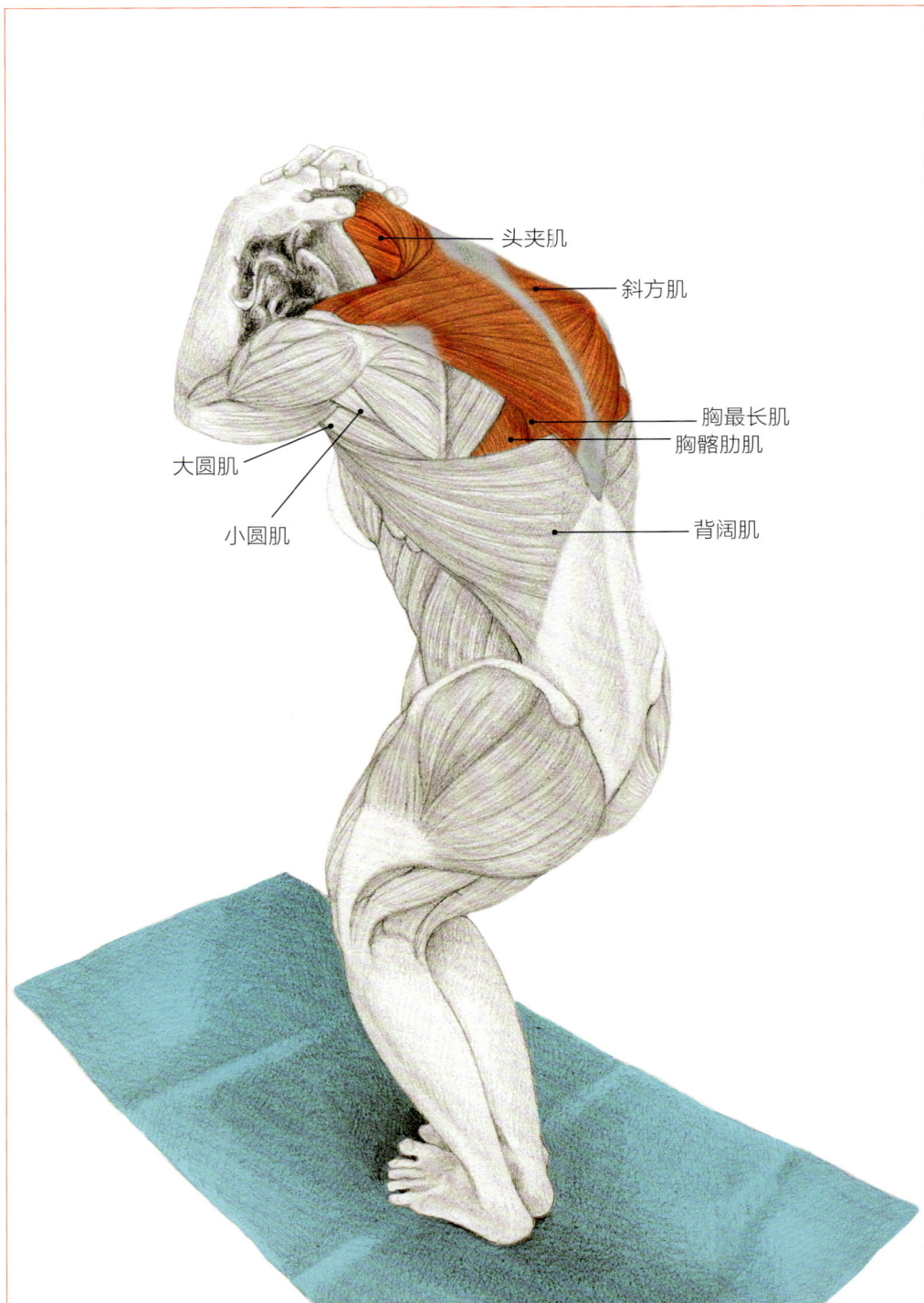

头夹肌

斜方肌

胸最长肌
胸髂肋肌

大圆肌

小圆肌

背阔肌

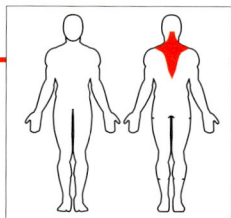

所涉肌肉

主要肌肉： 最长肌、髂肋肌、横突间肌、棘间肌、多裂肌、斜方肌、半棘肌、头夹肌。

次要肌肉： 头后大直肌、头后小直肌、头上斜肌、头下斜肌、腰方肌、大圆肌、小圆肌、背阔肌等。

动作要领

站在地面上，将双手放于脑后，向下缓慢牵拉头部的同时屈曲背部、髋部和双膝。

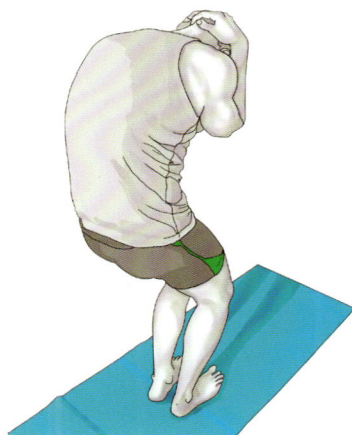

提示

此练习拉伸的主要是脊柱周围的肌肉，练习中你的脊柱会形成一个拱形，拱形的两端分别是头部和骨盆。练习时你如果很难保持平衡，可以将臀部靠在墙上。

练习中常见的错误是动作强度过大且速度过快。如果你在练习中感到头痛或头晕，最好避免用力向下牵拉头部——保持拉伸姿势即可，不必用手施加额外的力。

✳ 有时我们将身体各部位视作独立的部分，虽然这可能有助于研究、解释或理解，但练习时你必须知道身体不同部位肌肉之间的联系。

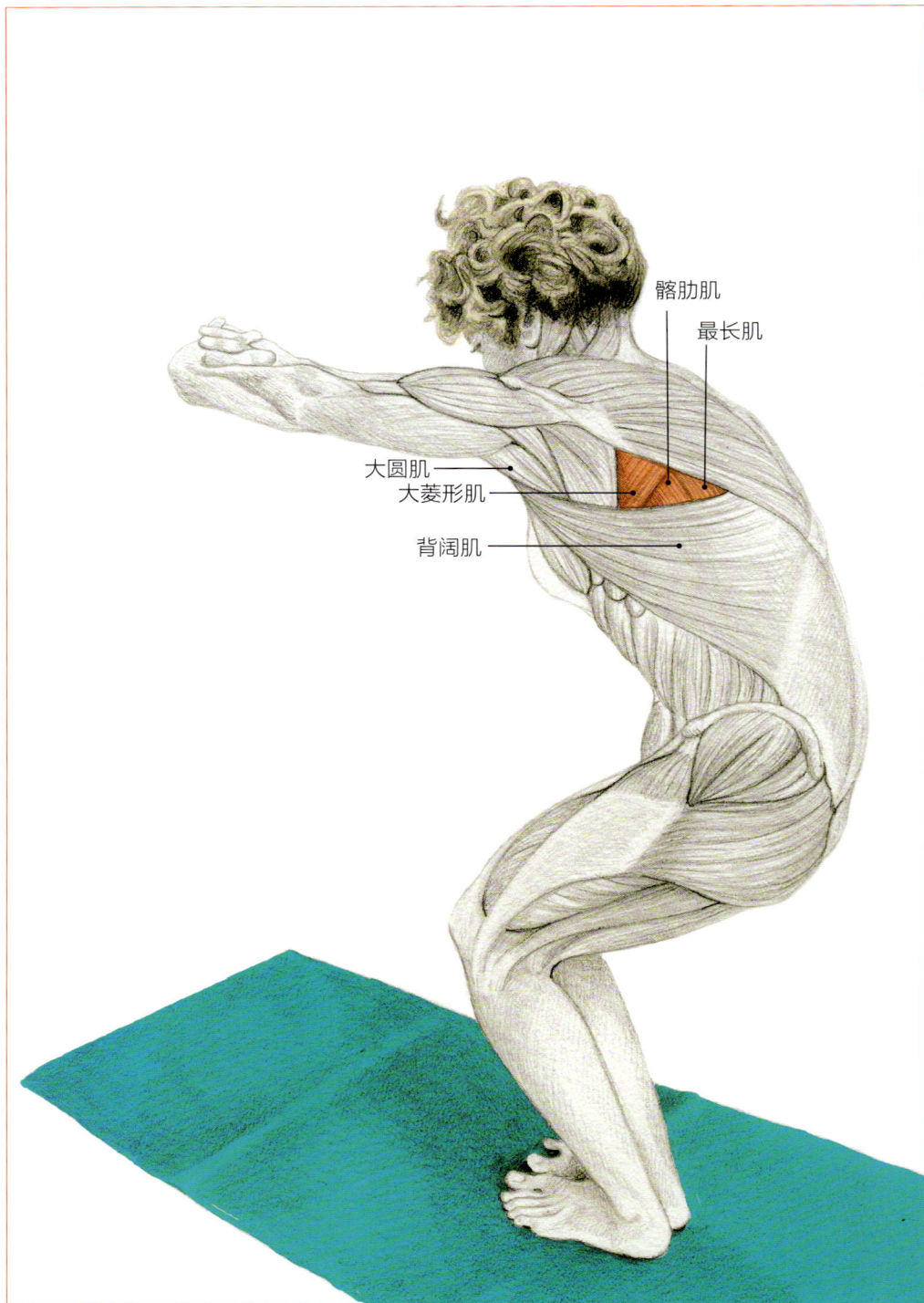

髂肋肌

最长肌

大圆肌

大菱形肌

背阔肌

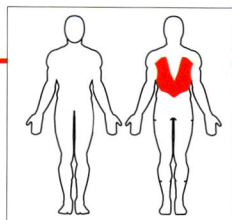

所涉肌肉

主要肌肉： 最长肌、髂肋肌、横突间肌、棘间肌、多裂肌、大菱形肌、小菱形肌。
次要肌肉： 背阔肌、大圆肌、腰方肌。

动作要领

站在地面上，双膝微屈。双手十指交叉，掌心朝前。向前伸直手臂的同时拱起背部，将双手尽量向前推。

提示

此练习与前一项练习的动作类似，目的也是拉伸脊柱周围的肌肉。此练习可以有效拉伸菱形肌，菱形肌可以使肩胛骨靠近脊柱。我们需要尽量将肩胛骨向外和向前拉伸（双臂向前伸直有助于更好地完成这一动作，当然也可以屈曲肘部来完成练习），这样可以使菱形肌得到充分拉伸。

练习中膝关节和髋关节需保持一定程度的紧张以保持姿势。

一些常见的错误可能都是因为对动作的错误理解而造成的。例如，有些练习者努力将手臂向前伸，感觉到手臂在拉紧就以为这是正确的动作了。事实恰恰相反，真正的拉伸感应该来自背部以上的肌群。

* 活动肩胛骨并拉伸该区域的小肌肉（如菱形肌）可预防背部挛缩。

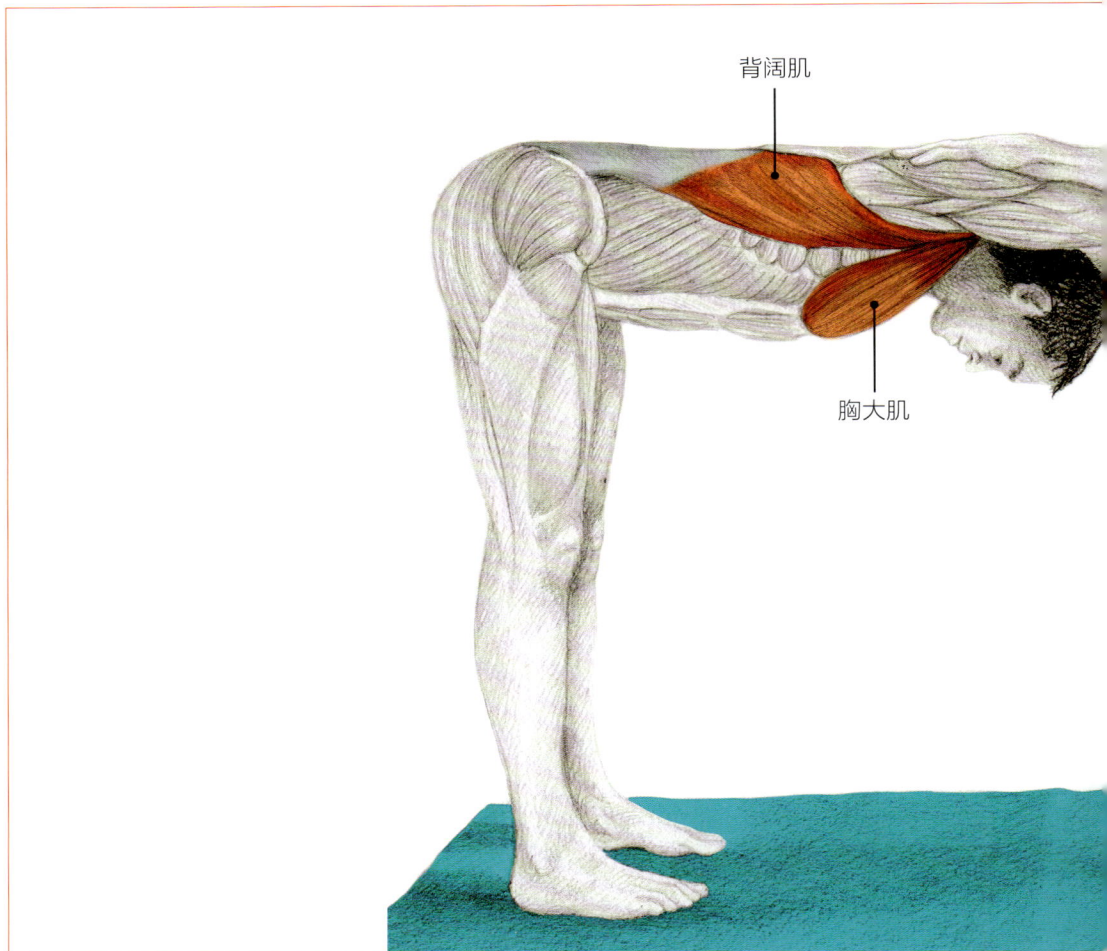

背阔肌

胸大肌

动作要领

两个人面对面站立，握住对方的手臂，将髋部向前屈曲 90°，并向后、向下拉伸。

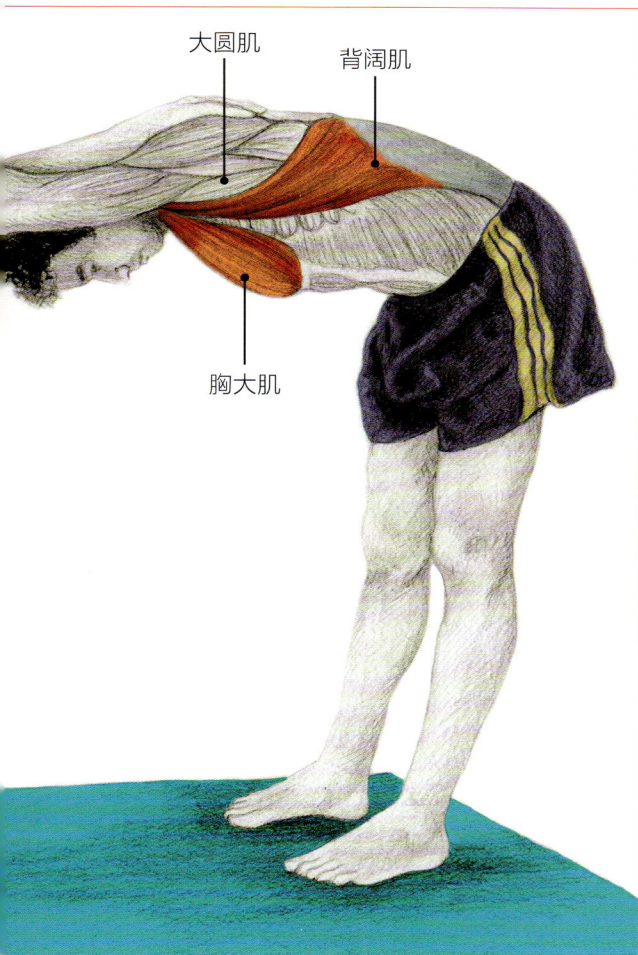

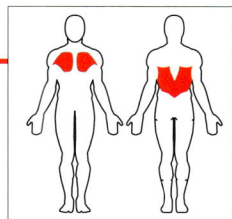

大圆肌

背阔肌

胸大肌

所涉肌肉

主要肌肉： 背阔肌、胸大肌。
次要肌肉： 大圆肌。

提示

　　如果两个人体形相似，练习效果更好。如果两个人身高有很大差异，则练习时要让稍矮的人站在台阶上。如果两个人体重差异也很明显，最好用其他练习（比如趴式背部拉伸）替换此练习。

　　向后的拉伸力不应过大，否则同伴也需要使出更大的力，这样很容易变成一种拉力的竞争，而在拉伸训练中身体需要适当放松。所以，用力向下拉伸比用力向后拉伸更有效。

＊ 不管是与同性还是异性一起训练都没有任何问题，唯一的要求是要尊重同伴。

第四章

颈肩部肌群

颈肩部主要肌肉示意图

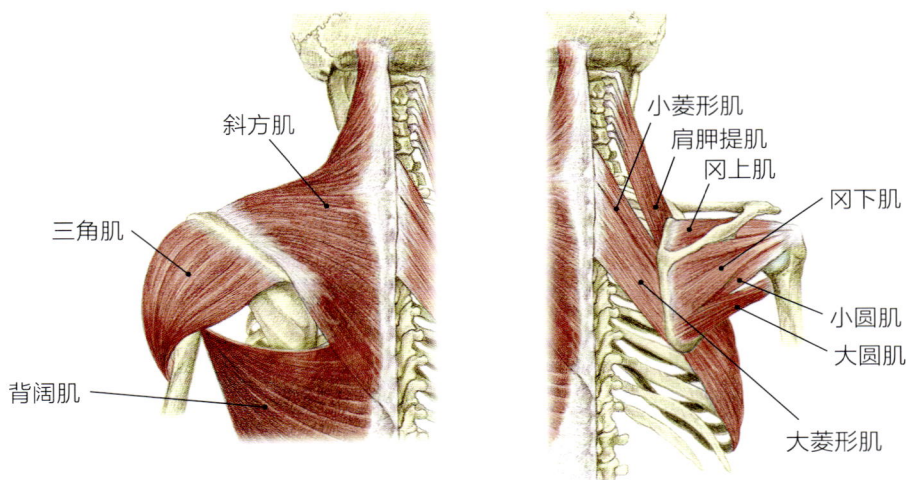

斜方肌

三角肌

背阔肌

小菱形肌
肩胛提肌
冈上肌
冈下肌
小圆肌
大圆肌
大菱形肌

颈肩部主要肌肉的生物力学介绍

附着于肱骨的肌肉

三角肌（侧面浅层肌）

起点：三角肌的肌束分为前部、中部和后部，前部肌束起自锁骨外侧段，中部肌束起自肩峰，后部肌束起自肩胛冈。
止点：肱骨三角肌粗隆。
主要功能：使肩关节外展；前部肌束收缩可使肩关节屈曲和旋内，后部肌束收缩可使肩关节伸展和旋外。

冈上肌（上侧面深层肌）

起点：肩胛骨冈上窝。
止点：肱骨大结节上部。
主要功能：使肩关节外展，将肱骨头固定在关节盂腔内，拉紧关节囊。

喙肱肌（正面深层肌）

起点：肩胛骨喙突。
止点：肱骨中部内侧。
主要功能：使肩关节前屈和内收。

小圆肌（背面深层肌）

详见背部肌群。

冈下肌（背面深层肌）

详见背部肌群。

肩胛下肌（正面深层肌）

详见胸部肌群。

肱二头肌（正面浅层肌）

详见上臂肌群。

解析

众所周知，过度拉伸背阔肌和胸大肌可能会导致肩关节脱臼，而肱二头肌、冈上肌、肩胛下肌、冈下肌、小圆肌等肌肉共同作用则可以保护肩关节，防止脱臼。实际上，肩关节的活动范围决定了有些人容易发生肩关节脱臼。虽然在这里，我将三角肌和肩关节附近的肌肉看作影响肩关节活动度的主要肌肉，但还有其他肌肉也会影响肩关节的活动度。

肩关节容易脱臼的人在开始拉伸练习前应向医生咨询。

不附着于肱骨的肌肉

斜方肌（背面浅层肌）

起点：上项线、枕外隆凸、项韧带以及第7颈椎和全部胸椎的棘突。

止点：锁骨外侧 1/3、肩峰和肩胛冈内侧。

主要功能：使头向同侧屈和向对侧回旋来抬高肩胛骨（上部肌纤维收缩），使肩胛骨后缩、上回旋（中部肌纤维收缩），使肩胛骨下降、上回旋（下部肌纤维收缩），稳定肩胛骨和肩胛带，使肱骨外展。

肩胛提肌（背面中层肌）

起点：第 1~4 颈椎横突。

止点：肩胛骨上角。

主要功能：使肩胛骨上提和下回旋。

胸锁乳突肌（正面浅层肌）

起点：胸骨部起自胸骨柄前面，锁骨部起自锁骨内 1/3 段上缘。

止点：颞骨乳突和上项线外侧。

主要功能：使头颈屈曲，使头转向另一侧并向同侧倾斜。

其他肌肉

头后大直肌：起自第二颈椎棘突，止于枕骨下项线外侧。主要功能是使头颈部后仰，协助头颈部侧屈和向对侧旋转。

头后小直肌：起自第二颈椎后结节，止于枕骨下项线外侧。主要功能是使头颈部后仰，协助头颈部侧屈。

头下斜肌：起自第二颈椎棘突，止于第一颈椎横突。主要功能是协助头颈部侧屈和向同侧旋转。

头上斜肌：起自第一颈椎横突，止于枕骨下项线外侧。主要功能是使头颈部后仰，协助头颈部侧屈和向对侧旋转。

斜角肌：起自颈椎横突，止于肋骨。主要功能是使头颈部侧屈和向同侧旋转。

棘间肌：相邻椎体棘突之间的小肌肉，主要功能是协助伸直脊柱。

前锯肌（正面深层肌）：详见胸部肌群。
胸小肌（正面深层肌）：详见胸部肌群。
大菱形肌（背面深层肌）：详见背部肌群。
小菱形肌（背面深层肌）：详见背部肌群。

解析

和背部一样，颈部也是我们在日常生活中经常感觉紧绷和疼痛的一个部位。颈部肌群很容易拉伸，但练习时一定要小心。我们不能用拉伸身体其他部位那样的方式来拉伸颈部，否则可能引起头痛。此外，尽管在日常生活中我们感觉不到头部的重量，但实际上，我们的头部相当重（质量大约为 5 千克），而如此重的头部却要由关节十分脆弱的颈部来支撑。练习中如果姿势不当，头部会在重力作用下下坠，可能会导致颈部受伤。

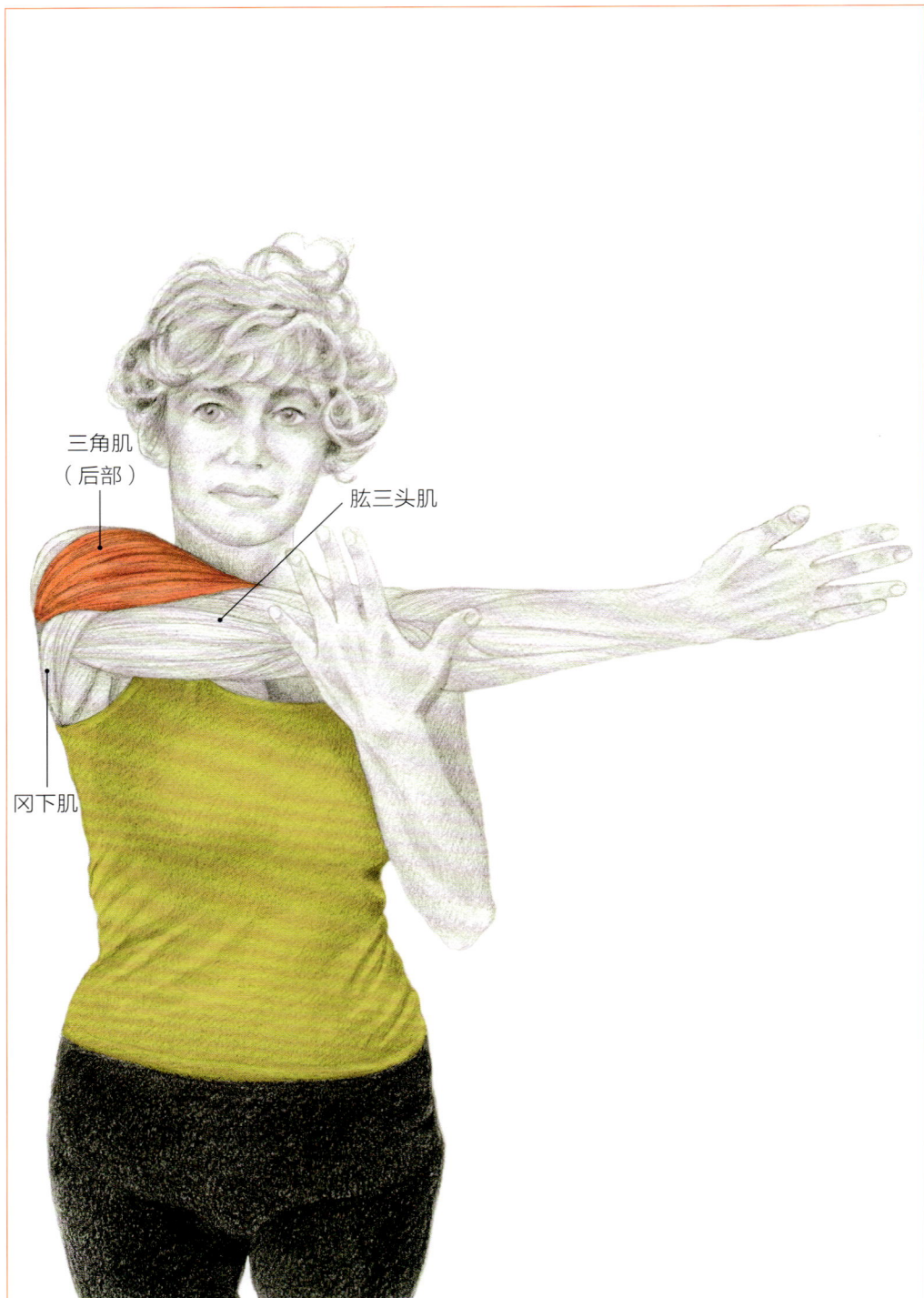

三角肌
（后部）

肱三头肌

冈下肌

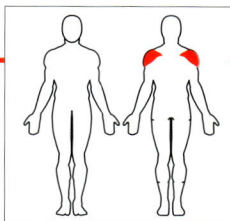

所涉肌肉

主要肌肉：三角肌（后部）。
次要肌肉：菱形肌、肱三头肌、冈下肌、小圆肌、大圆肌。

动作要领

面向镜子坐下或站立。抬起并伸直一只手臂，屈曲肩关节将抬起的手臂向内收。另一只手压紧被拉伸手臂的肘部，掌心朝内。

提示

三角肌的肌束通常分为 3 部分（更详细的研究表明其最多可被分为 7 部分），分别是前部、中部和后部。此练习侧重于拉伸三角肌后部，但是也可以拉伸相邻肌群，特别是菱形肌。

如果被拉伸的手臂如左页图中所示水平伸展，通常拉伸的是整个三角肌后部；如果将手臂略向上抬，你将更多地拉伸三角肌后部的下部纤维和小圆肌；如果将手臂向下移，你将更多地拉伸三角肌后部的上部纤维和冈上肌。在以上 3 种情况下，手臂承受的压力都非常大，只要动作在可控范围内，受伤的风险就很低（无论哪种练习，习惯性脱臼的练习者都需要特别注意动作幅度）。

* 一般来说，肩部指肩关节及其周围结构。狭义的肩关节指盂肱关节，广义的肩关节由盂肱关节、肩锁关节、胸锁关节、肩胸关节等组成。

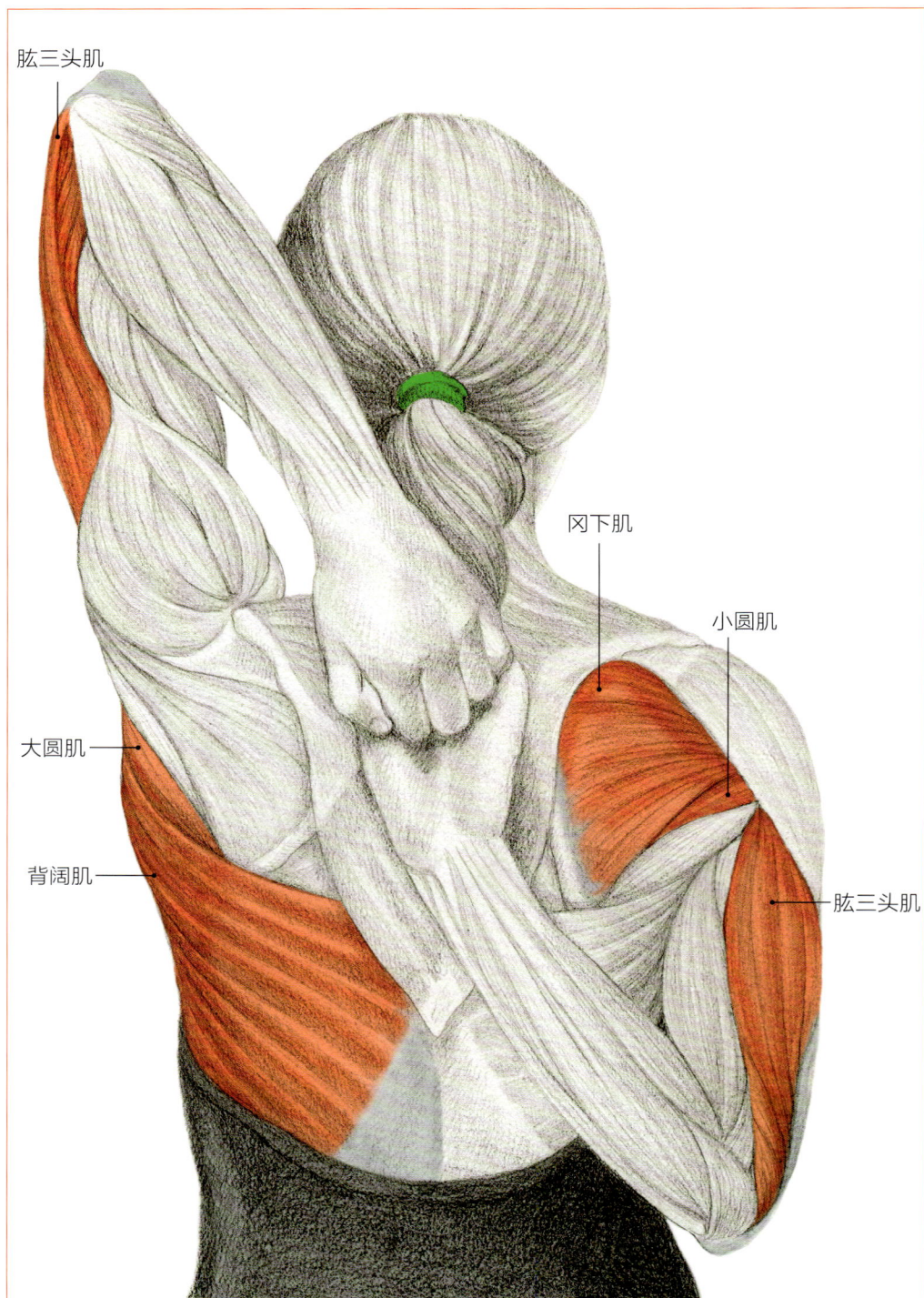

肱三头肌

冈下肌

小圆肌

大圆肌

背阔肌

肱三头肌

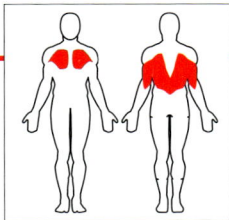

所涉肌肉

主要肌肉：大圆肌、小圆肌、冈上肌、冈下肌、背阔肌、肱三头肌。
次要肌肉：三角肌、胸部肌群。

动作要领

站立或坐在凳子上。将一只手臂从上方跨过同侧肩部伸到背后，同时将另一只手臂从下方伸到背后，努力让双手在背后交握。

提示

此练习可以快速检测肩关节的活动度。有经验的练习者能够轻松地交握双手，甚至有些人还能用手抓到对侧手臂的前臂，但初学者只能借助外部的辅助慢慢进步。外部的辅助可以是一根打结的绳子，随着时间的推移，双手离绳结应该越来越近。同伴的辅助也非常有用并且易于操作。同伴可以站在练习者身后，轻轻按压练习者的两个肘关节。在同伴的辅助下，练习者可以尝试将双手互相靠近。

在重复练习中，应交换手臂做动作，以保证身体结构的平衡。

* 练习时不应将肩关节内旋从而使身体佝偻，也不应使肩关节过度后展。身体要放松，注意力要集中。感觉无法继续保持姿势时，你只需略微挺起胸部就可以重新做出最佳姿势。

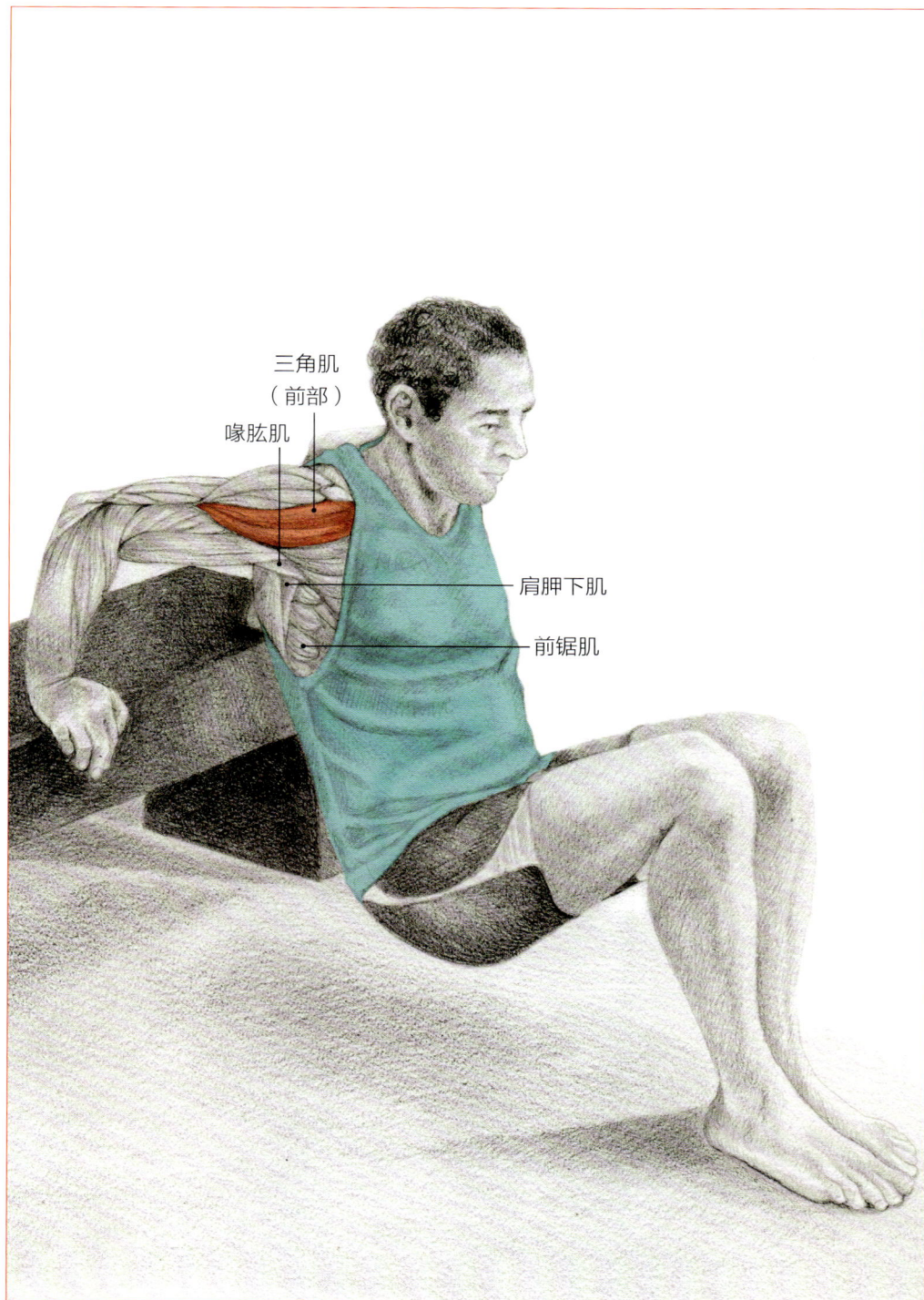

三角肌
（前部）

喙肱肌

肩胛下肌

前锯肌

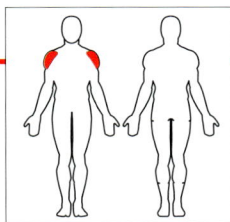

所涉肌肉

主要肌肉： 三角肌（前部）。

次要肌肉： 喙肱肌、肩胛下肌、前锯肌。

动作要领

坐在长凳上，双手放在凳子边缘。躯干缓慢向前、向下离开长凳，直到上臂与前臂成直角。双脚必须牢牢踩在地面上，以承受身体的大部分重量。

提示

此练习拉伸了左页图中所示的肌肉，但由于部分肌肉需要用力收缩来支撑身体重量，因此减弱了拉伸效果。这一点很容易理解：肌肉在紧张收缩的同时是无法放松拉伸的。因此，对改善关节活动性而言，此练习的效果并不是特别好。

此练习的名称来自力量训练中的"长凳背后撑体"。不过，在此练习中，你无须不断做下蹲动作，只需保持下蹲的姿势。长凳背后撑体主要锻炼肱三头肌，而此练习着重拉伸三角肌。

变式 横杆辅助拉伸

与主要练习相比，这个变式的拉伸效果更好，可以避免上面所说的肌肉紧张问题。

练习者坐在没有靠背的长凳上，双手从背后握住横杆（或类似物体），手腕内旋（掌心朝前）。辅助练习的同伴将横杆向上拉起，使练习者屈曲肘部。两个人的动作均须缓慢，否则练习者的肩部可能会受伤。

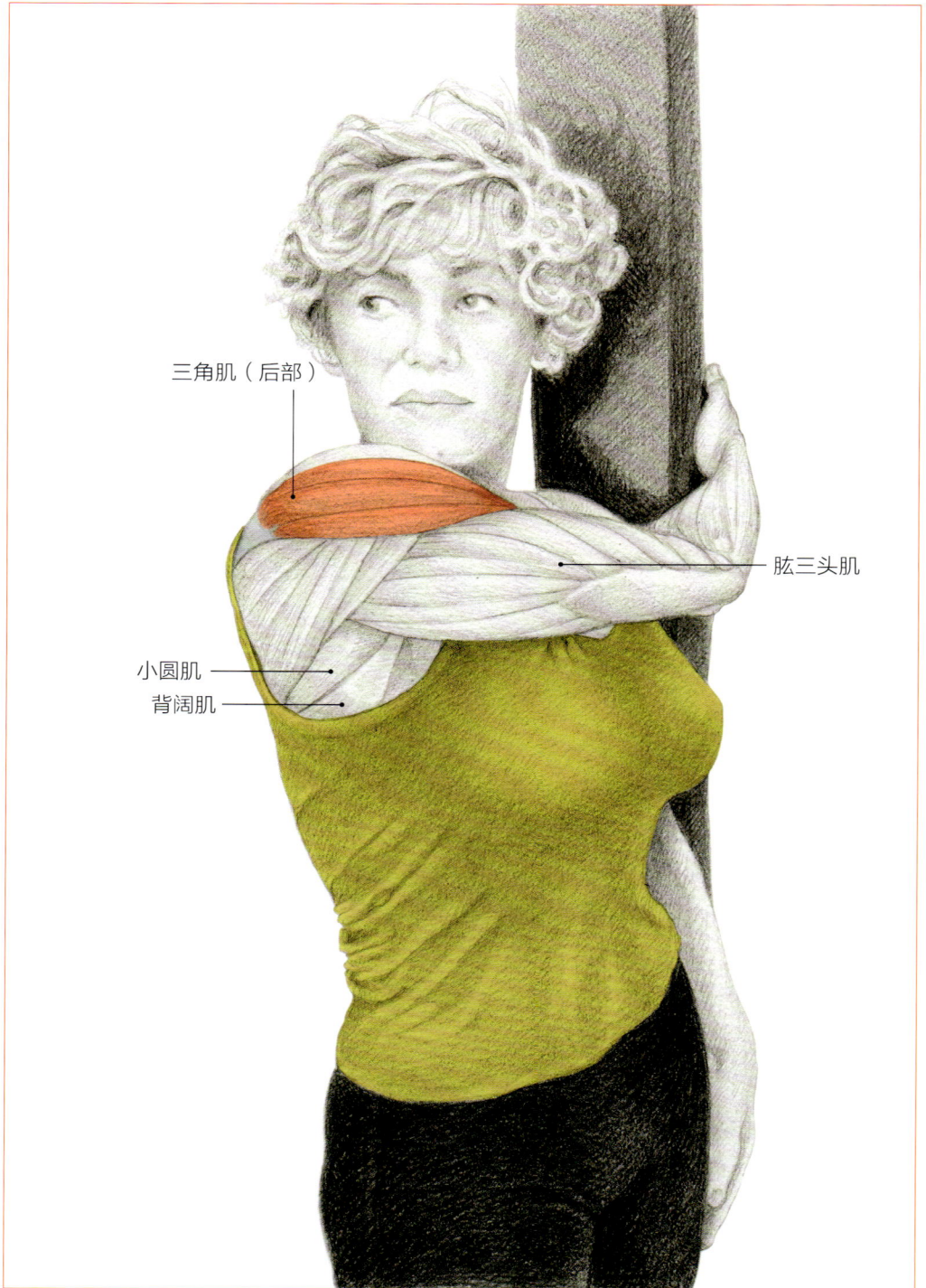

三角肌（后部）

肱三头肌

小圆肌

背阔肌

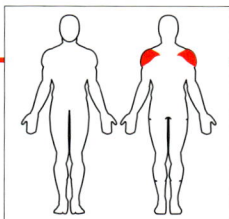

所涉肌肉

主要肌肉： 三角肌（后部）。
次要肌肉： 菱形肌、肱三头肌、冈下肌、小圆肌、背阔肌、大圆肌。

动作要领

站在竖杆旁边，用远离竖杆的手抓住竖杆并向远离竖杆的一侧转动身体，直到手臂后部有明显的拉伸感。

提示

此练习与本章的练习1类似。拉伸肩部后侧的一系列练习非常有利于防止肩部后侧发生挛缩。此外，当你肩部出现僵硬、疼痛时，此练习还可以配合按摩，有效缓解并消除症状。唯一要注意的是，不要让被拉伸的整只手臂处于紧张状态，只需用手抓紧竖杆即可。可以把手想象成一个钩子，来使整个身体固定不动。

要始终保证被拉伸手臂的上臂完全水平，抓握竖杆的手与肩同高，同时还要确保三角肌后部和菱形肌处于拉伸状态。

此练习也可双人进行。练习时，两个人要背靠背，但要间隔一定的距离以便拉伸。不过，双人练习的效果远不如单人在固定支撑物辅助下的练习效果好，因为单人练习无须考虑对同伴施加的力的大小。

变式 四肢贴地

你也可以通过此变式来拉伸上面提到的肌群。双膝跪地，双手撑地，一只手臂从身体下穿过，躯干向下压。

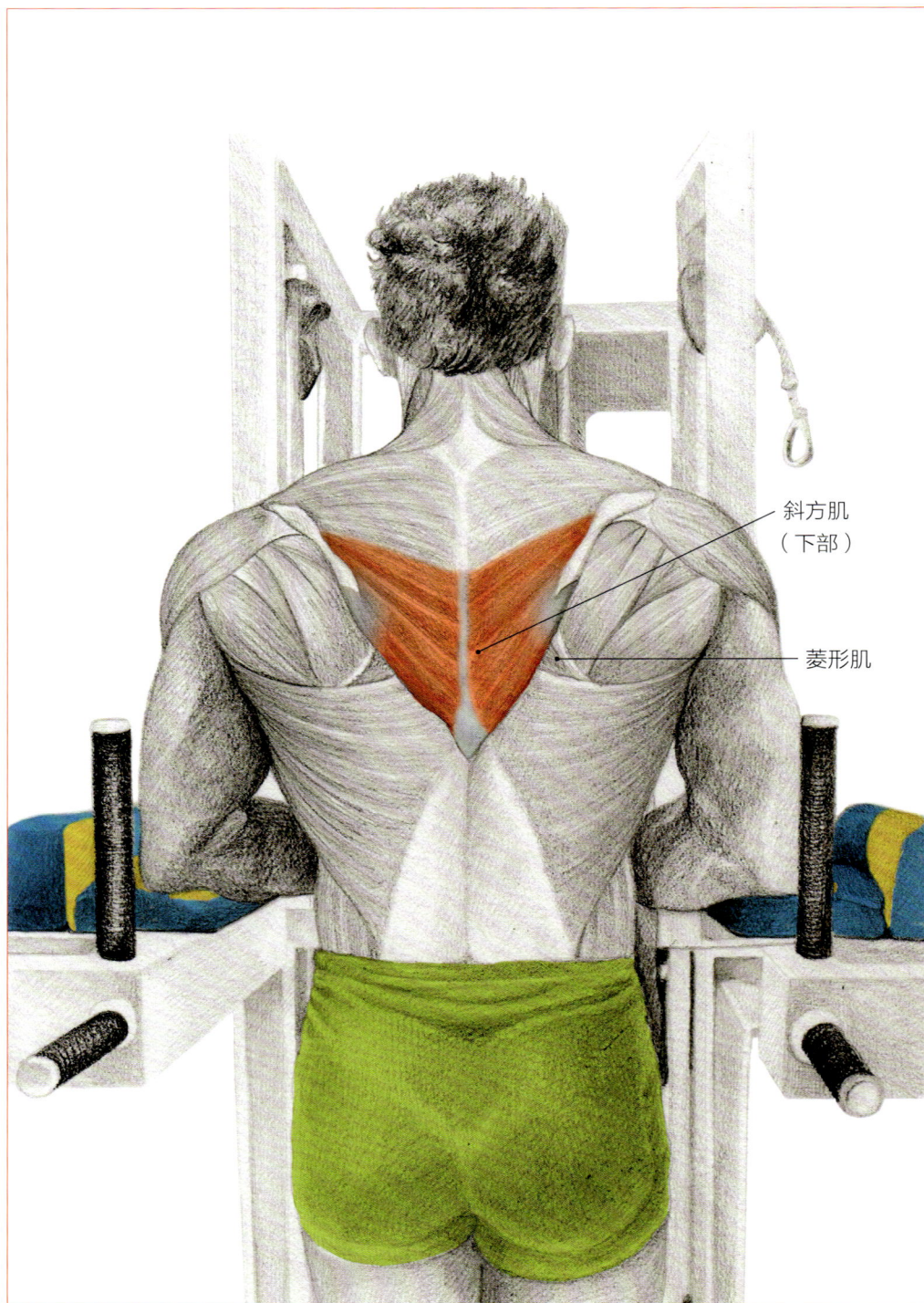

斜方肌
（下部）

菱形肌

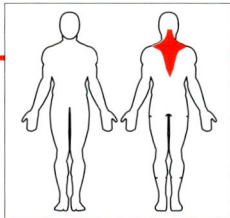

主要肌肉： 胸小肌、斜方肌（下部）。
次要肌肉： 菱形肌、前锯肌。

动作要领

将肘部和前臂放在平行杠带海绵的支架上，使身体悬空。

提示

此练习非常简单，它可以拉伸一些平时拉伸不到的肌肉，也可以有效缓解脊柱周围肌肉的紧张感。由于关节活动度的限制，此练习基本没有其他变式。

练习中可以伸直颈部，但略微屈曲颈部可以使拉伸更有效。

此练习简单易行，无论是初学者还是有经验的练习者都可以完成。有脊柱偏斜（尤其是脊柱侧凸）问题的人更应该将这一练习列入必选练习清单中。

以悬吊方式拉伸对脊柱的拉伸效果明显，但如果想拉伸颈部，需要手动牵拉颈部或做其他可以拉伸颈部的动作。

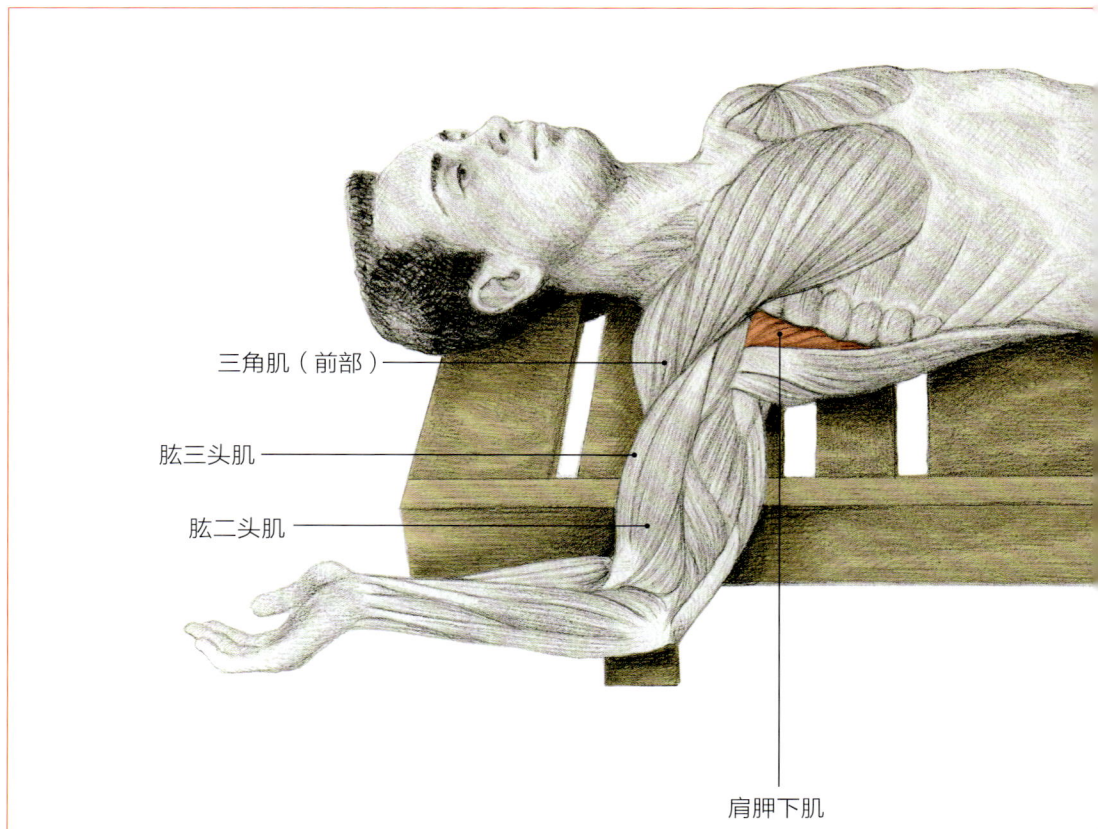

三角肌（前部）

肱三头肌

肱二头肌

肩胛下肌

动作要领

仰卧在长凳上，将一只手臂侧向伸到长凳外，此时手臂与地面平行。保持上臂垂直于躯干，屈曲肘部，使前臂垂直于地面。然后，向外旋转肩关节，使掌心朝上。

提示

肩部的回旋肌对于维持肩部的稳定起着至关重要的作用，因此我们既要强化这部分肌肉，又要增强这部分肌肉的活动性。此练习必须缓慢地进行，重力本身就足以帮你维持姿势。你如果想增大拉伸力，可以手握小型哑铃（1~4 千克）完成练习。在任何情况下，手臂的下落都必须缓慢。只有在保持结束姿势时，肩部的所有肌肉才能得到放松，此时拉伸力仅源于重力。

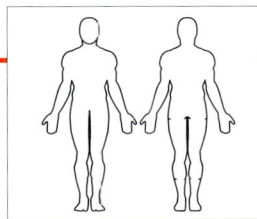

所涉肌肉

主要肌肉： 肩胛下肌。
次要肌肉： 肱二头肌、肱三头肌、三角肌（前部）。

　　这个变式的起始姿势与主要练习一样，但练习时要将肩关节向内旋转，也就是说，在动作结束时，要掌心朝下。在此变式中，你必须确保肩部始终紧贴长凳，若不有意识地控制，肩部就可能从长凳上抬起。当肩关节达到最大拉伸幅度时，保持姿势一段时间。注意，肩关节内旋拉伸和肩关节外旋拉伸要交替进行。

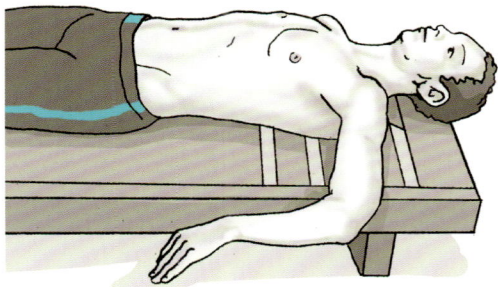

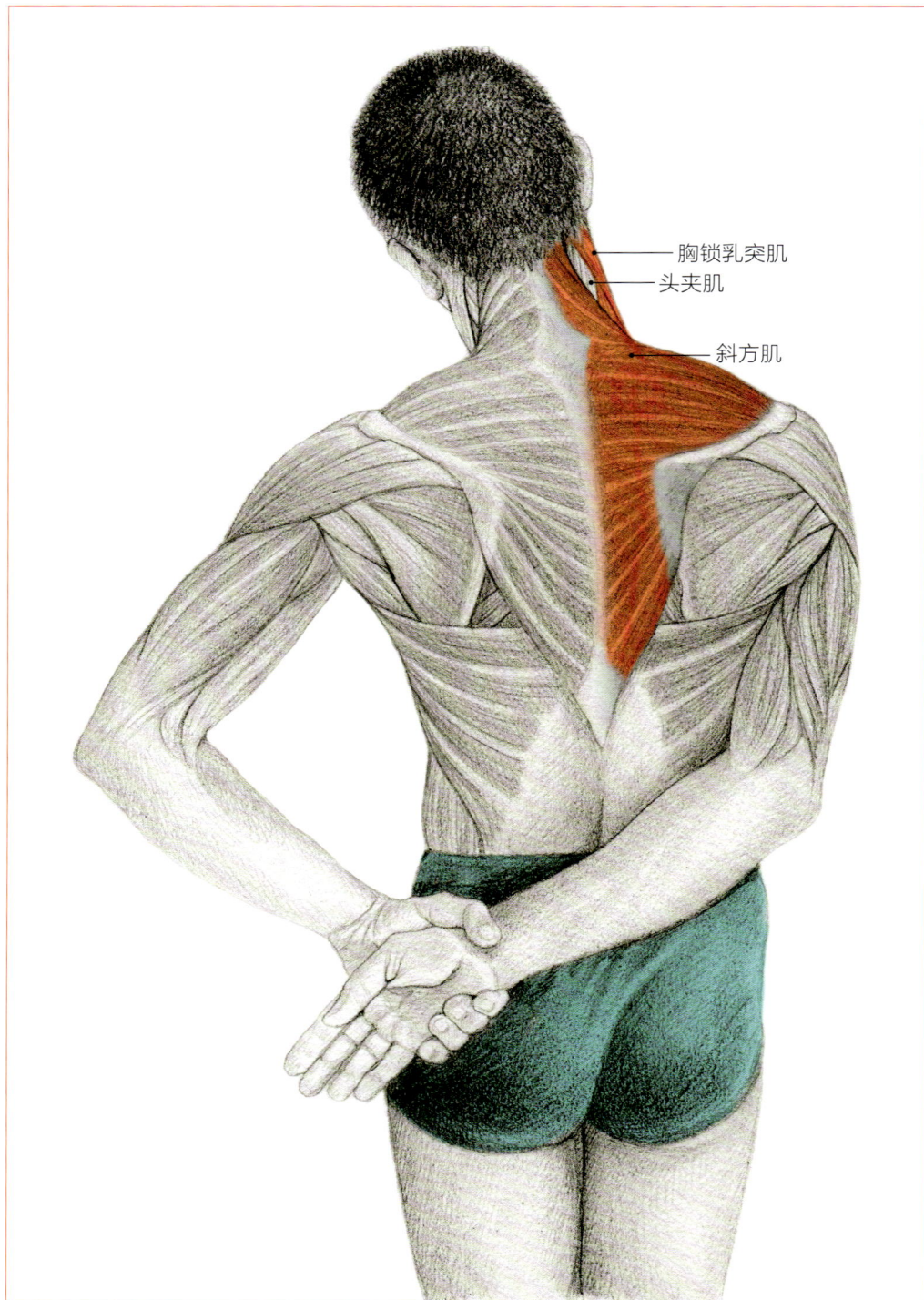

手臂体后内收拉伸

胸锁乳突肌

头夹肌

斜方肌

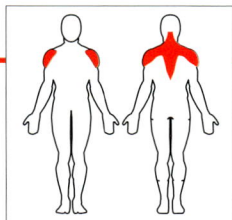

主要肌肉： 斜方肌、胸锁乳突肌、肩胛提肌、斜角肌。

次要肌肉： 半棘肌、头夹肌、棘间肌、颈棘肌、头后大直肌、头后小直肌、多裂肌、头上斜肌、头下斜肌、头半棘肌、头长肌、冈上肌。

动作要领

站在镜子前，将两只手臂在背后交叉。一只手臂放松，用另一只手臂牵拉这只放松的手臂。同时，头可以朝牵拉的方向屈曲。

提示

在此练习中，拉伸感从颅底一直延伸到手臂。如果你想更多地拉伸肩部肌群，那么头就不要向一侧屈曲。或者即使屈曲，也要朝相反侧屈曲（这样颈部某些肌肉就不会被拉伸）。

同样，你也可以用手握住垂直支撑物来完成练习。你还可以让同伴站在你背后，在同伴的辅助下进行练习。在同伴拉伸你的手臂时，要注意不要让自己的头或躯干歪斜。

＊ 大部分人身体两侧的关节活动度是一致的，运动员除外。此练习可以让身体的一侧比另一侧更发达、灵活性更高。显然，此练习和那些使身体两侧达到相同锻炼效果的练习不同，它适合对身体单侧力量有特殊要求的运动员（比如网球、高尔夫球、铅球、标枪、击剑等运动项目的运动员）。

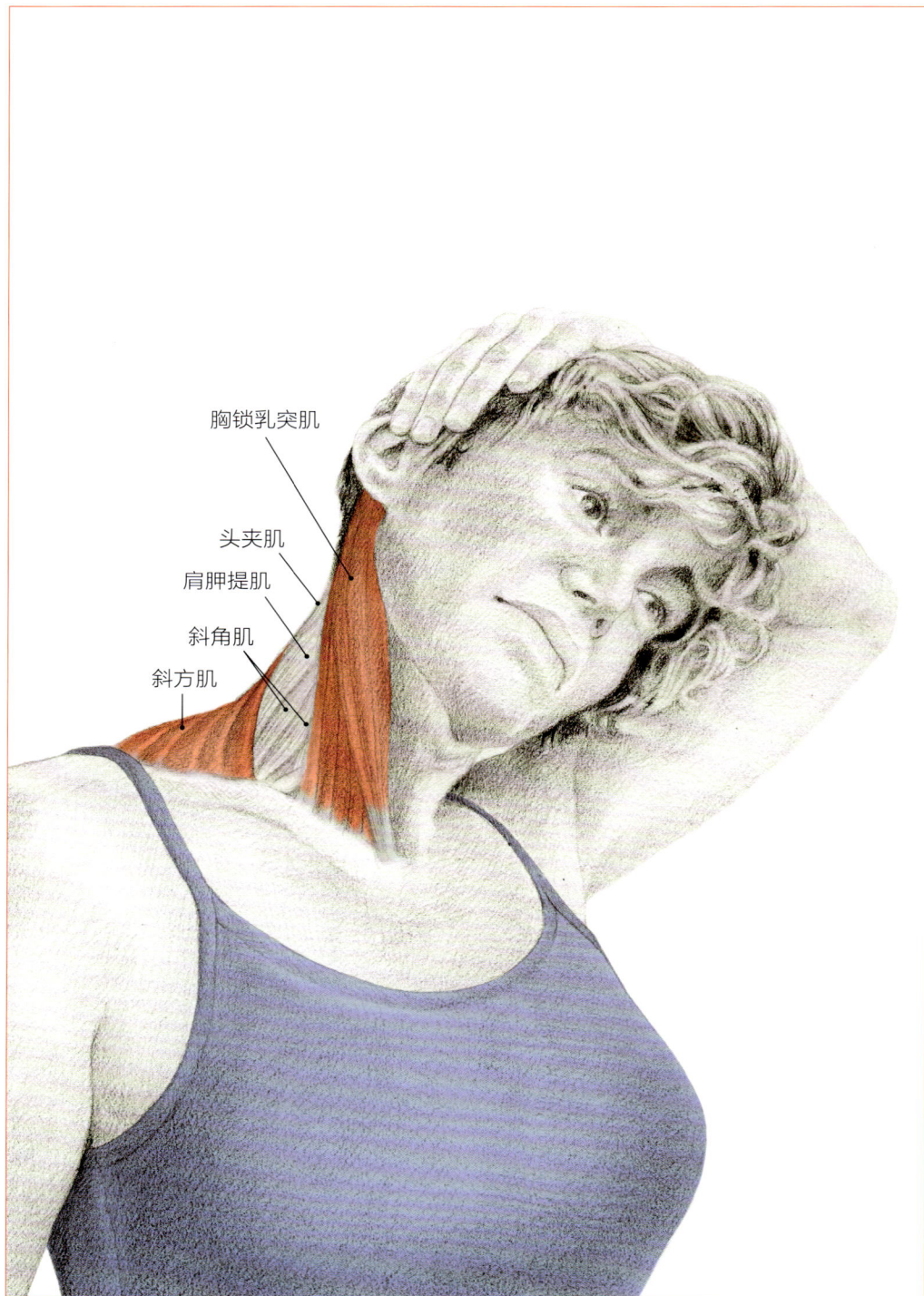

胸锁乳突肌

头夹肌

肩胛提肌

斜角肌

斜方肌

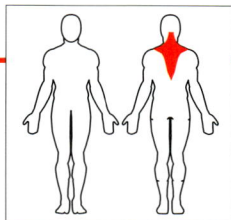

主要肌肉： 斜方肌、胸锁乳突肌。
次要肌肉： 斜角肌、半棘肌、头夹肌、棘间肌、颈棘肌、头后大直肌、头后小直肌、多裂肌、头上斜肌、头下斜肌、肩胛提肌、头半棘肌、头长肌。

动作要领

　　站或坐在镜子前。头向一侧屈曲，用这一侧的手将头缓慢向下压。和所有部位（尤其是颈部）的拉伸练习一样，练习过程中动作必须缓慢且可控。

提示

　　在此练习中，你的颈部侧面很快就会有拉伸感。你如果想减少对颈部侧面的拉伸、增加对颈后区域的拉伸，只需略微转头，看向你的肩部。也就是说，眼睛从看向前方转至看向肩部。

　　如果抬高被拉伸一侧的肩部，某些较大肌肉（比如斜方肌）的拉伸力就会相对减小，但颈椎周围小肌肉的拉伸力依然保持不变。你也可以通过以下方式降低被拉伸一侧的肩部：将被拉伸一侧的手臂背在身后，使被拉伸一侧的锁骨低于另一侧锁骨，如本章练习 7 的插图所示。

　　最后，你要学会整体拉伸颈部区域。常见的错误是仅屈曲头部，而没有拉伸更远端的（靠近躯干的）颈椎。

　　虽然很多练习可以以站姿完成，但在拉伸头部和颈部时，为了避免身体失去平衡，通常不建议以站姿完成练习。另外还要注意，椎动脉会穿过前 6 节颈椎的横突孔进入颅内，所以，过度拉伸头部和颈部会造成椎动脉损伤。

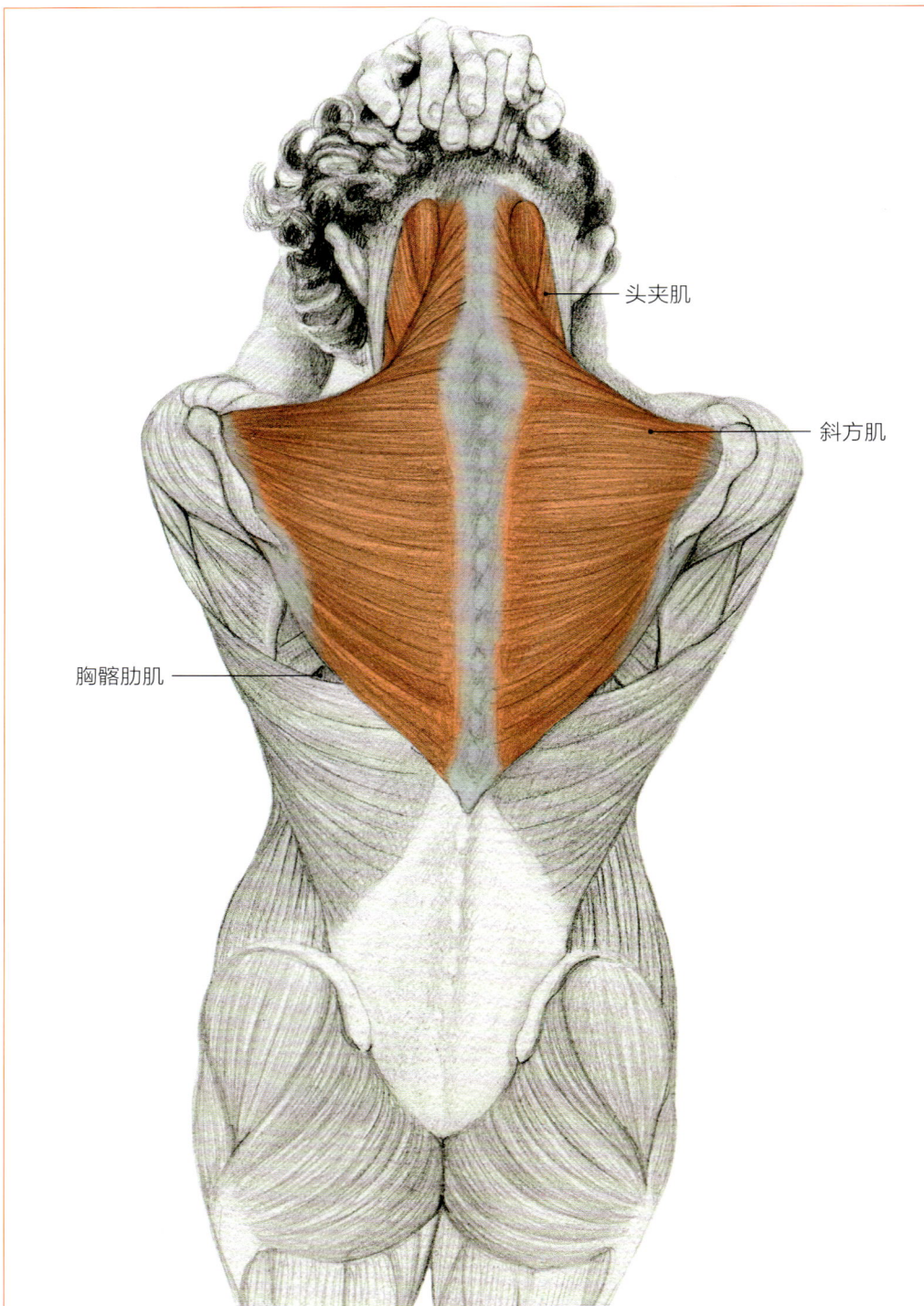

头夹肌

斜方肌

胸髂肋肌

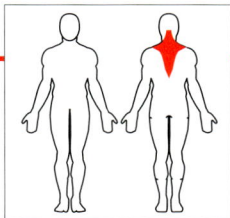

所涉肌肉

主要肌肉： 半棘肌、头夹肌、棘间肌、颈棘肌、斜方肌。

次要肌肉： 头后大直肌、头后小直肌、多裂肌、头上斜肌、头下斜肌、肩胛提肌、头半棘肌、头长肌、髂肋肌。

动作要领

站立或坐下（最好坐下），将双手叠放在脑后，在重力作用下使头缓慢向前屈曲。

提示

手臂无须施加额外的力，重力就可以产生足够的拉伸力。为了防止头部下垂导致颈部肌肉突然绷紧，动作应缓慢。只有姿势达到稳定并保持姿势时，整个头颈区域才能得到放松。在练习过程中，脊柱的其他部分应保持竖直。

在不增强颈椎以下部位肌肉的拉伸感的情况下，为了增强头部一些小肌肉的拉伸感，应将下巴紧贴于颈部，握紧双手并缓慢旋转颅底。

我将在后面介绍能够同时拉伸头部和颈部的练习（见本章的练习 12 ）。

变式　仰卧头部前屈拉伸

此变式与上面的主要练习动作类似，不同的是练习时要仰卧在地上。此外，主要练习的拉伸力来自重力，而此变式的拉伸力来自手臂。

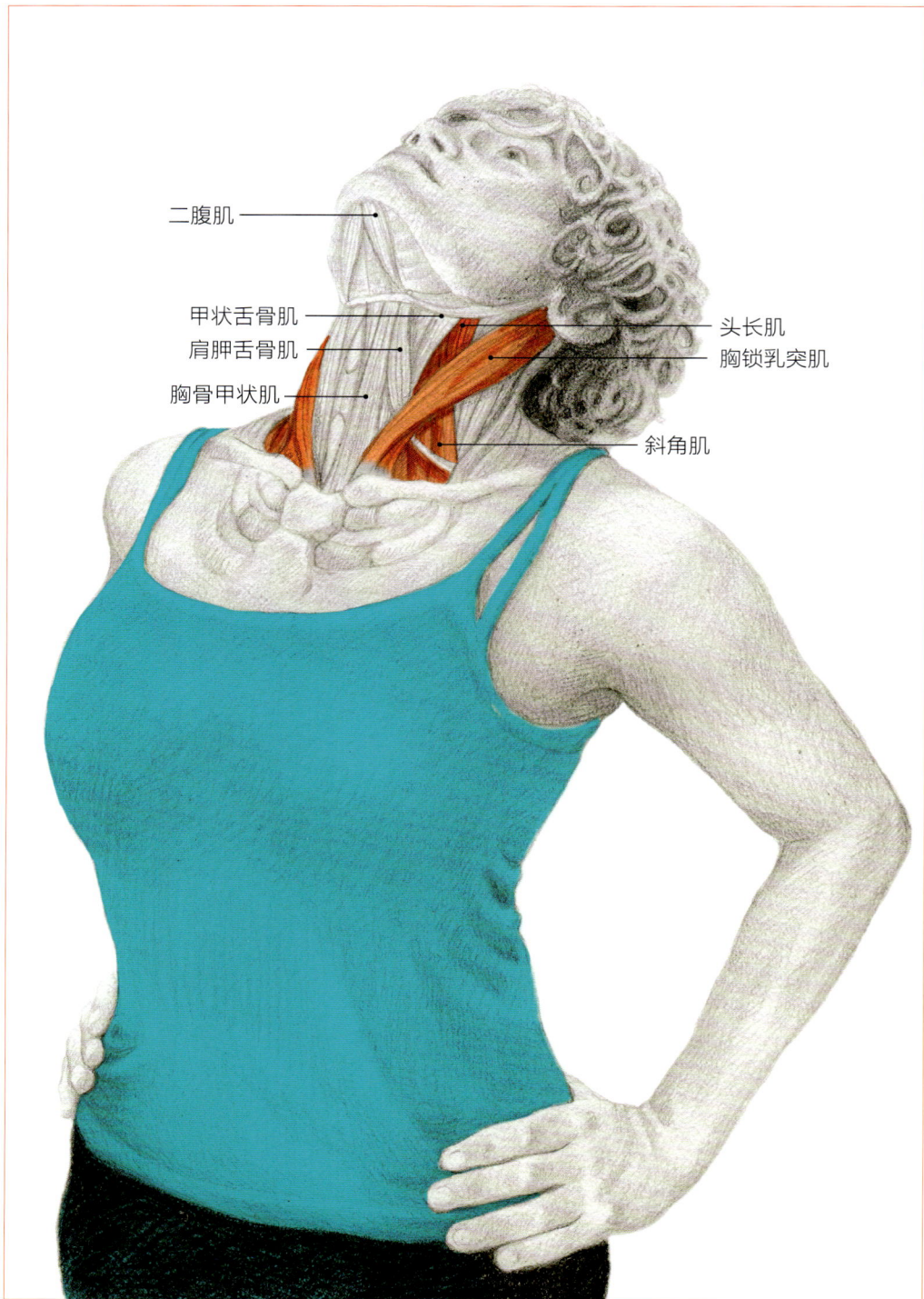

二腹肌

甲状舌骨肌
肩胛舌骨肌
胸骨甲状肌

头长肌
胸锁乳突肌

斜角肌

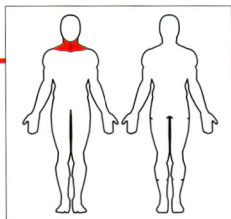

所涉肌肉

主要肌肉： 斜角肌、头长肌、颈长肌、头前直肌、胸锁乳突肌。

次要肌肉： 下颌舌骨肌、甲状舌骨肌、胸骨舌骨肌、胸骨甲状肌、肩胛舌骨肌、二腹肌。

动作要领

站立或坐在一个低靠背的椅子上（最好坐在椅子上），让头在重力作用下轻轻向后仰。

提示

此练习比前面的头部前屈拉伸要难得多。如果你患有颈部疾病，最好不要做此练习。实际上，此练习拉伸的肌肉也可以在旋转和屈曲头部的练习中被拉伸，且做旋转和屈曲头部的练习更舒适。

用手向上顶下巴有助于控制并完成动作。和其他颈部练习一样，如果你在日常生活中经常头痛或头晕，此练习可以改善或消除这种不适，使紧张的肌肉得到放松。

如果想让更多的肌肉被拉伸，在练习过程中应保持上下颌闭合。

变式　仰卧头部后仰拉伸

躺在长凳上，将头伸出长凳外，让头在重力作用下自然下垂。练习时要小心、缓慢，否则可能造成颈部损伤。

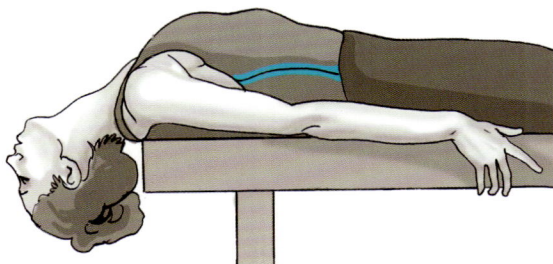

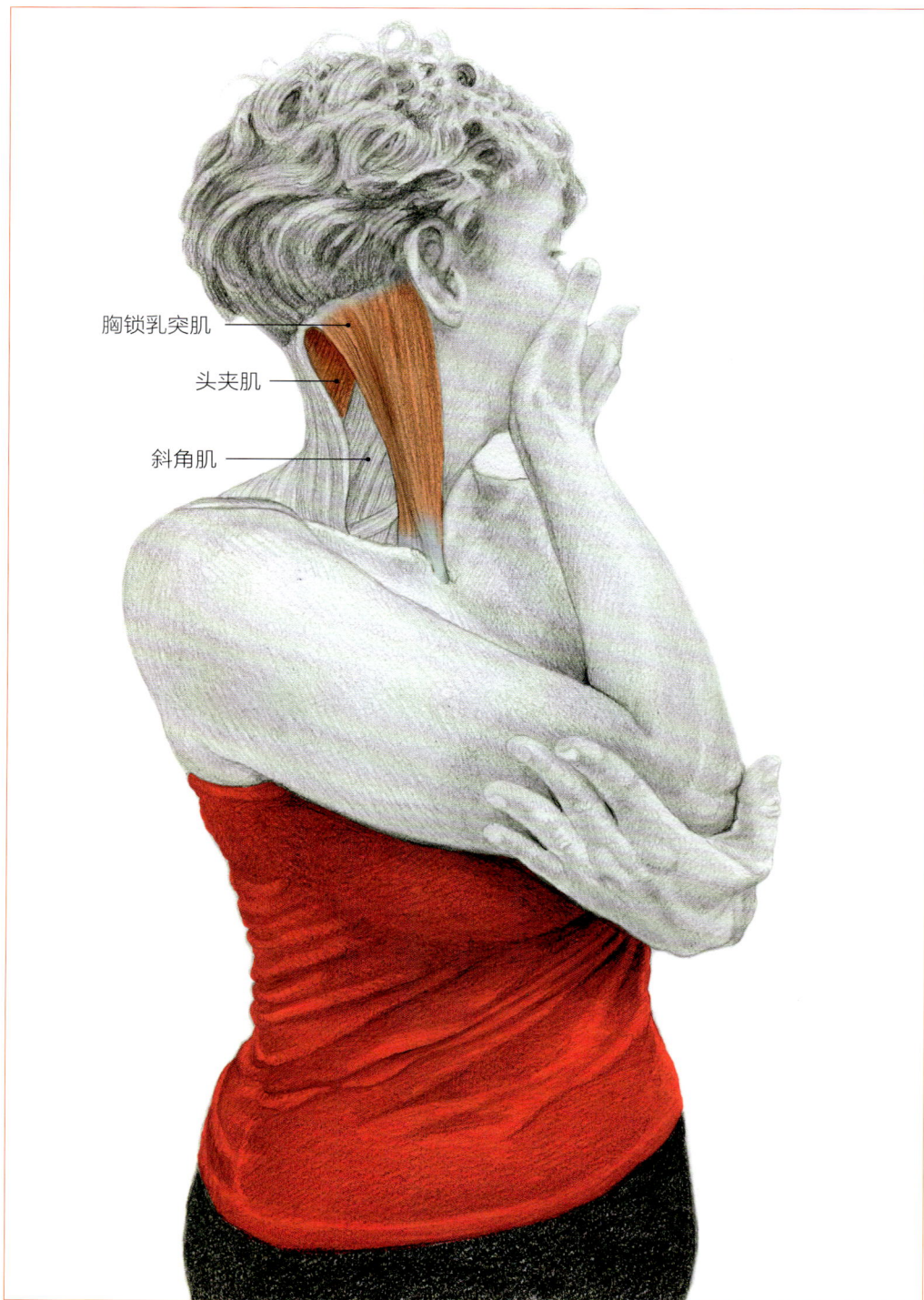

胸锁乳突肌

头夹肌

斜角肌

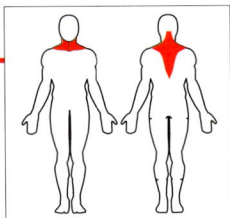

所涉肌肉

主要肌肉： 胸锁乳突肌、头夹肌。
次要肌肉： 斜角肌、肩胛提肌、头后大直肌、头上斜肌、头下斜肌。

动作要领

站立或坐下，在一只手的辅助下将头转向这只手的对侧，同时用另一只手牵拉辅助手的肘部。注意，辅助头部旋转的手要放在下颌骨的位置。

提示

手的辅助是十分必要的，这样做不仅能够放松所有的颈部肌肉，而且使你能正确地完成练习。

此练习不仅可以使颈部浅层肌肉有明显的拉伸感，还可以通过旋转头部拉伸颈椎周围的小肌肉。

为了增大动作范围而交替转头的做法是不可取的。对颈部肌肉的拉伸必须是静态的，并且无论在什么情况下，都不应进行快速摆动拉伸。

有一种物理疗法是：猛然转动患者的头部，使其颈部某些结构复位。这种疗法只能由专业人士来操作。

* 在拉伸头部和颈部时，除了要注意动作缓慢和平稳外，还应记住：头部和颈部的拉伸强度不得与身体其他部位的一样。不当的方法会引起头痛和头晕，因为这两个部位比身体其他部位更脆弱、更敏感。

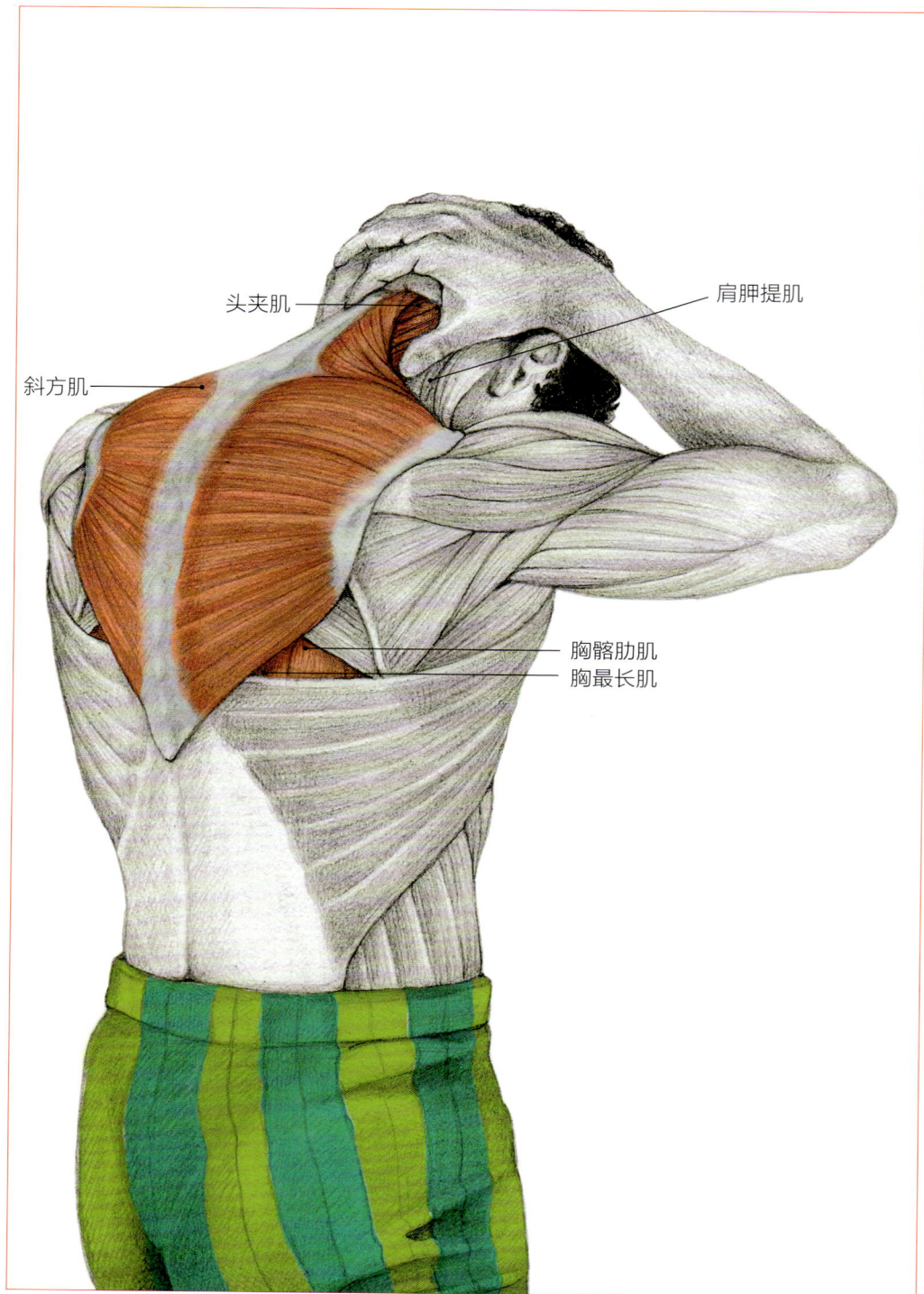

头夹肌

肩胛提肌

斜方肌

胸髂肋肌
胸最长肌

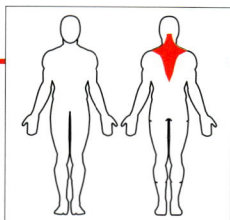

主要肌肉： 斜方肌、半棘肌、头夹肌、棘间肌、颈夹肌、竖脊肌。

次要肌肉： 头后大直肌、头后小直肌、多裂肌、头上斜肌、头下斜肌、肩胛提肌、头半棘肌、头长肌。

动作要领

虽然此练习可以站立、坐下或躺下进行，但在拉伸头颈部时，为了避免身体失去平衡，通常不建议以站立的姿势完成练习。将双手交叠放在头后，用双手将头向下、向前牵拉。注意，动作要缓慢且小心。

提示

此练习与本章前面的练习十分相似，但这里并不是简单地将头颈部向前屈曲来拉伸头后的小肌肉，而是双手的整个手掌发力将头向前牵拉，以拉伸更大的肌肉，如斜方肌以及颈椎下部肌群。与做所有头部和颈部练习时要注意的一样，动作应缓慢且可控。

在此练习中，颈椎下部肌群以及颈部两侧和背部的肌肉应有拉伸感。练习时不应抬起肩部，这会减弱拉伸效果。

如果在屈曲头颈部的同时将头转向一侧（用同侧的手推另一侧脸颊，使其贴在肩上），那么就能更多地拉伸另一侧的伸肌，如头夹肌。

＊ 在头颈部练习的组间休息时间，建议将头向左右两侧转动以便放松头颈部肌肉。

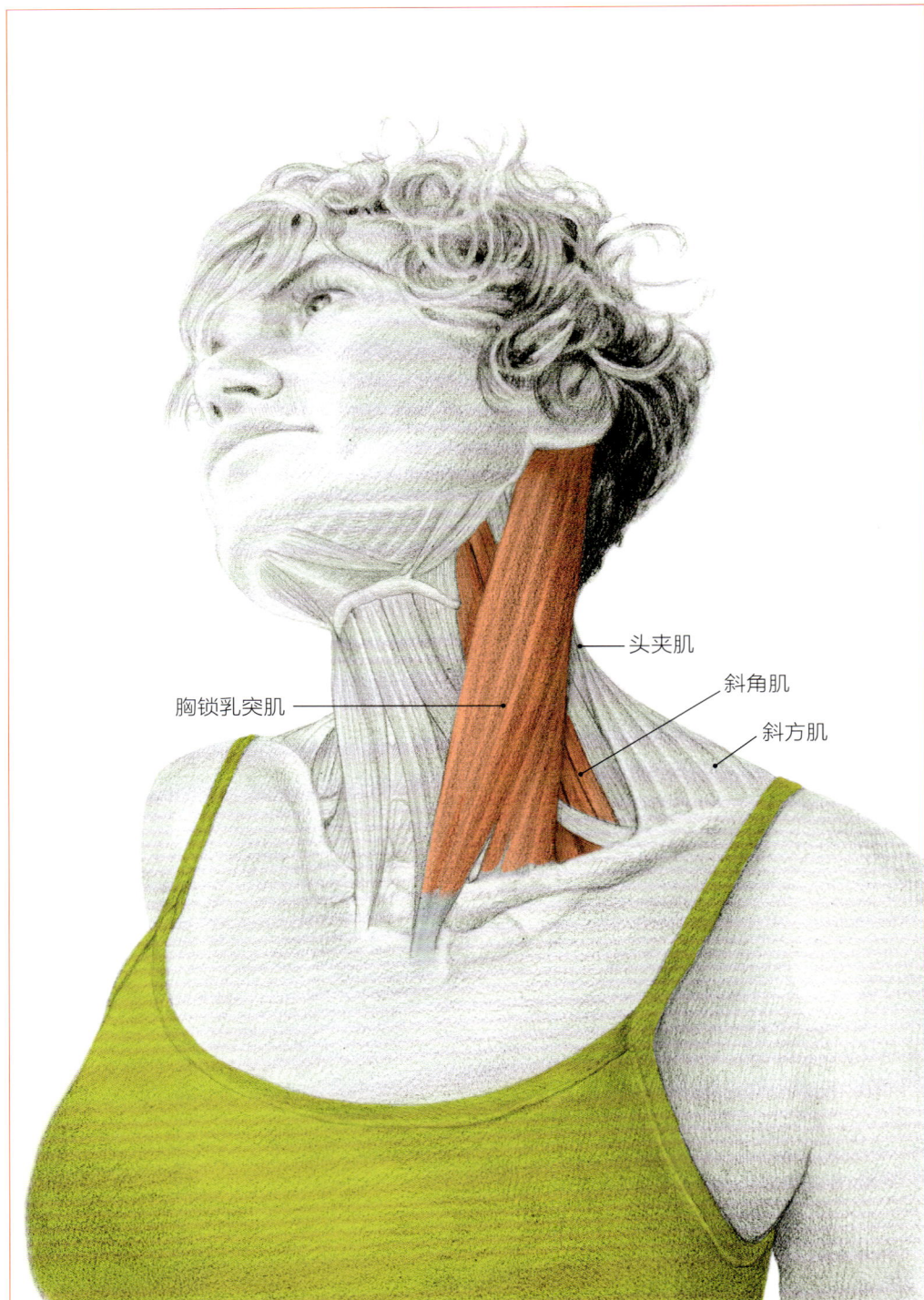

头夹肌

斜角肌

斜方肌

胸锁乳突肌

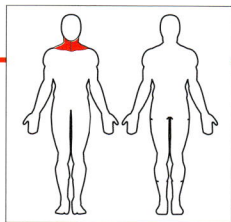

主要肌肉：胸锁乳突肌、斜角肌、头长肌、颈长肌、头前直肌。

次要肌肉：舌骨肌群、头夹肌、颈夹肌、棘间肌、颈棘肌、颈髂肋肌、多裂肌、头上斜肌、头下斜肌、肩胛提肌、头半棘肌、头最长肌、斜方肌。

动作要领

可以采用站姿，不过最好采用坐姿。头向一侧屈曲并略微旋转。这一动作就像"看向屋顶的某个点"。

提示

此练习可以很好地拉伸颈部这一复杂区域的肌群。与做其他头部和颈部练习时需要注意的一样，动作必须缓慢且可控，并以舒适的姿势完成练习。

如果动作正确，左页图中所示肌肉的拉伸感会相当明显。在练习过程中，应避免倾斜身体来达到注视屋顶的某个点的目的。练习中只有颈部和头部在动，肩部要保持水平并处于静止状态。你还可以把同侧的手放在被拉伸一侧的肩部（锁骨上），这样有助于稳定肩部并增加被拉伸肌肉的紧绷感。

❋ 在拉伸训练中，除了肌肉和肌腱，筋膜、韧带、关节囊等结构甚至皮肤都可以被拉伸。但有时，这些结构会阻碍拉伸。

第五章

上臂肌群

左臂正面主要肌肉示意图

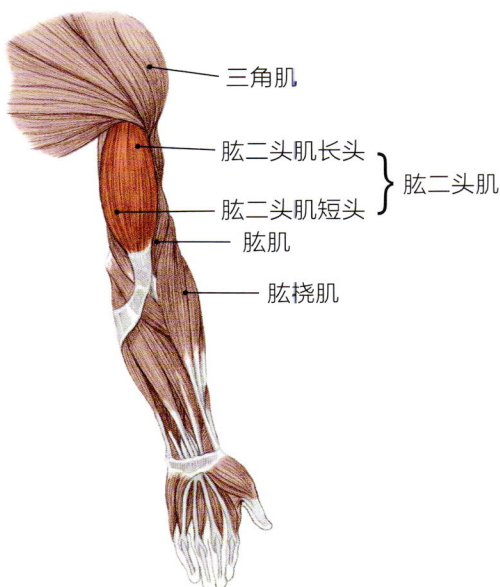

三角肌
肱二头肌长头
肱二头肌短头 } 肱二头肌
肱肌
肱桡肌

肱二头肌肌群的生物力学介绍

肱二头肌（正面浅层肌）

起点：肱二头肌有长头和短头两个头，长头起自肩胛骨盂上结节，短头起自肩胛骨喙突。

止点：桡骨粗隆和前臂筋膜。

主要功能：使肘关节屈曲（长头和短头都起作用），使前臂旋后（长头和短头都起作用），使肩关节旋内（长头和短头都起作用），使肩关节前屈和外展（长头起作用），使肩关节内收（短头起作用）。

肱肌（正面深层肌）

起点：肱骨体前面下半部。
止点：尺骨粗隆。
主要功能：使肘关节屈曲。

肱桡肌（侧面浅层肌）

起点：肱骨外上髁上方，臂外侧肌间隔。
止点：桡骨茎突的底部外侧。
主要功能：使肘关节屈曲（特别是在掌心相对和掌心朝下时），使前臂从旋前位或旋后位回到中立位。

解析

几乎所有人，包括从未进行过系统体育训练的人，都能准确说出肱二头肌的位置。毫无疑问，肱二头肌是最广为人知的肌肉，但很少有针对肱二头肌的拉伸练习。由于骨骼结构的原因，肱二头肌肌群（屈肘肌群）得到的拉伸非常有限。

肱三头肌肌群的生物力学介绍

肱三头肌（背面浅层肌）

起点： 肱三头肌有 3 个头，分别为长头、外侧头和内侧头。长头起自肩胛骨盂下结节，外侧头起自肱骨体后面桡神经沟外上方，内侧头起自肱骨体后面桡神经沟内下方。

止点： 尺骨鹰嘴。

主要功能： 使肘关节伸展（3 个头共同起作用），使肩关节后伸和内收（长头起作用）。

肘肌（背面深层肌）

起点： 肱骨外上髁。

止点： 尺骨鹰嘴外侧面。

主要功能： 使肘关节伸展，保护关节囊，使尺骨外展。

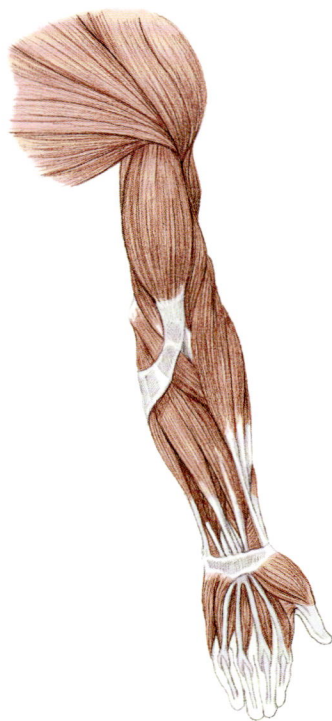

解析

与肱二头肌肌群一样，肱三头肌肌群（伸肘肌群）也很难得到拉伸。我们可以以多种方式对上述两个肌群进行拉伸，但相比其他肌群，比如腿部肌群，这两个肌群得到的拉伸仍然十分有限。

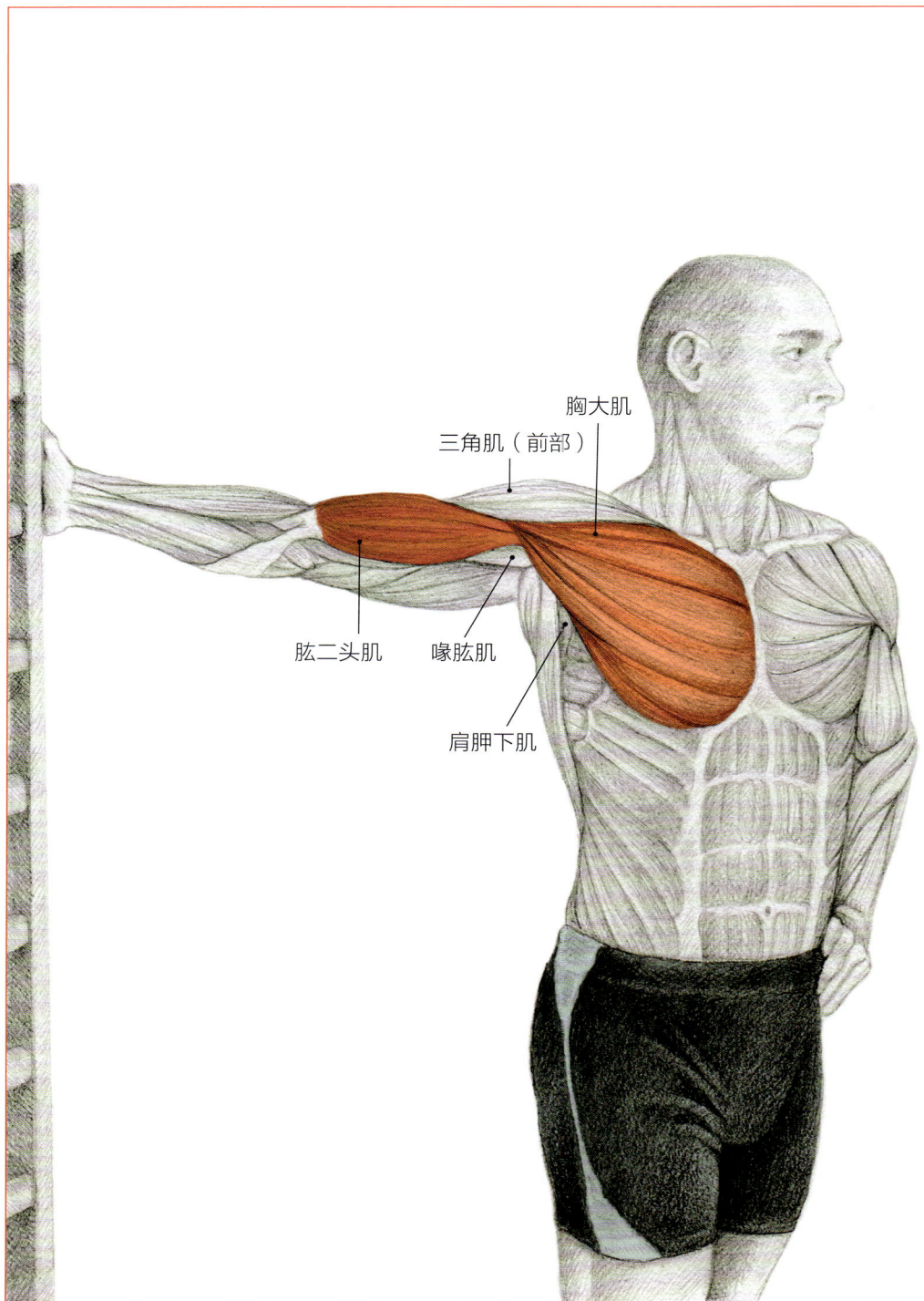

胸大肌

三角肌（前部）

肱二头肌

喙肱肌

肩胛下肌

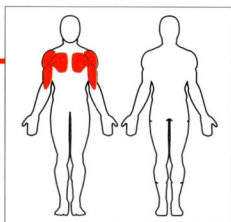

所涉肌肉

主要肌肉: 肱二头肌、胸大肌。
次要肌肉: 三角肌（前部）、喙肱肌、肩胛下肌、胸小肌。

动作要领

　　侧身站在一面墙（或类似的纵向支撑物）旁边。靠近墙壁的手臂外展并抬高至与肩等高，掌心朝前支撑墙面。肘部保持伸直，参与拉伸的手臂和胸部放松，躯干向与抬起的手臂相反的方向转动。

提示

　　此练习与第二章的练习 1 类似，但在此练习中，肘部必须伸直以达到充分拉伸肱二头肌的目的。

　　你要学会感知肌肉的拉伸力，知道是哪些肌肉在被拉伸。例如，在此练习中，主要被拉伸的应该是肱二头肌。如果感觉不正确，你可能拉伸的是其他部位的肌肉（特别是胸大肌），却误以为自己所做的练习是正确的。如果拉伸的部位不正确，你必须调整姿势以收到良好的锻炼效果。

＊　　对某些肌肉的拉伸存在一定的难度，这是由骨骼结构决定的。肱二头肌就是一个典型的例子。当肘部伸直时，你需要旋转前臂并转动肩关节才能拉伸到肱二头肌。

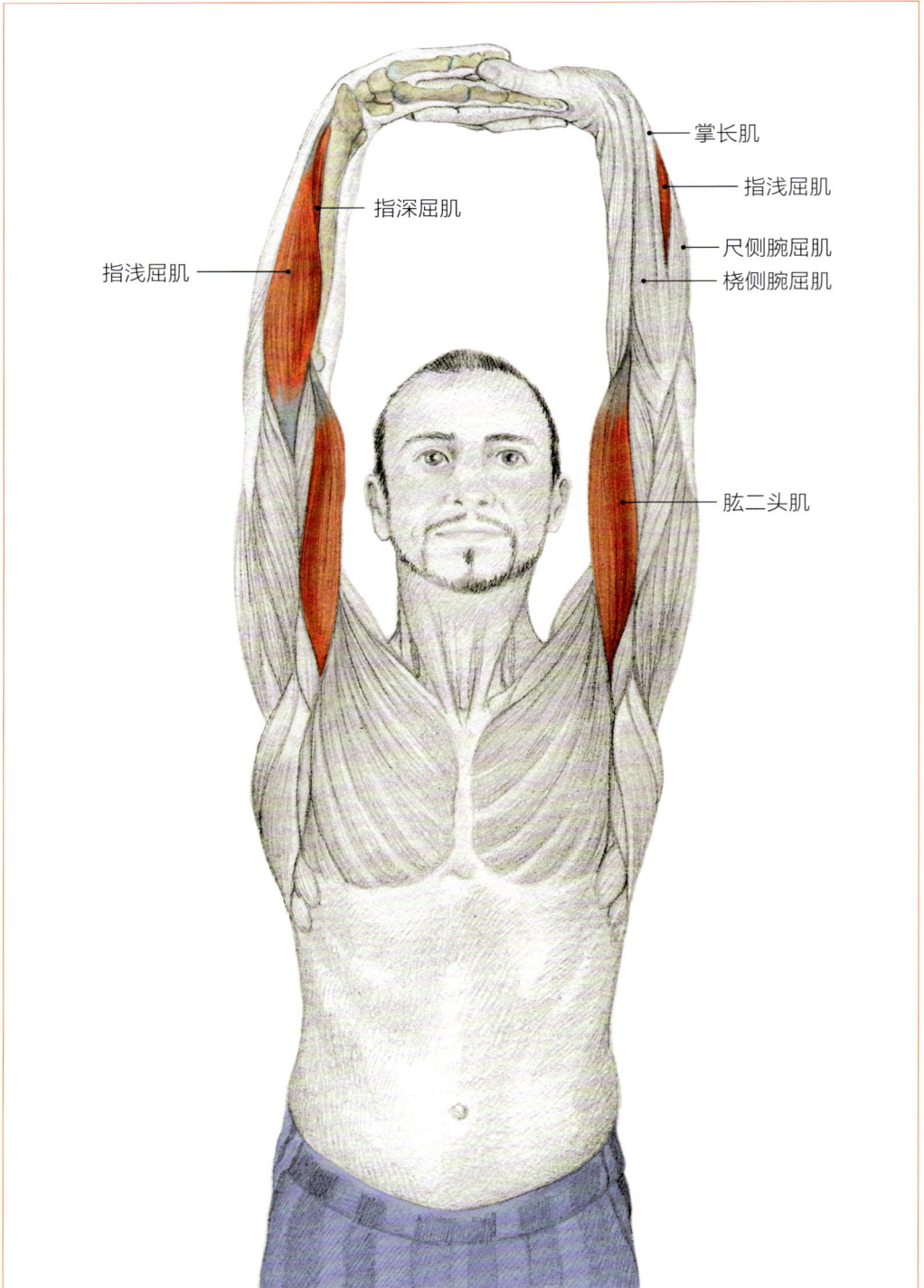

掌长肌

指浅屈肌

指深屈肌

尺侧腕屈肌

桡侧腕屈肌

指浅屈肌

肱二头肌

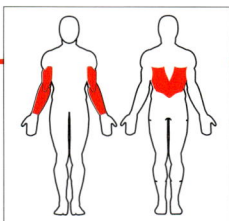

主要肌肉： 肱二头肌、指深屈肌、指浅屈肌。

次要肌肉： 尺侧腕屈肌、桡侧腕屈肌、拇长屈肌、掌长肌、背阔肌、大圆肌。

动作要领

　　站或坐在镜子前，将手臂上举至完全伸展的状态。一只手的掌心放在另一只手的手背上（或双手十指交叉），掌心朝上。

提示

　　与拉伸肱二头肌的其他练习一样，此练习也无法使肱二头肌得到最大程度的拉伸。你如果想强化肱二头肌的拉伸效果，不应局限于这一练习，可以尝试将多种练习结合起来。

　　练习中如果手指交叉，当手指和手腕的屈肌达到最大伸展程度时，肘部的伸展就会受到限制。

　　此练习不仅可以提高肱二头肌的柔韧性，而且可以提高关节灵活性、消除身体僵硬感。

　　众所周知，肱二头肌可以使手臂弯曲，而且它也是我们最熟悉的肌肉。但是对于它的功能，还需要做出如下补充：在长头和短头的共同作用下，使前臂旋后，使肩关节旋内；在长头的作用下，使肩关节前屈和外展；在短头的作用下，使肩关节内收。

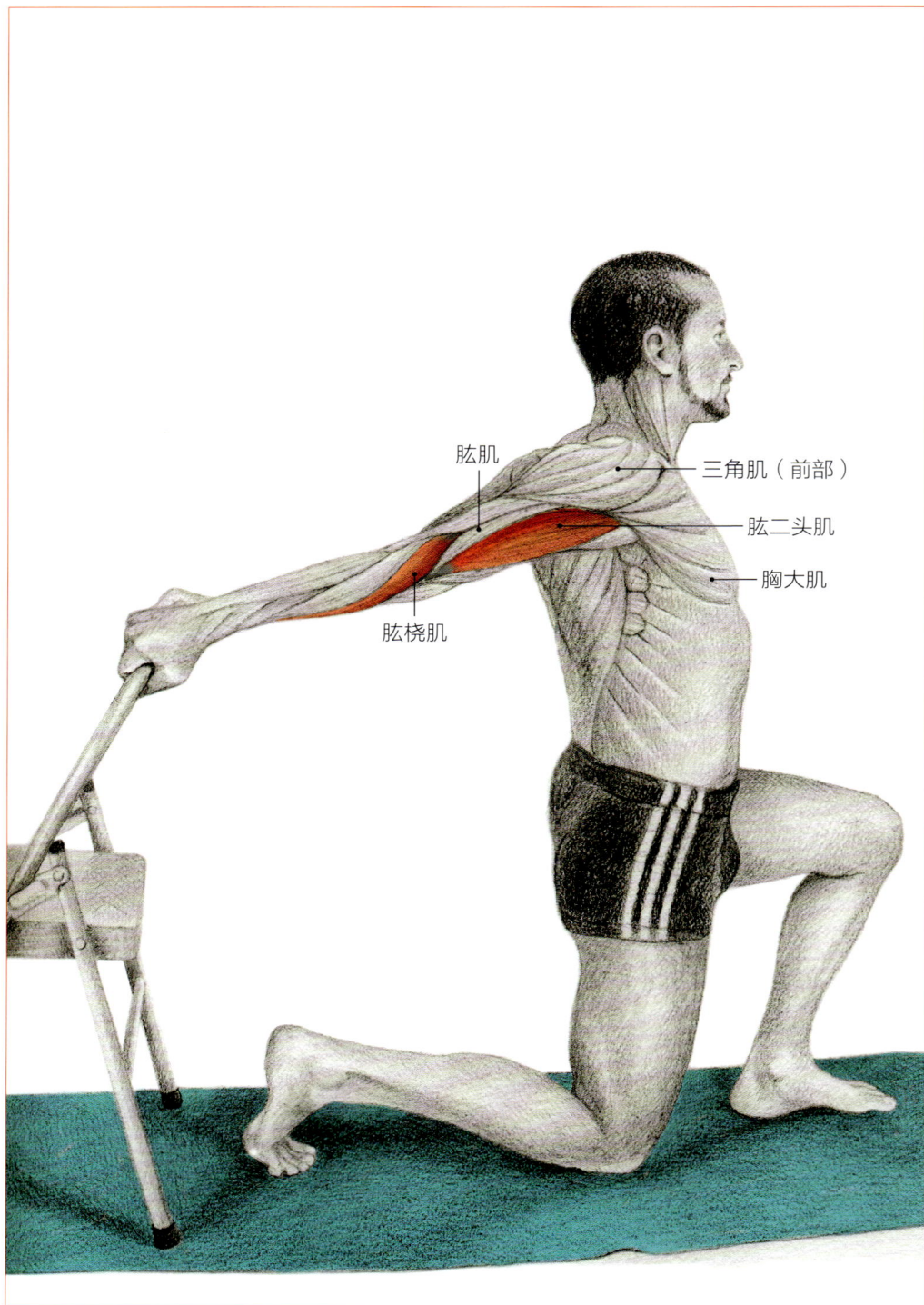

肱肌

三角肌（前部）

肱二头肌

胸大肌

肱桡肌

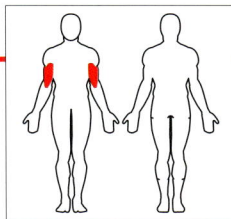

所涉肌肉

主要肌肉： 肱二头肌、肱桡肌。

次要肌肉： 肱肌、胸大肌、三角肌（前部）、肩胛下肌。

动作要领

背对一个高度与腰部平齐的支撑物站立，向后伸直双臂，内旋肩关节，抓住支撑物（拇指朝内），缓慢下蹲呈单膝跪地姿势。此时肱二头肌应有明显的拉伸感。

提示

与其他练习一样，仅靠伸展肘关节来拉伸肱二头肌是远远不够的，还需要转动肩关节。此练习有良好的拉伸效果，但要记住，它和其他拉伸练习一样，应缓慢进行。事实上，在拉伸肱二头肌的单人练习中（即没有同伴辅助的情况下），此练习是最有效的练习之一。

在此练习中，由于手臂姿势的关系，肩部（尤其是肩部前侧）也得到了拉伸。

＊ 对肌肉体积较大的人来说，由于上臂和前臂的肌肉无法贴在一起，所以肘关节无法完全屈曲。这一问题的解决方案是通过拉伸使相互接触并产生压力的肌肉完全放松，但是练习者很难独自做到这一点，所以最好在同伴的辅助下进行被动拉伸。

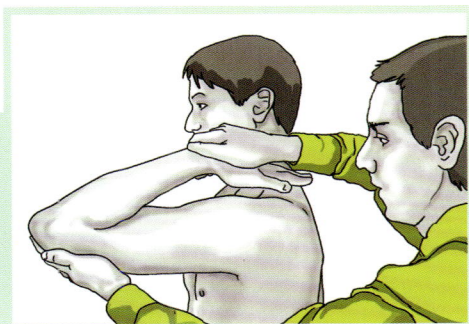

肱桡肌

肱二头肌

大圆肌

背阔肌

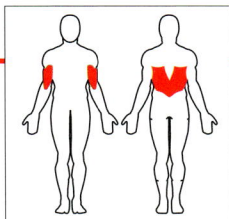

主要肌肉： 肱二头肌、肱桡肌。
次要肌肉： 背阔肌、大圆肌。

动作要领

　　肩关节外旋，双手握紧横杆，身体悬空并自然下垂，掌心朝后。全身放松，保持姿势几秒钟，然后双脚落地。

提示

　　此练习的结束姿势是引体向上的起始姿势，主要拉伸的是背部肌群和屈肘肌群。这是一项非常简单的练习，任何人都可以完成。唯一的要求是让身体保持放松状态，手臂不应始终处于紧张状态，否则会影响拉伸效果。实际上，练习中只有前臂和手在承受身体的重量。

　　如果手边没有足够高的横杆来使整个身体悬空，或者感觉手臂无法承受自身重量，你可以用双手握住一根较低的横杆，用双脚来支撑地面。但你必须学会逐渐放松整个身体，直至双脚完全离地。你如果这样做了仍无法完成这一练习，则可尝试下面的变式。

变式　借助器械

　　无法支撑自身重量的人可以使用右图所示的器械来解决这一问题。你可以选择合适的重量，实现被动拉伸。

　　在使用这类器械进行拉伸时，虽然可以采用不同的握姿，但是想要拉伸肱二头肌，最佳握姿是双臂旋后（拇指朝外）。

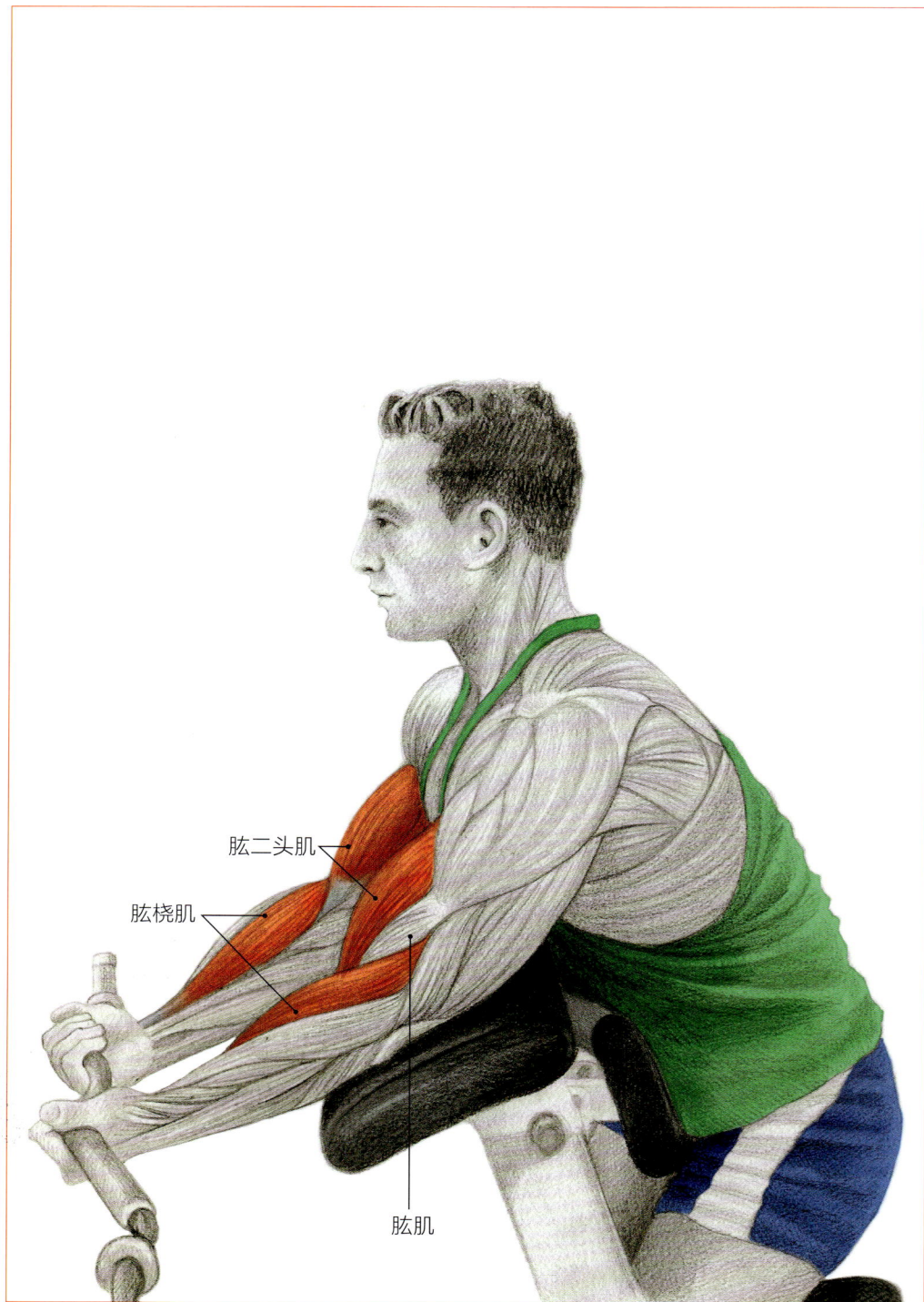

肱二头肌

肱桡肌

肱肌

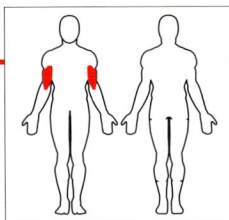

主要肌肉： 肱二头肌、肱桡肌。
次要肌肉： 肱肌。

动作要领

坐在肱二头肌训练器的座椅上，手臂处于旋后位置（掌心朝上），肘部靠在支撑垫上，双手握住握柄缓慢将其拉至最高位置。

建议在向上拉握柄时，不仅要抬起手臂，还要让臀部离开座椅，这样会更舒适，对关节的压力也更小。

提示

针对此练习，有两点需要说明。第一，虽然这里用的是健身房的经典器械，但此练习是一种拉伸练习，练习时不应该选择太大重量。第二，拉伸动作应该是缓慢且可控的，否则可能会损伤关节。肱二头肌本身可能不会受伤，但是与之相关的尺骨鹰嘴、关节囊、肱动脉或某些韧带可能会受损。

有些练习者经常使用8~10千克的重量，但这一重量过大，应选择较小的重量。不要用哑铃代替肱二头肌训练器，因为用哑铃很难使手臂保持旋后姿势，而保持旋后姿势才能尽可能地拉伸肱二头肌。

最后提醒一点：使前臂屈曲的最主要的肌肉不是肱二头肌，而是肱肌。

✱ 拉伸训练会影响增肌的效果吗？不会的。实际上，健美冠军通常具有良好的柔韧性，尽管他们的柔韧性受到骨骼和肌肉的限制。增肌效果取决于训练的类型和方式。

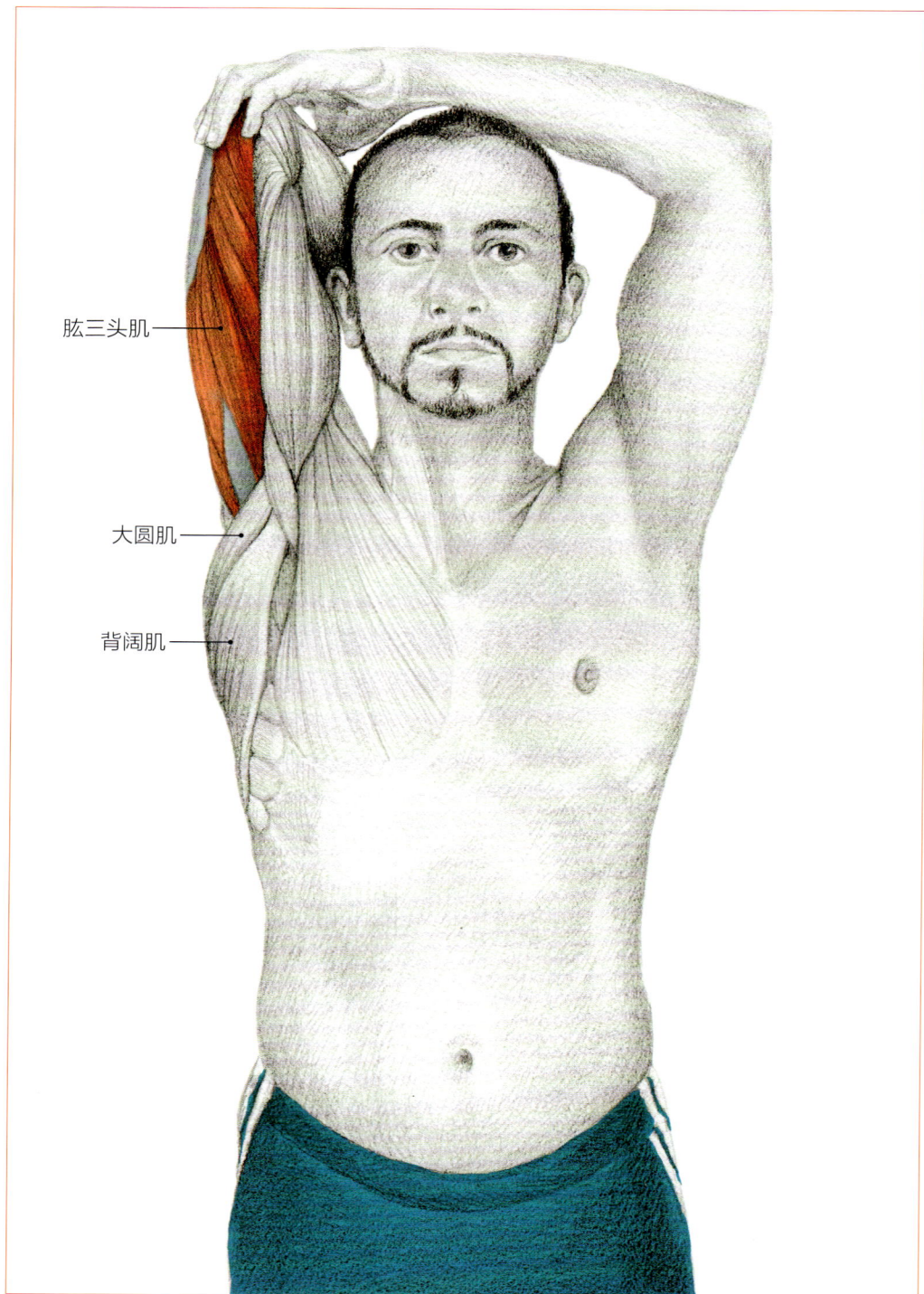

肱三头肌

大圆肌

背阔肌

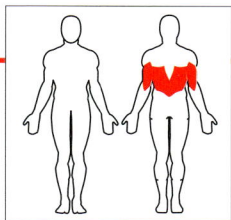

主要肌肉：肱三头肌。
次要肌肉：背阔肌、大圆肌、肘肌。

动作要领

站或坐在镜子前，将一侧肘关节屈曲到最大程度。然后抬起这一侧的手臂，用另一只手从前向后推肘部。

提示

在练习的过程中，用于辅助的手臂会不自觉地靠在头部来完成拉伸动作，这可能会压迫颈椎。用一只手来辅助的方法如果动作正确会很有用（因为用手拉动时，肘关节承受的张力相当大），但使用这一方法时要避免错误的颈部姿势。

练习中使肘关节完全屈曲是非常有必要的（尽管你可能无法做到手臂完全屈曲）。我常常看到一些练习者在向后推肘部的同时，伸展并放松了肘关节，这样做会减弱对肱三头肌的拉伸效果。

虽然在此练习中比目鱼肌也得到了拉伸，但拉伸这一肌肉不需要旋转肩关节，而且不需要改变肩部的姿势，深度屈曲肘关节就足够了。

如果有同伴辅助，这项练习会更简单：同伴只需确保你的肘部完全屈曲，然后将其轻轻向后推。进行双人练习时，练习者坐在长凳上更便于同伴提供帮助。有些练习者在进行单人拉伸练习时更喜欢坐在有靠背的椅子上，这样可以更好地保持身体平衡，进而将注意力完全集中在练习上。

变式　面壁式

站在立柱或类似的垂直支撑物前，支撑物的作用是给身体一个推力。尽量保持肘关节始终处于最大屈曲程度。其他动作与主要练习没有区别，而且将身体靠近支撑物比用另一只手推肘部更容易，对许多练习者来说，此变式的姿势可能更舒适。

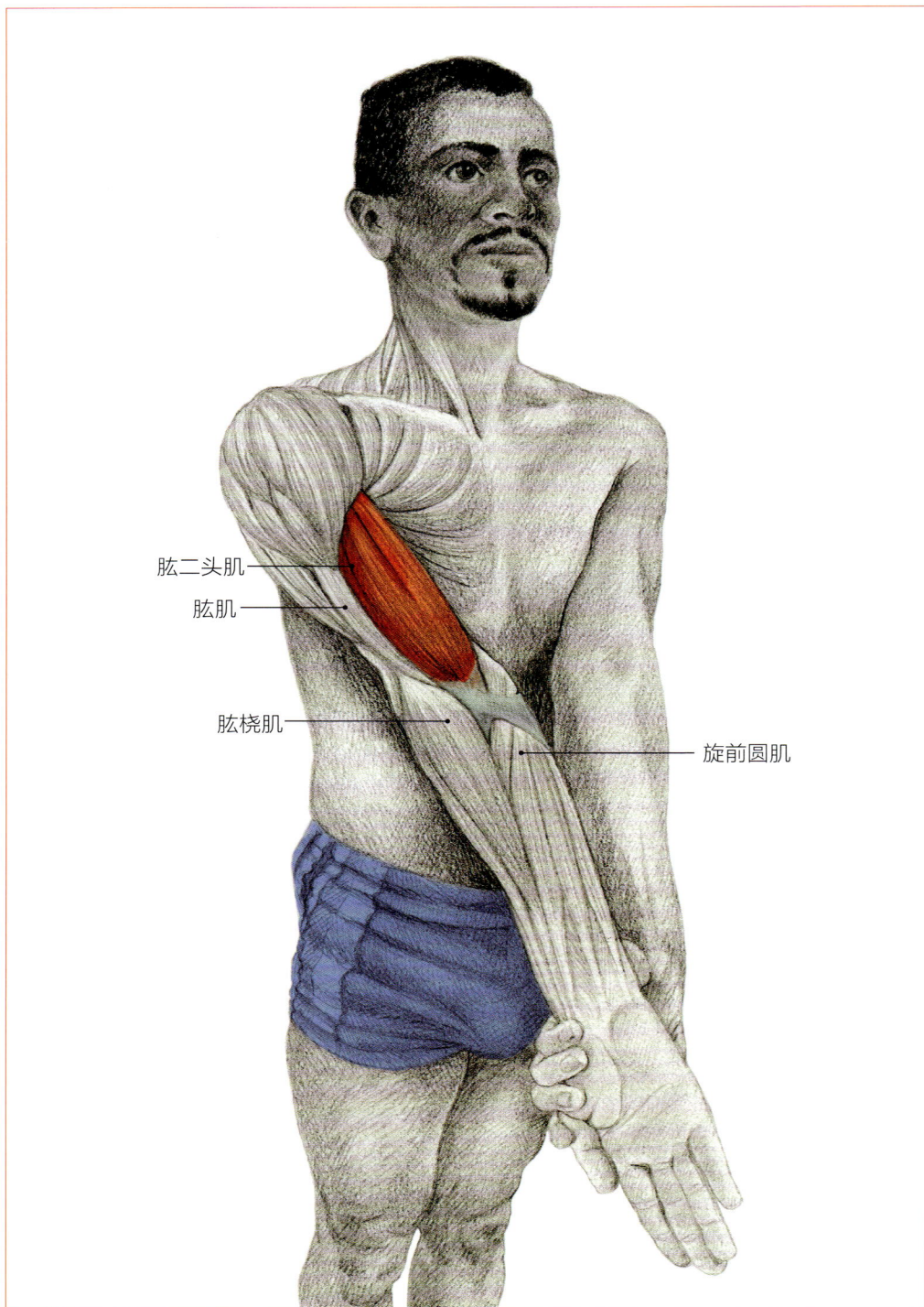

肱二头肌

肱肌

肱桡肌

旋前圆肌

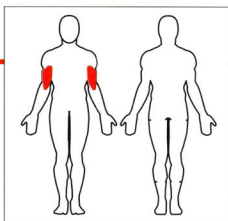

所涉肌肉

主要肌肉： 肱二头肌。

次要肌肉： 喙肱肌、肱肌、旋前圆肌、肱桡肌。

动作要领

站在镜子前，伸直一只手臂，用另一只手使被拉伸手臂的前臂处于旋前位置。

提示

使前臂处于旋前位置，有助于肱二头肌达到最佳拉伸效果。但与拉伸肱二头肌的其他练习一样，在此练习中，肱二头肌的拉伸效果并不十分显著。

我在本章已经多次指出，我们很难找到拉伸肱二头肌的最佳方式。事实上，肱二头肌不需要太多的拉伸，在日常活动中拉伸即可。肱二头肌很少出现活动性异常的情况（这种情况在其他肌肉中更常见）。

不要把"旋前"和"肩关节内旋"这两个概念混淆，同样也不要把"旋后"和"肩关节外旋"这两个概念混淆。为了更好地理解旋前和旋后（见术语表）这两个动作，建议屈曲肘关节来完成这两个动作。

第六章

前臂和手部肌群

手臂背面主要肌肉示意图

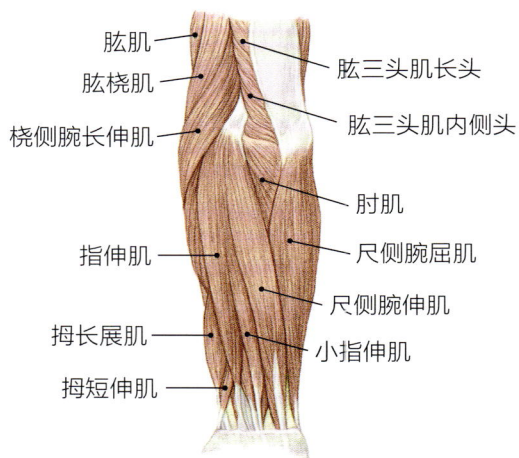

肱肌
肱桡肌
桡侧腕长伸肌
指伸肌
拇长展肌
拇短伸肌

肱三头肌长头
肱三头肌内侧头
肘肌
尺侧腕屈肌
尺侧腕伸肌
小指伸肌

手臂正面主要肌肉示意图

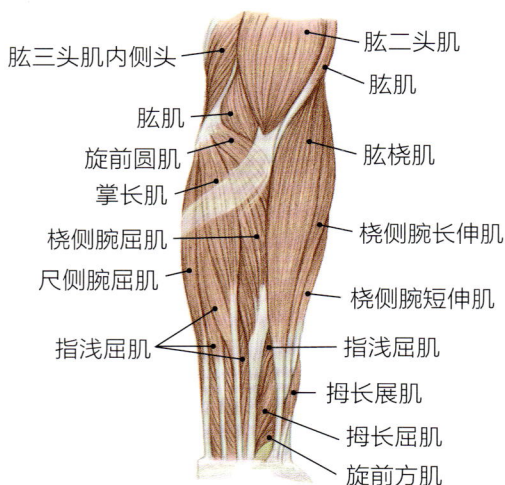

肱三头肌内侧头
肱肌
旋前圆肌
掌长肌
桡侧腕屈肌
尺侧腕屈肌
指浅屈肌

肱二头肌
肱肌
肱桡肌
桡侧腕长伸肌
桡侧腕短伸肌
指浅屈肌
拇长展肌
拇长屈肌
旋前方肌

前臂和手部主要肌肉的生物力学介绍

屈肌

指浅屈肌（正面浅层肌）

起点：肱骨内上髁、尺骨和桡骨前面。

止点：第 2~5 指中节指骨体两侧。

主要功能：屈腕，屈近侧指间关节和掌指关节，屈肘（作用较小）。

指深屈肌（正面深层肌）

起点：尺骨近侧端前面及骨间膜上部。

止点：第 2~5 指远节指骨底。

主要功能：屈腕，屈第 2~5 指指间关节和掌指关节。

尺侧腕屈肌（正面浅层肌）

起点：肱骨内上髁、尺骨鹰嘴、尺骨上 2/3 和前臂深筋膜。

止点：豌豆骨。

主要功能：屈腕，使腕内收，协助屈肘。

桡侧腕屈肌（正面浅层肌）

起点：肱骨外上髁和前臂深筋膜。

止点：第 2 掌骨底掌面（部分人群也止于第 3 掌）。

主要功能：屈肘，屈腕，使腕外展。

旋前圆肌（正面浅层肌）

起点：肱骨内上髁和前臂深筋膜。

止点：桡骨外侧面。

主要功能：使前臂旋前，屈肘。

旋前方肌（正面深层肌）

起点：尺骨下 1/4 段的前面。

止点：桡骨下 1/4 段的前面。

主要功能：使前臂旋前。

掌长肌（正面浅层肌）

起点：肱骨内上髁和前臂深筋膜。

止点：掌腱膜。

主要功能：屈腕，紧张掌腱膜，协助屈肘。

拇长屈肌（正面深层肌）

起点：桡骨上端前面及附近的骨间膜。

止点：拇指远节指骨底掌面。

主要功能：屈拇指指间关节和掌指关节。

解析

一般来说，我们的手和前臂有两个用途，即抓握和进行精细操作。在这两种情况下，我们都需要高强度地使用这两个部位的一系列肌肉，进而可能因过度使用导致疼痛。拉伸手和前臂很简单，不需要复杂的动作，而且在任何地方都可以完成。我们可以利用学习和工作的间隙，花几分钟来拉伸这两个部位，以防因频繁使用而出现问题。

指伸肌（背面浅层肌）

起点：肱骨外上髁、尺侧副韧带和前臂筋膜。
止点：第 2~5 指背面。
主要功能：伸指，伸腕。

肱桡肌（侧面浅层肌）

详见上臂肌群。

尺侧腕伸肌（背面浅层肌）

起点：肱骨外上髁、前臂筋膜和尺骨后缘。
止点：第 5 掌骨底。
主要功能：伸腕和使腕内收。

桡侧腕短伸肌（背面浅层肌）

起点：肱骨外上髁。
止点：第 3 掌骨底背面。
主要功能：伸腕和使腕外展。

桡侧腕长伸肌（侧面浅层肌）

起点：肱骨外侧髁上嵴。
止点：第 2 掌骨底背面。
主要功能：伸腕和使腕外展。

其他肌肉

拇长展肌：起自桡骨、尺骨和骨间膜背面，止于第 1 掌骨底。主要功能是使拇指外展。
拇短伸肌：起自桡骨、尺骨和骨间膜背面，止于拇指近节指骨底。主要功能是使拇指伸展。
拇对掌肌：起自屈肌支持带和大多角骨，止于第 1 掌骨。主要功能是使拇指对掌。

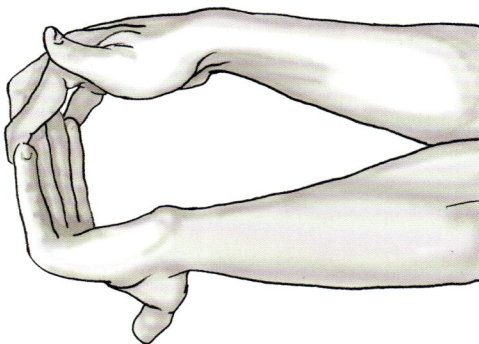

解析

　　前面对前臂和手部的屈肌的解析也适用于伸肌。前臂和手部的伸肌的特殊性在于，如今人们很多时候都需要使用这些肌肉来操作计算机。正因如此，经常进行拉伸练习能够使前臂和手部的伸肌在生活和工作中发挥更大的作用。

　　此外，你还应掌握一个解剖学知识：手腕基本没有肌肉，只有肌腱，这个特点决定了我们应如何拉伸前臂和手部的肌肉。这也意味着，在进行拉伸练习时，不应只关注手腕的姿势，也要关注肘关节和手指的姿势。例如，握紧拳头屈曲手腕和张开手掌屈曲手腕的效果是不大相同的。

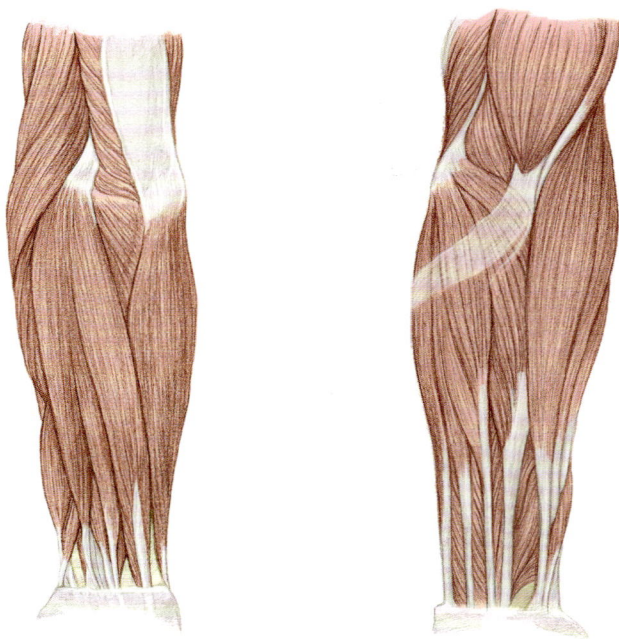

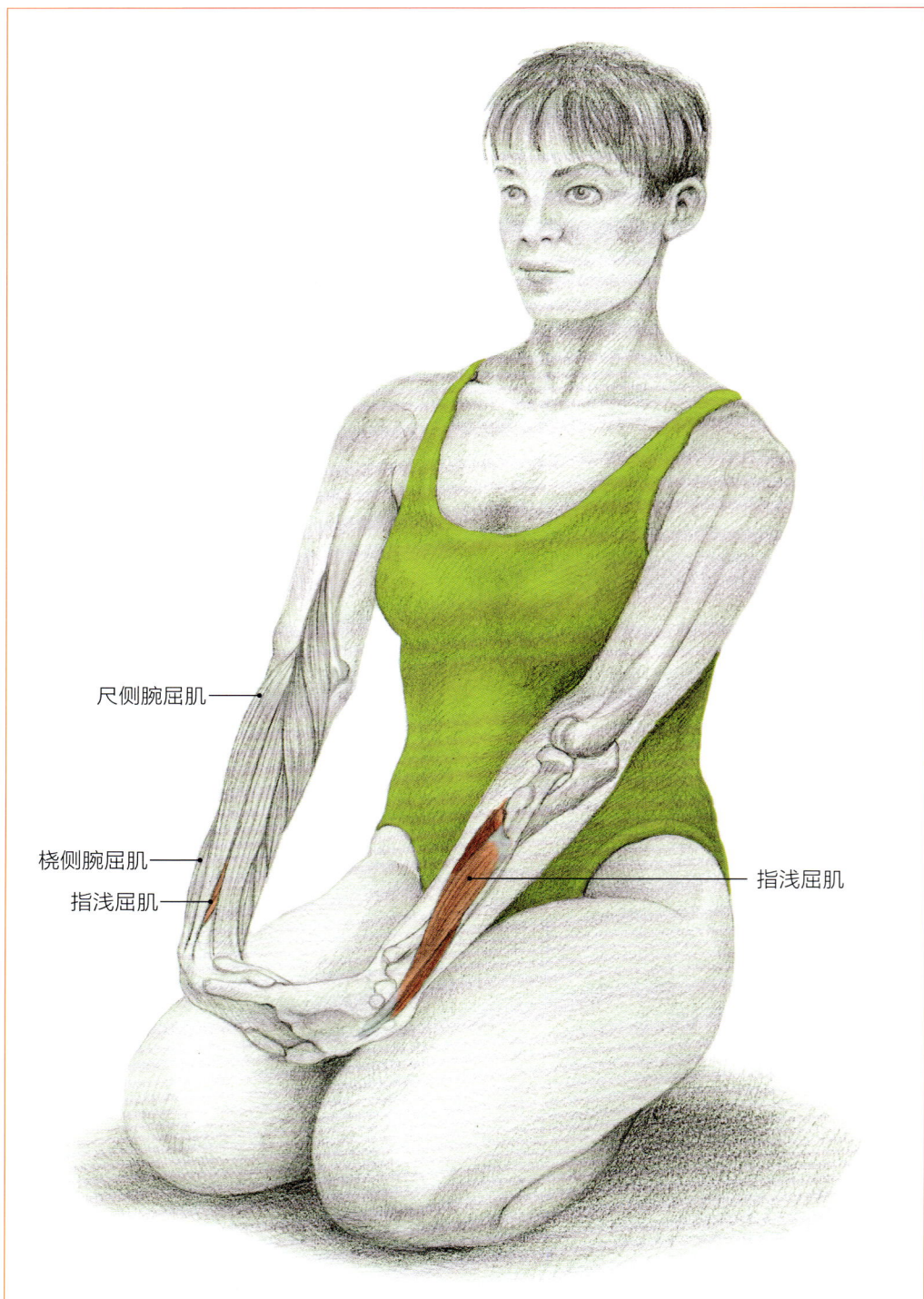

尺侧腕屈肌

桡侧腕屈肌

指浅屈肌

指浅屈肌

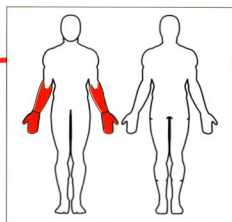

所涉肌肉

主要肌肉：指深屈肌、指浅屈肌。
次要肌肉：尺侧腕尼肌、桡侧腕屈肌、拇长屈肌等。

动作要领

双手十指交叉、掌心相对握在一起。翻转手掌并转动前臂，伸展肘关节。当肘关节完全伸直时，前臂前侧会出现拉伸感。

提示

这是一项非常简单的练习，适合用手进行高强度工作的人群（比如程序员、建筑工人等）。

变式　一只手辅助另一只手

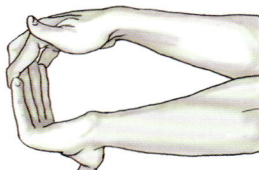

1. 手掌张开

动作与主要练习的类似，但这里是用一只手将另一只手的手指向后掰，进而达到拉伸手腕的目的。在此变式中，手指屈肌受到了相当大的拉伸力，要想均匀地拉伸每根手指，须同时拉伸5根手指。手腕轻微背屈会增加拉伸力。

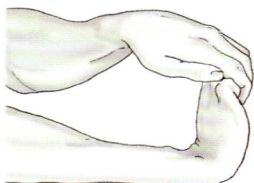

2. 手掌半闭合：侧重拉伸蚓状肌

还是用一只手牵拉另一只手的手指，但这里被牵拉的手保持手掌半闭合状态。此时重点拉伸蚓状肌。

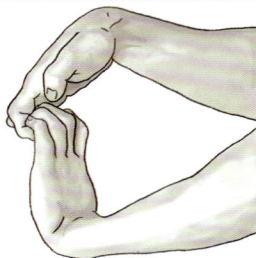

3. 手掌半闭合：侧重拉伸尺骨前部和手掌

与前一个变式的动作相同，但现在将拉伸重点放在尺骨前部和手掌上。

手贴墙壁拉伸

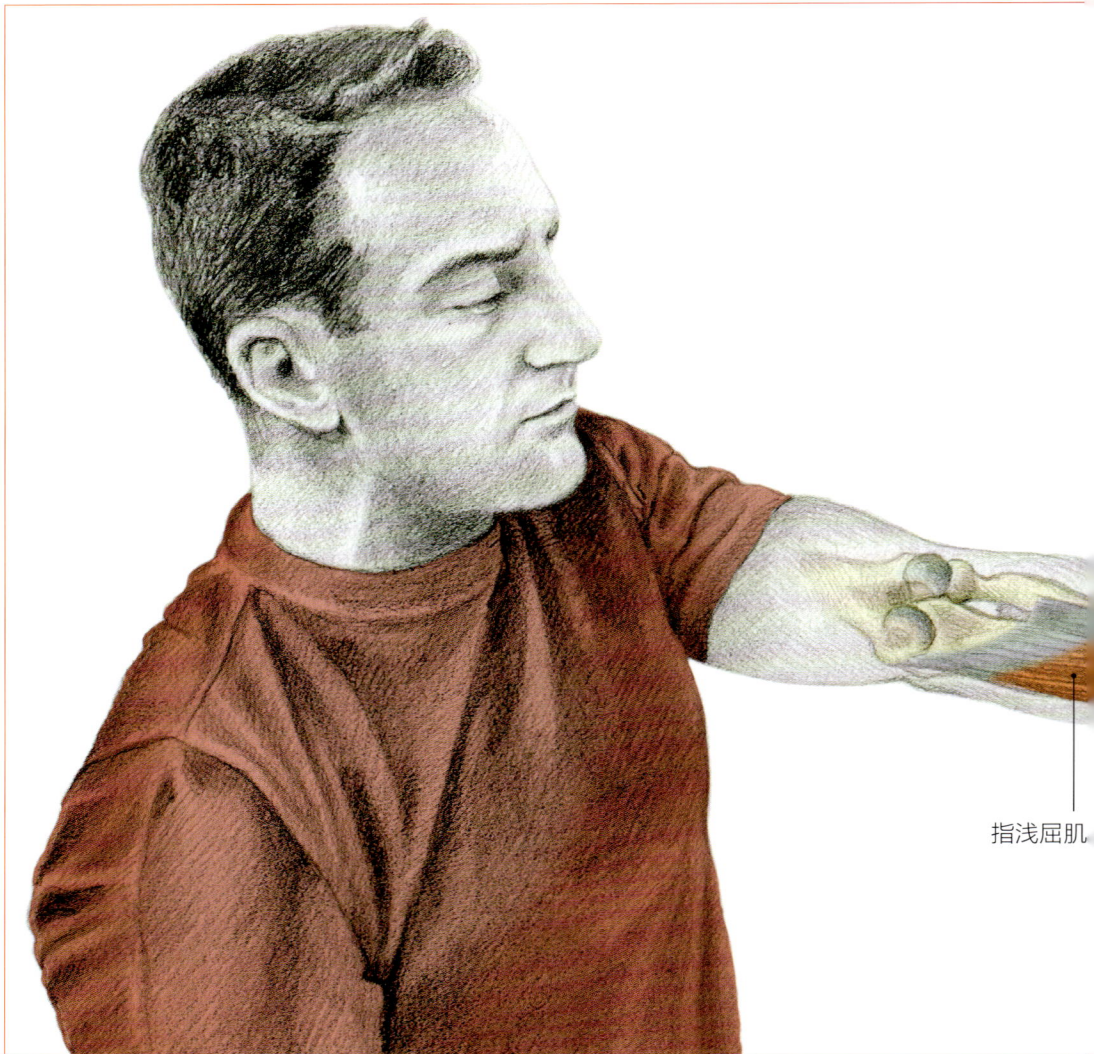

指浅屈肌

变式 1　跪姿

跪在垫子上，按照主要练习中的说明摆放双臂，然后微微抬起躯干直至前臂有较强的拉伸感。动作必须缓慢而平稳，以免受伤。

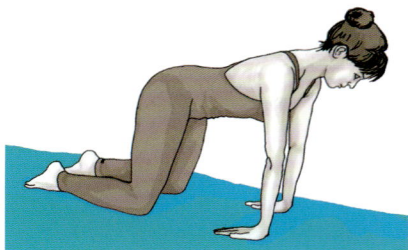

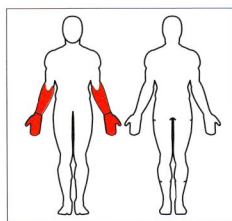

所涉肌肉

主要肌肉： 指深屈肌、指浅屈肌、拇长屈肌。
次要肌肉： 尺侧腕屈肌、桡侧腕屈肌等。

动作要领

　　站在墙壁前，伸直一只手臂，掌心朝向墙壁，指尖朝下。手轻轻向前推，直至整个手掌都紧贴墙壁。手臂的高度须与肩部的高度大体相同。

提示

　　如果肘关节完全伸直，那么拉伸的是前臂前侧的所有肌肉。如果让肘部保持半屈曲状态，则重点拉伸手部的小屈肌。

　　增加练习强度的方法是把手支撑得稍高于肩部，然后将手轻轻向前推。

拇长屈肌

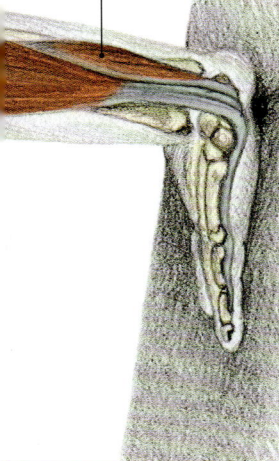

变式2　坐姿

　　采用坐姿做练习更为舒适。坐在垫子上，将双手放在身后，指尖朝后。躯干向后倾斜，直至前臂有拉紧的感觉。

指深屈肌

指浅屈肌

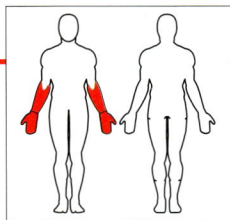

所涉肌肉

主要肌肉： 指深屈肌、指浅屈肌。
次要肌肉： 拇外展肌、拇长屈肌、桡侧腕屈肌、掌长肌、尺侧腕屈肌等。

动作要领

站或坐在镜子前，将双手合十，掌心相对。缓慢将双手向下移动，同时使双手相互按压。练习过程中双手不得分开。

提示

练习中要将双手贴紧，让前臂逐渐下降到腹部位置。

此练习十分简单，可以在一天中的任何时间进行，比如在长时间使用双手工作后。然而，它并不能完全替代拉伸手指的其他练习，因为在此练习中，10根手指无法全部拉伸到位（中指受到的拉伸力最大）。这也是进行多样化练习的重要原因之一。

✳ 手指的屈肌一定比伸肌更强壮，不会出现相反的情况，因为拿起物体比放下物体需要更大的力量。然而，肌肉的强壮与否和其在拉'伸练习中的优先程度无关。对前臂和手部来说，伸肌和屈肌都应得到必要的拉伸。

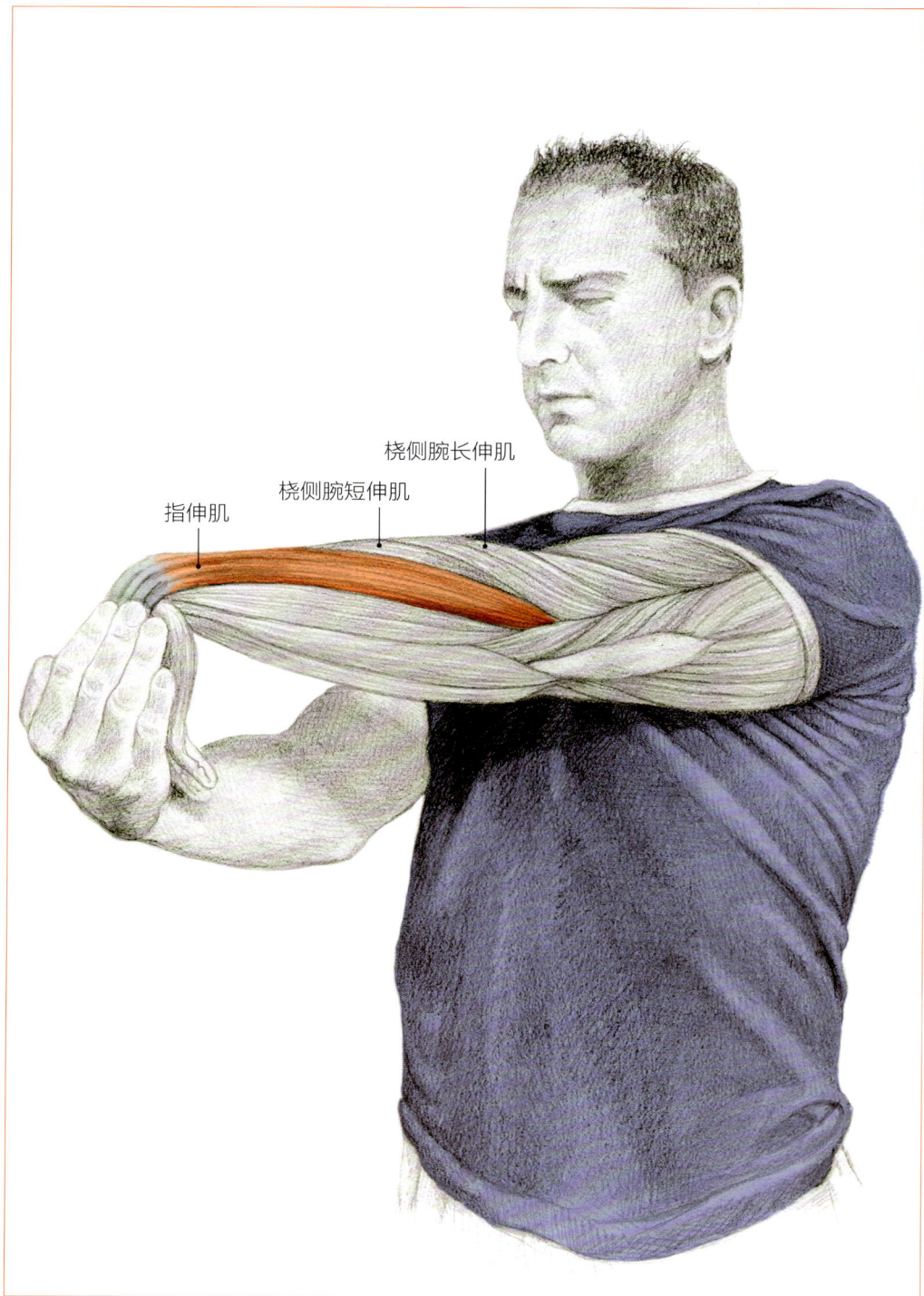

桡侧腕长伸肌

桡侧腕短伸肌

指伸肌

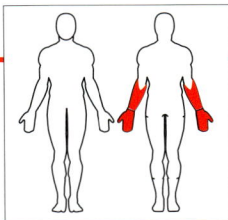

主要肌肉: 指伸肌。

次要肌肉: 桡侧腕长伸肌、桡侧腕短伸肌。

动作要领

采用站姿或坐姿均可。一只手臂向前伸直,手腕向下屈曲 90°,在另一只手的辅助下拉伸手腕。练习过程中,被拉伸的手臂应始终保持在躯干的一侧,不要向躯干靠拢。

提示

这是一项拉伸手腕伸肌和指伸肌的简单练习,可以随时随地进行。比方说,你可以在使用电脑后的休息时间进行练习,因为此时,你的手指和手腕的伸肌常常处于超负荷状态。

拉伸的重点是将手臂向内旋转,也就是说,使手指指向外侧。

为了理解本章提到的关于拉伸手指的重要性,你可以通过以下方式进行简单的测验:让手腕自然放松(与前臂在一条直线上),紧紧握住拳头。做这一动作似乎没有任何困难。现在张开手掌,将手腕向下屈曲 90°,再次尝试握紧拳头。

据统计,握紧拳头时,大部分人手腕屈曲的角度无法超过 75°;而如果张开手掌,手腕屈曲的角度可以达到 85° 或 90°。

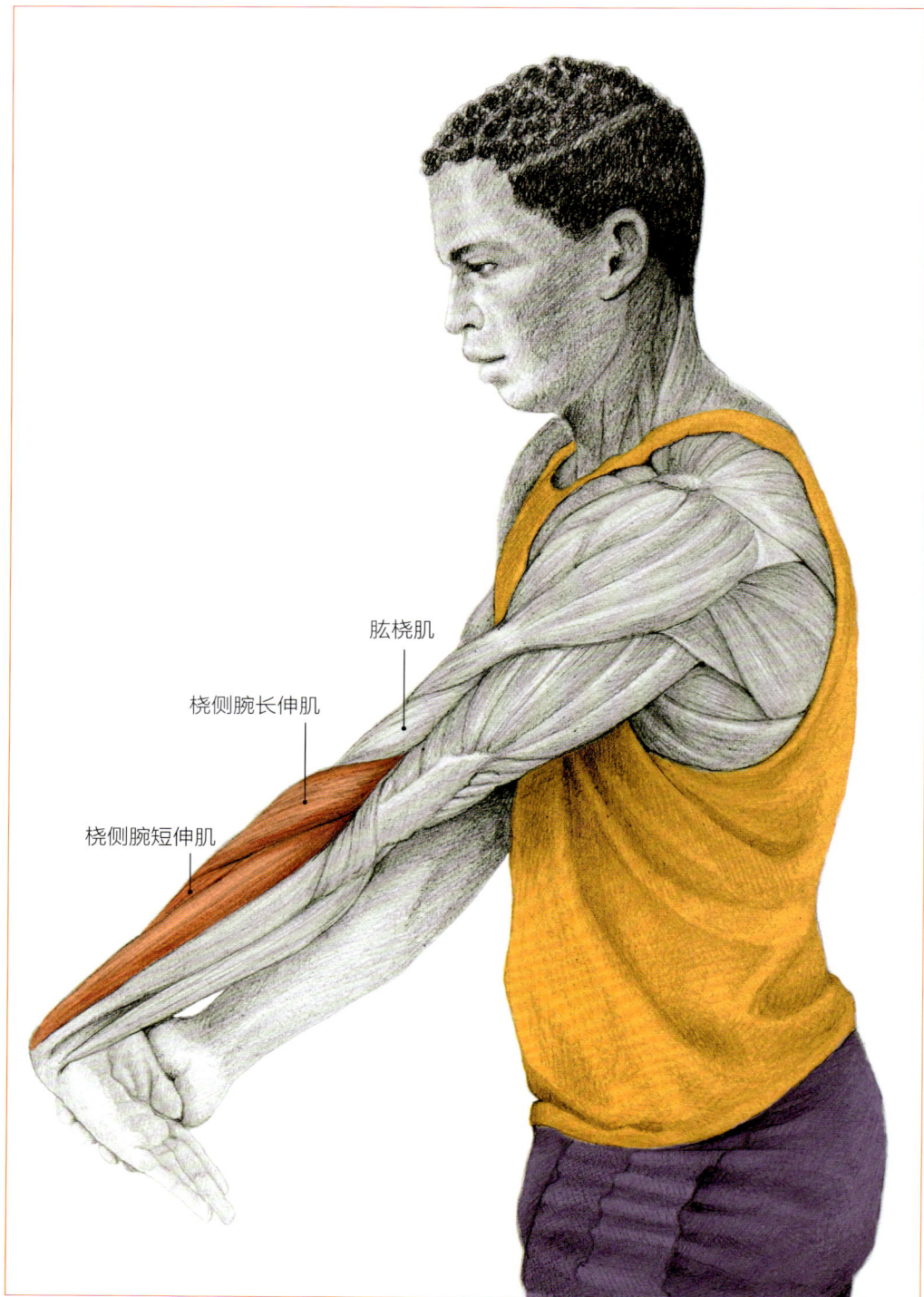

肱桡肌

桡侧腕长伸肌

桡侧腕短伸肌

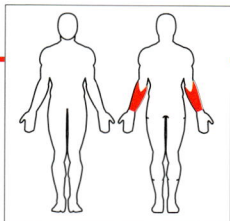

所涉肌肉

主要肌肉：桡侧腕长伸肌、桡侧腕短伸肌、指伸肌。
次要肌肉：肱桡肌。

动作要领

采用站姿或坐姿均可。将手臂放在身前，使肘关节完全伸展。一只手手腕向下屈曲，在另一只手的辅助下使腕关节屈曲 90°。

提示

此练习并不复杂，可以作为拉伸腕部的一种练习，它着重拉伸的是桡侧腕长伸肌和桡侧腕短伸肌。

保持肘关节伸直对于拉伸跨过肘关节和腕关节的双关节肌肉十分重要。

变式 1　肘部屈曲	变式 2　握拳

此变式的动作与主要练习的基本相同，但是这里要屈肘以达到拉伸尺侧腕伸肌的目的。在用另一只手辅助拉伸的时候，应在小指处施加压力。

在前一个变式的基础上，如果握拳来完成动作，那么除了以上提到的肌肉被拉伸外，还会强化对指伸肌的拉伸。

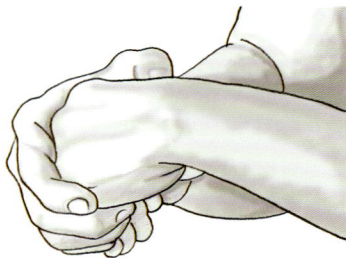

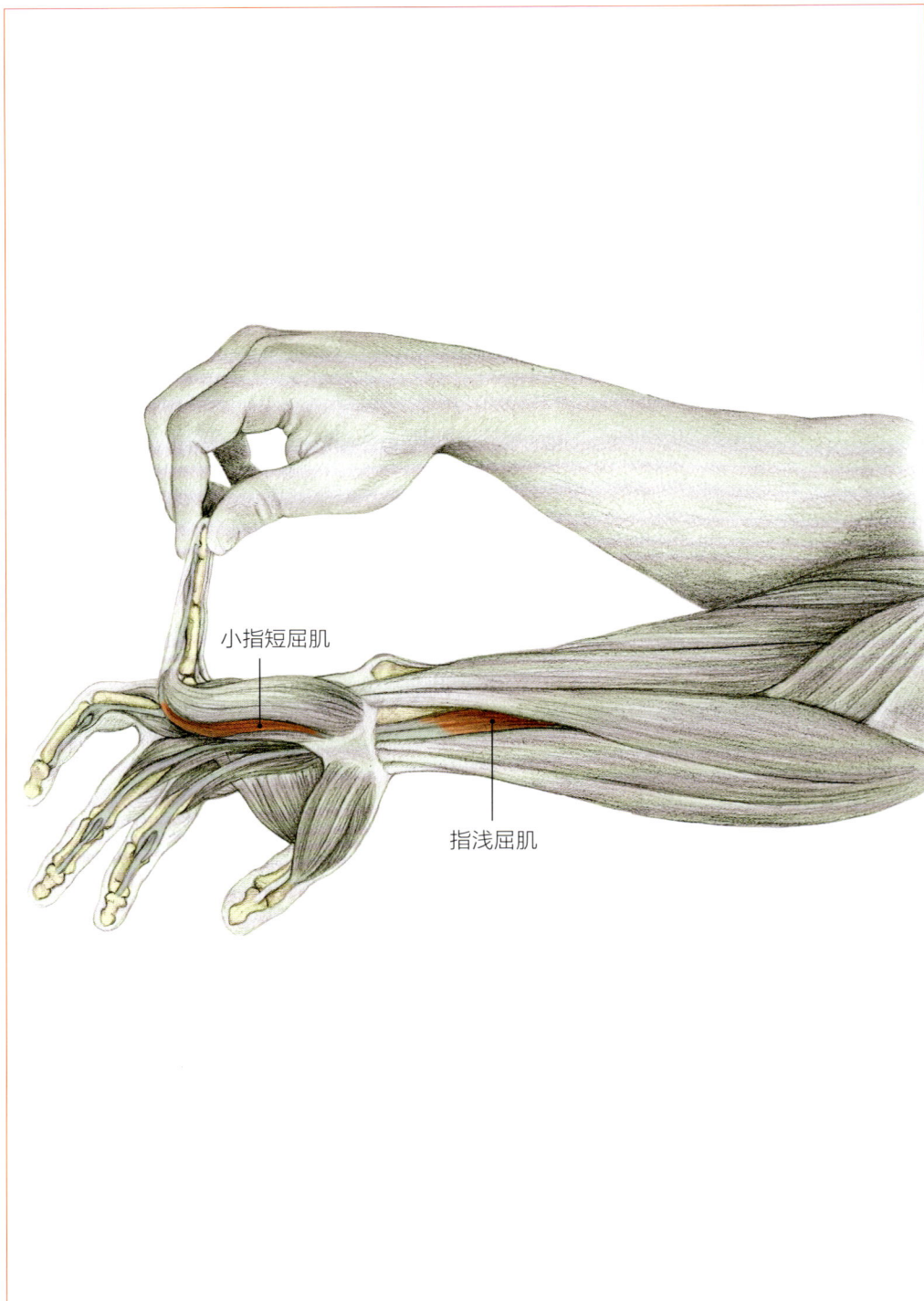

小指短屈肌

指浅屈肌

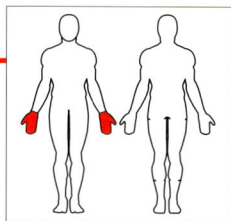

所涉肌肉

主要肌肉： 指深屈肌、指浅屈肌、拇长屈肌、小指短屈肌。

动作要领

此练习很简单，用一只手抓住另一只手的一根手指，然后向手背方向牵拉即可。保持姿势几秒钟，再拉伸下一根手指。

提示

虽然此练习很简单，但动作应缓慢，否则可能会导致手指受伤。

一些练习者觉得逐个拉伸每根手指非常浪费时间，所以将所有手指同时拉伸。这是错误的做法。整体训练的确有必要，但将身体各部分分开训练才是最有效的训练方法，我们可以这样来理解：一个部位的拉伸程度取决于柔韧性最差的肌肉（即最僵硬的肌肉）。力量训练与拉伸训练不同，在力量训练中，肌肉之间可以互相支撑，而在拉伸训练中，柔韧性最差的肌肉会限制其他肌肉的拉伸。

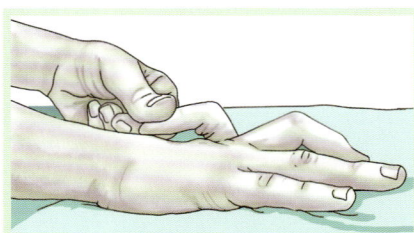

✳ 有些人（特别是女性）可以将手指拉伸至碰到手背。这样的人通常患有关节过度活动综合征，表现为关节肿胀、疼痛、松弛等。虽然大部分情况下这种疾病不影响正常生活，但是患者也不能大意，应向医生咨询以确认是否正常。关节松弛并不会引起任何不适，但首先要排除它由马方综合征、先天性结缔组织发育不全综合征或其他不常见的病症引起的可能，还应预防因此导致的一些特殊疾病（如脱臼、纤维肌痛综合征、髌骨软化症、关节炎等）。

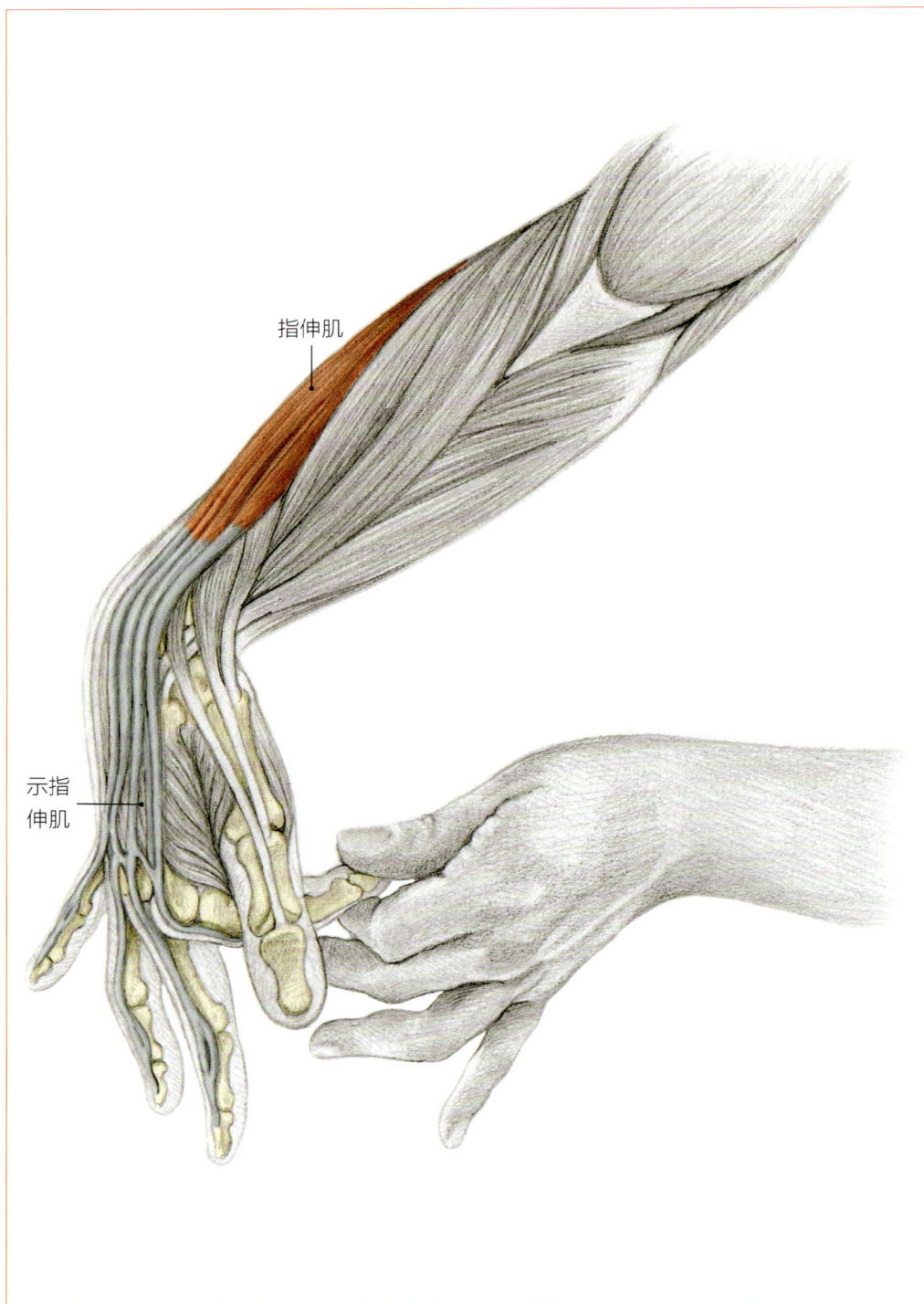

指伸肌

示指
伸肌

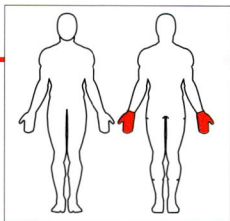

所涉肌肉

主要肌肉： 指伸肌。

次要肌肉： 示指伸肌。

动作要领

与上一项练习类似，此练习也是逐个拉伸每根手指。用一只手抓住另一只手的一根手指，用较强的力度缓慢向掌心方向牵拉。在这个过程中，应保持腕关节屈曲约 90°。

提示

练习中腕关节应该在每次牵拉手指时在原来的基础上略微增大屈曲角度，以产生更大的拉伸力。当然，和其他练习一样，动作必须缓慢且可控。

有几种理论可以解释为什么有些关节（特别是手指关节）在活动时会发出响声。一些理论认为，这是由肌腱或韧带的复位造成的。另一些理论认为，这是因为略微错位的关节正确地嵌入关节窝，与关节面发生碰撞，从而产生了响声（这就解释了为什么在响声出现后，我们通常觉得舒服了许多，但解释不了为什么在向外拉手指时也会产生响声）。还有一些理论认为，这是由于被挤压或附着的滑膜发生了移动。最新的一种理论称，在挤压关节时，关节腔内的空气被释放，使我们听到了响声。这些理论并不是对立的，因为不同类型的动作可能导致不同原因的响声出现。

关于关节发出响声对身体是有益的、有害的还是没有任何影响，也有各种矛盾的理论以及少量的科学证据。一些理论说这样会导致关节的损耗，另一些理论却称这不但不会造成关节损耗，反而对关节有益。因此，在动作正确且活动量适度的情况下拉伸，似乎不太可能给关节带来伤害。

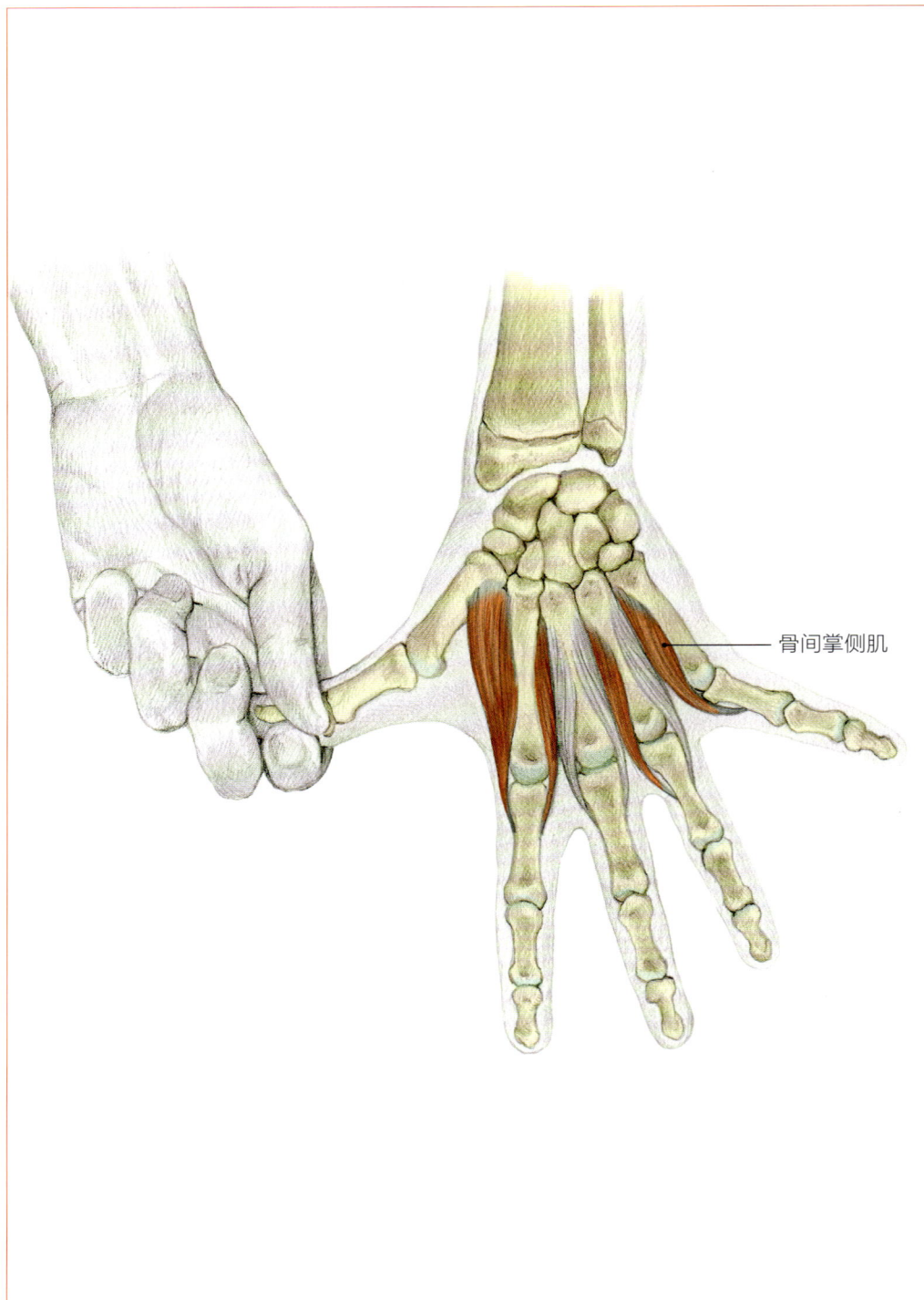

骨间掌侧肌

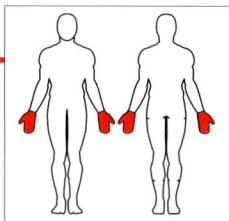

主要肌肉： 骨间掌侧肌、骨间背侧肌等。

动作要领

用一只手逐个分开并拉伸另一只手的手指。

提示

尽管最容易分开的是拇指，但是也应将所有手指全部分开拉伸到位。

一种替代练习是在两根手指之间放一个橡胶球或类似物体。这样的替代练习有助于拉伸一些小肌肉，如骨间掌侧肌等。

一些职业要求从业者的手指具有出色的灵活性，例如，演奏不同乐器（钢琴、吉他、长笛等）的音乐家的手指通常非常灵活。而要想手指变得灵活，就需要刻苦练习。

* 拇指是唯一可以与其他手指相对的指头，这就是为什么我们可以做抓握的动作。也是由于这一原因，拇指才被认为是最重要的手指。人类的手的功能是所有动物中最复杂且最精细的。拇指的对掌功能和双腿直立行走是人类区别于其他低等动物最突出的两个特征。

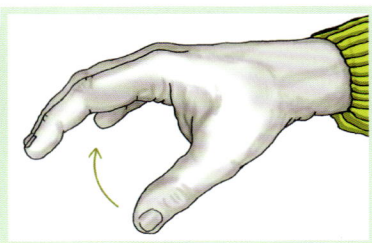

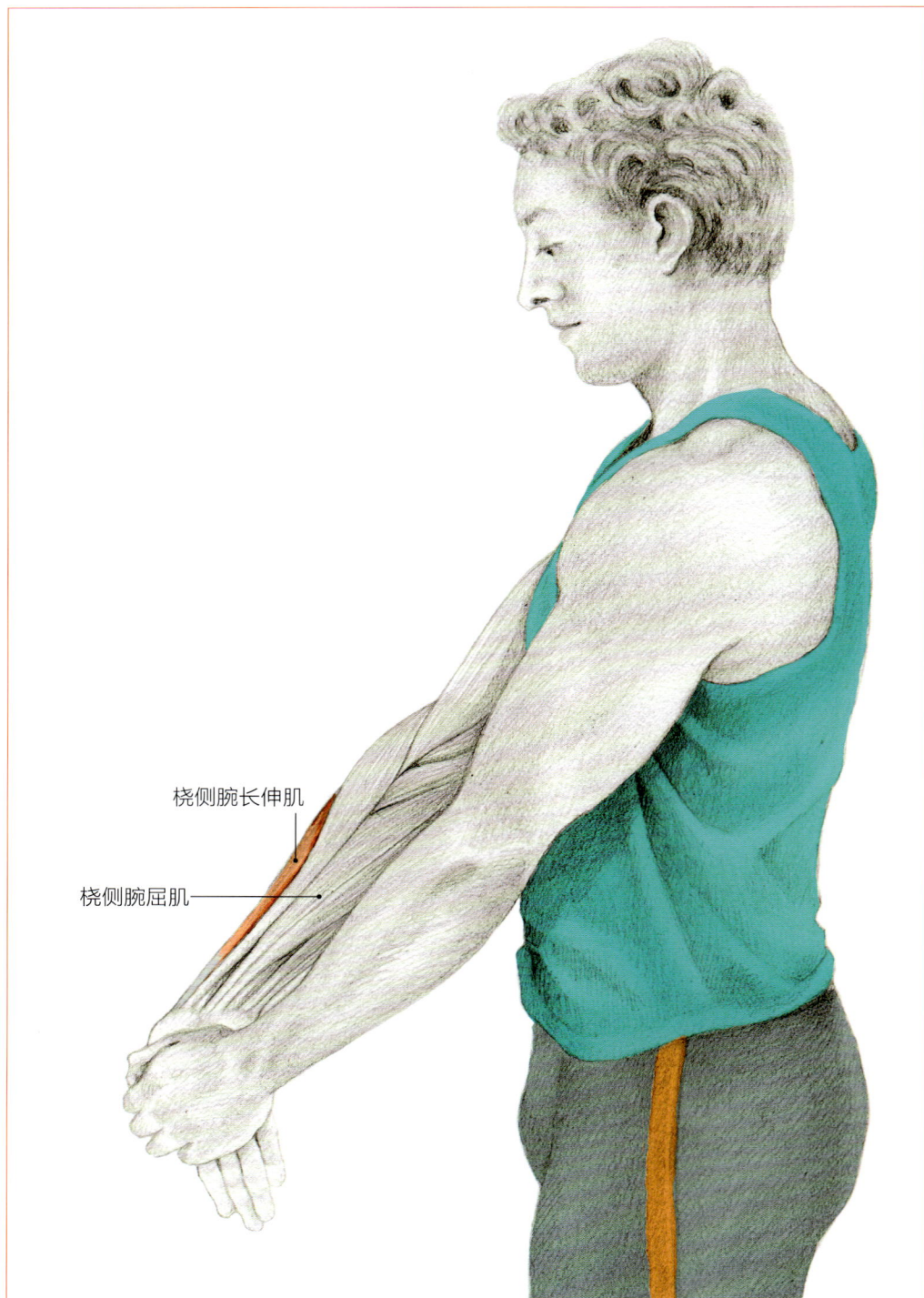

桡侧腕长伸肌

桡侧腕屈肌

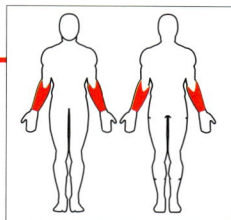

主要肌肉： 桡侧腕长伸肌、拇收肌。

次要肌肉： 拇长伸肌、桡侧腕屈肌、拇长屈肌。

动作要领

最好采用站姿。一只手臂伸直，用另一只手按压这一侧手的拇指区域，使这一侧的手腕内收（小指靠近前臂）。

提示

保持肘关节完全伸展对于拉伸目标肌肉十分重要，否则只能拉伸手指的肌肉。此练习拉伸的一部分肌肉是双关节肌肉，它们跨过肘关节和腕关节。

不要因为手腕在外展和内收时肌肉僵硬，就认为腕关节不灵活。腕关节不灵活不是肌肉的原因，更多是因为骨骼结构的问题。

✳ 你如果经常久坐，但还想有个好身材，那么要先从力量训练开始，然后逐渐加入柔韧性训练。虽然每个人的体质不同，但通常经过两个月的力量训练之后，就可以加入柔韧性训练了。

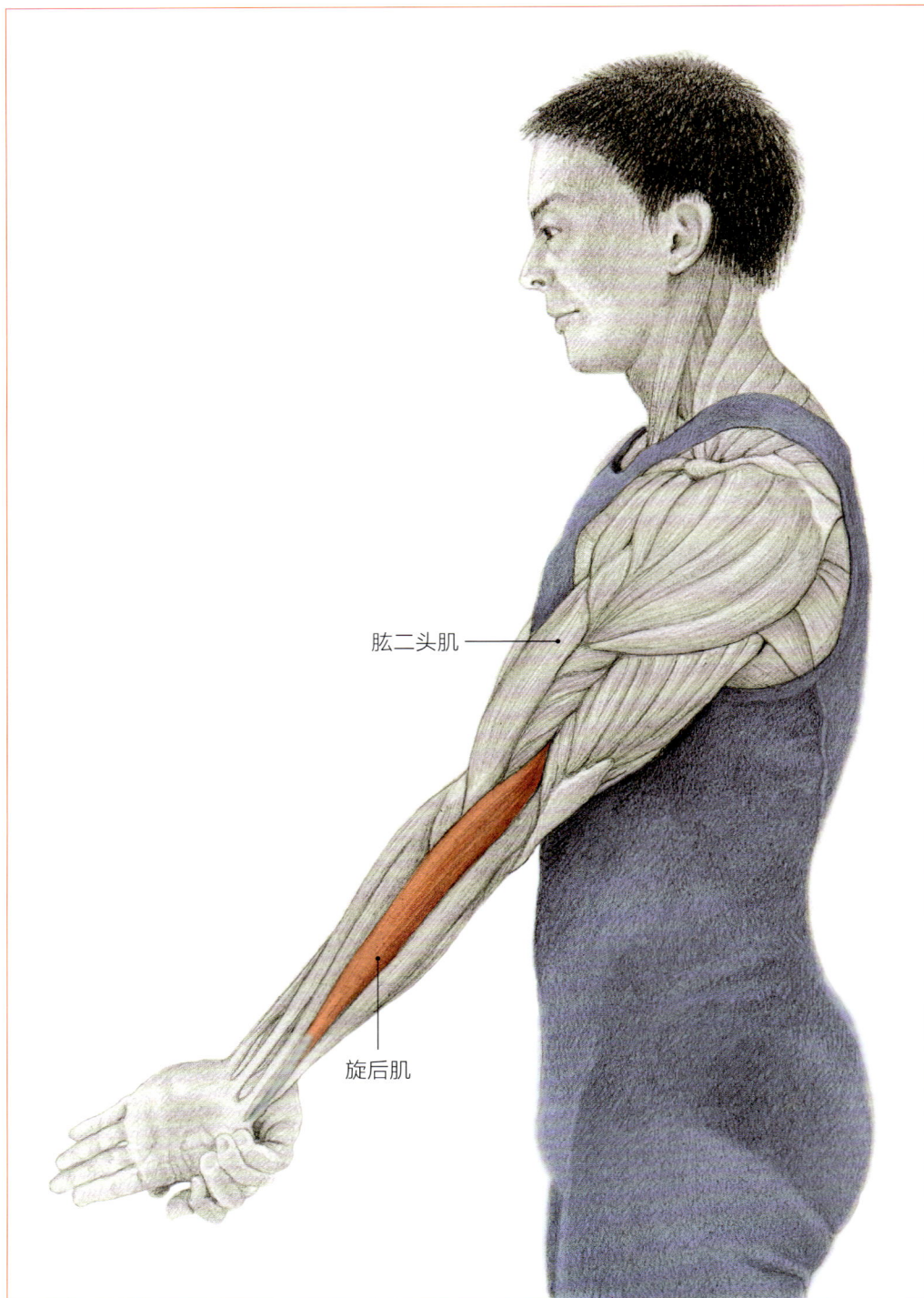

肱二头肌

旋后肌

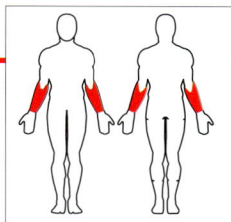

所涉肌肉

主要肌肉： 旋后肌、拇长展肌、拇长伸肌。
次要肌肉： 肱二头肌。

动作要领

和上一项练习类似，最好采用站姿进行练习。一只手臂伸直，掌心朝外，用另一只手辅助按压。

提示

由于骨骼结构的限制，此练习中要拉伸的肌肉往往很难被充分拉伸。为了达到锻炼目的，可以用一只手来辅助拉伸。但要注意，在拉伸过程中应始终保持动作缓慢且不能有疼痛感。

有必要说明一点，虽然看起来前臂的旋前和旋后发生在手腕，但事实并非如此。旋转发生于肘关节，参与旋转的肌肉既有上臂的肌肉也有前臂的肌肉。

✳ 　　手腕内收和外展的练习可以通过以下方式进行：跨坐在一条长凳上（就像骑在马背上一样）。将前臂背面放在凳子上，掌心朝上（旋后位置），另一只手始终以缓慢且可控的方式让放在凳子上的手做内收和外展运动。练习中由于肘部保持弯曲，因此拉伸的重点为腕部的小肌肉，而非肘部肌群。

第七章

下肢肌群

下肢背面主要肌肉示意图

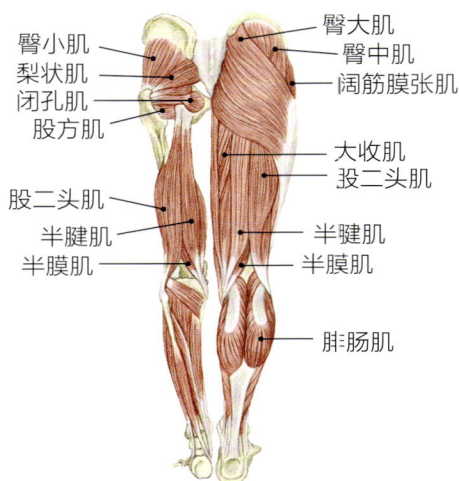

臀小肌
梨状肌
闭孔肌
股方肌

臀大肌
臀中肌
阔筋膜张肌

大收肌
股二头肌

股二头肌
半腱肌
半膜肌

半腱肌
半膜肌

腓肠肌

下肢正面主要肌肉示意图

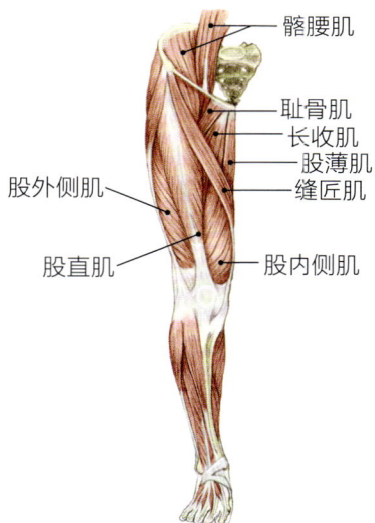

髂腰肌

耻骨肌
长收肌
股薄肌
缝匠肌

股外侧肌

股直肌

股内侧肌

下肢主要肌肉的生物力学介绍

大腿及臀部肌肉

股四头肌（正面浅层肌）

起点：股四头肌包括股直肌、股中间肌、股外侧肌和股内侧肌。股直肌起自髂前下棘，股中间肌起自股骨体前面，股外侧肌起自股骨粗线外侧唇，股内侧肌起自股骨粗线内侧唇。

止点：胫骨粗隆。

主要功能：使膝关节伸展，使髋关节屈曲（尤其是在膝关节屈曲时），维持人体直立姿势。

股内收肌

起点：股内收肌包括大收肌、长收肌、短收肌、耻骨肌和股薄肌。大收肌起自耻骨支、坐骨支和坐骨结节，长收肌、短收肌和股薄肌起自耻骨支、坐骨支前面，耻骨肌起自耻骨梳和耻骨上支。

止点：大收肌止于股骨粗线和内上髁，长收肌和短收肌止于股骨粗线，耻骨肌止于股骨的耻骨肌线，股薄肌止于胫骨上端内侧面。

主要功能：使髋关节内收、外旋，辅助髋关节做屈伸运动。

缝匠肌（正面浅层肌）

起点：髂前上棘。

止点：胫骨上端内侧面。

主要功能：使膝关节和髋关节屈曲，使髋关节外旋、外展，使膝关节内旋。

臀大肌、臀中肌和臀小肌

起点：臀大肌起自骶骨背面、胸腰筋膜、骶结节韧带和髂骨翼外面，臀中肌起自臀前线和臀后线之间的髂骨翼，臀小肌起自臀前线和臀下线之间的髂骨翼。

止点：臀大肌止于髂胫束和股骨臀肌粗隆，臀中肌和臀小肌止于股骨大转子。

主要功能：臀大肌可使髋关节伸展和外旋，臀中肌和臀小肌可使髋关节外展、内旋和外旋。

髂腰肌（正面深层肌）

起点：髂腰肌包括髂肌和腰大肌。髂肌起自髂窝，腰大肌起自腰椎体侧面和横突。

止点：股骨小转子。

主要功能：使髋关节前屈和外旋；下肢固定时，可使躯干前屈。

解析

　　用于拉伸腿部肌肉的练习有许多种，在这里，我要着重讲解股内收肌的拉伸。股内收肌很容易拉伸，但将其拉伸到极限是很危险的，很容易导致受伤。此外，在日常生活中，我们很少拉伸股内收肌，因为行走、跑步、坐、躺或其他日常活动都不会使双腿大幅度分开。

　　相对于拉伸股内收肌，拉伸股四头肌和臀肌更舒适也更安全。特别值得一提的是髂腰肌，它是在大部分运动（包括舞蹈和瑜伽）中起决定性作用的肌肉。它是使髋关节前屈（比如在踢足球、跑步、武术等运动中）的主要肌肉之一，同时也起到稳定腰椎和髋关节的作用。如果你的髂腰肌有问题，可能会导致腰椎和髋关节不稳定。

腘绳肌（背面浅层肌）

起点：腘绳肌包括股二头肌（有长头和短头两个头）、半腱肌和半膜肌。股二头肌长头、半腱肌和半膜肌起自坐骨结节，股二头肌短头起自股骨粗线。

止点：股二头肌止于腓骨外侧面，半腱肌止于胫骨上端内侧面，半膜肌止于胫骨内侧髁后面。

主要功能：使髋关节伸展（股二头肌长头、半腱肌和半膜肌起作用，尤其是伸膝时），使膝关节屈曲（股二头肌、半腱肌和半膜肌都起作用），使膝关节（股二头肌的长头和短头起作用）和髋关节（股二头肌长头起作用）旋外，使膝关节旋内（半膜肌和半腱肌起作用）。在双脚站立、膝关节伸展的情况下，与腓肠肌共同作用，维持膝关节的稳定性。

其他肌肉

闭孔外肌：起自闭孔膜外面及其周围骨面，止于股骨转子窝。主要功能是使髋关节旋外。

闭孔内肌：起自闭孔膜内面及其周围骨面，止于股骨转子窝。主要功能是使髋关节旋外。

股方肌：起自坐骨结节，止于股骨的转子间嵴和大转子。主要功能是使髋关节旋外、外展和内收。

阔筋膜张肌：起自髂前上棘，止于胫骨外侧髁。主要功能是使阔筋膜紧张并使髋关节屈曲。

梨状肌：起自骶骨盆面，止于股骨大转子。主要功能是使髋关节旋外和外展。

孖肌：包括上孖肌和下孖肌，上孖肌起自坐骨棘，下孖肌起自坐骨结节，二者均止于股骨转子窝。主要功能是使髋关节旋外和外展。

解析

本书并没有涵盖所有拉伸髋关节和腿部肌肉的练习。这里需要特别提一下腘绳肌。每个人都对大腿后侧肌肉紧绷的感觉特别熟悉——当你保持站立姿势，不屈曲膝关节并试着用手够地面时，就会产生这种感觉。此外，当你想向他人展示自己身体的柔韧性时，这个姿势也是最常用的姿势之一。

腘绳肌是最容易因久坐不动而造成柔韧性降低的肌肉之一。此外，许多练习不能系统性地拉伸腘绳肌，它们对改善腘绳肌的柔韧性并无太大帮助。所以，尽管腘绳肌非常重要，但即便是专业运动员，也有很多腘绳肌柔韧性不佳的人。拉伸腘绳肌非常简单，在本书中你就可以找到很多种拉伸腘绳肌的练习。

胫骨前肌（正面浅层肌）

起点：胫骨外侧面。

止点：第 1 楔骨和第 1 跖骨底。

主要功能：使踝关节伸展（使足背屈），使足内翻。

腓肠肌（背面浅层肌）

起点：股骨内、外上髁。

止点：跟骨结节。

主要功能：使膝关节和踝关节屈曲，使足旋后。在双脚固定的情况下，与腘绳肌协同工作使膝关节伸展。

踇长伸肌（正面深层肌）

起点：腓骨内侧面和小腿骨间膜。

止点：踇趾远节趾骨背面。

主要功能：使踝关节伸展（使足背屈），使踇趾伸展。

比目鱼肌（背面中层肌）

起点：腓骨后面上 1/3 段、胫骨后面中 1/3 段（比目鱼肌线及其下方）和比目鱼肌腱弓。

止点：跟骨结节。

主要功能：使踝关节屈曲，使足旋后。

趾长伸肌（正面中层肌）

起点：胫骨外上髁、腓骨前缘和小腿骨间膜。

止点：第 2~5 趾。

主要功能：使踝关节伸展（使足背屈），使脚趾伸展。

解析

拉伸小腿及脚部肌肉时，最好采用坐姿或卧姿。虽然小腿及脚部肌肉不是体积较大的肌肉（这会影响拉伸效果），但的确受到当前生活方式的影响。人类已经从赤脚行走发展到穿鞋行走，从步行或跑步发展到使用各种交通工具，这些变化给人类带来了数不尽的便利，但这些变化也会导致脚部的小肌肉损伤。很多鞋过度挤压脚趾和脚踝，或固定了它们的位置，使它们萎缩甚至变形。脚部肌肉的强化（见《力量训练解剖全书》）和拉伸对保持良好的身体状态起着至关重要的作用。

其他肌肉

趾短伸肌： 起自跟骨，止于第 2~5 趾的近节趾骨。主要功能是使第 2~5 趾伸展（背屈）。

踇短伸肌： 起自跟骨，止于踇趾的近节趾骨。主要功能是使踇趾伸展。

足第 1~4 骨间背侧肌： 起自跖骨相对面，止于第 2~4 趾近节趾骨侧面。主要功能是使第 2~4 跖趾关节屈曲和使第 3、4 趾外展。

第 1~3 骨间足底肌： 起自第 3~5 跖骨的底部和内侧，止于第 3~5 趾近节趾骨底。主要功能是使第 3~5 趾向第 2 趾靠拢和使第 3~5 跖趾关节屈曲。

足第 1~4 蚓状肌： 起自趾长屈肌肌腱，止于第 2~5 趾的近节趾骨和趾背腱膜。主要功能是使第 2~5 跖趾关节屈曲。

足底方肌： 起自跟骨内、外侧面，止于趾长屈肌肌腱。主要功能是使第 2~5 趾屈曲。

腓骨长肌和腓骨短肌： 二者均起自腓骨外侧面，腓骨长肌止于第 1 跖骨底和内侧楔骨，腓骨短肌止于第 5 跖骨粗隆。主要功能是使踝关节屈曲和使足外翻。

腘肌： 起自股骨外侧髁，止于胫骨比目鱼肌线以上骨面。主要功能是使膝关节屈曲和使小腿旋内。

胫骨后肌： 起自胫骨、腓骨和小腿骨间膜的后面，止于舟骨粗隆以及内侧、中间和外侧楔骨。主要功能是使踝关节屈曲、使足内翻和维持足纵弓。

跖肌： 起自股骨外侧髁后面，止于跟骨结节。主要功能是使足跖屈和使膝关节屈曲。

踇长屈肌： 起自腓骨背面和小腿骨间膜，止于踇趾的远节趾骨。主要功能是使踝关节屈曲、使足内翻和使第 1 跖趾关节及趾骨间关节屈曲。

踇短屈肌： 起自楔骨的足底侧、跟骰足底韧带和胫骨后肌肌腱，止于踇趾的近节趾骨。主要功能是使第 1 跖趾关节屈曲。

踇收肌： 斜头起自骰骨、外侧楔骨、跟骰足底韧带和足底长韧带，横头起自第 3~5 跖趾关节囊韧带和跖骨深横韧带，止于踇趾的近节趾骨和外侧籽骨。主要功能是使踇趾内收、使第 1 跖趾关节屈曲和维持足横弓。

趾长屈肌： 起自胫骨后面，止于第 2~5 趾的远节趾骨。主要功能是使踝关节屈曲、使足内翻和使第 2~5 跖趾关节屈曲。

趾短屈肌： 起自跟骨，止于第 2~5 趾的中节趾骨底。主要作用是使第 2~5 跖趾关节屈曲。

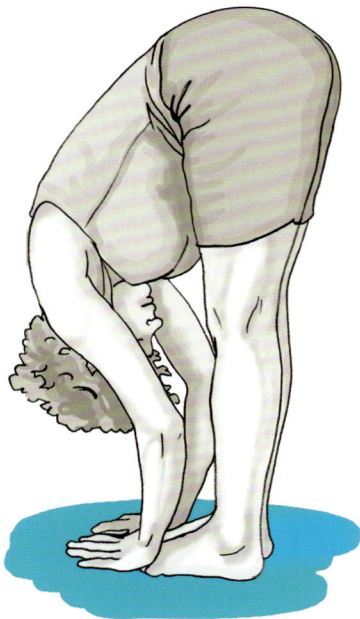

解析

经常跑步的人都知道拉伸小腿肌肉非常重要。将拉伸的重点放在哪块肌肉取决于膝盖的姿势：在膝关节伸展的情况下，侧重拉伸的是腓肠肌；而在膝关节屈曲的情况下，侧重拉伸的是比目鱼肌。

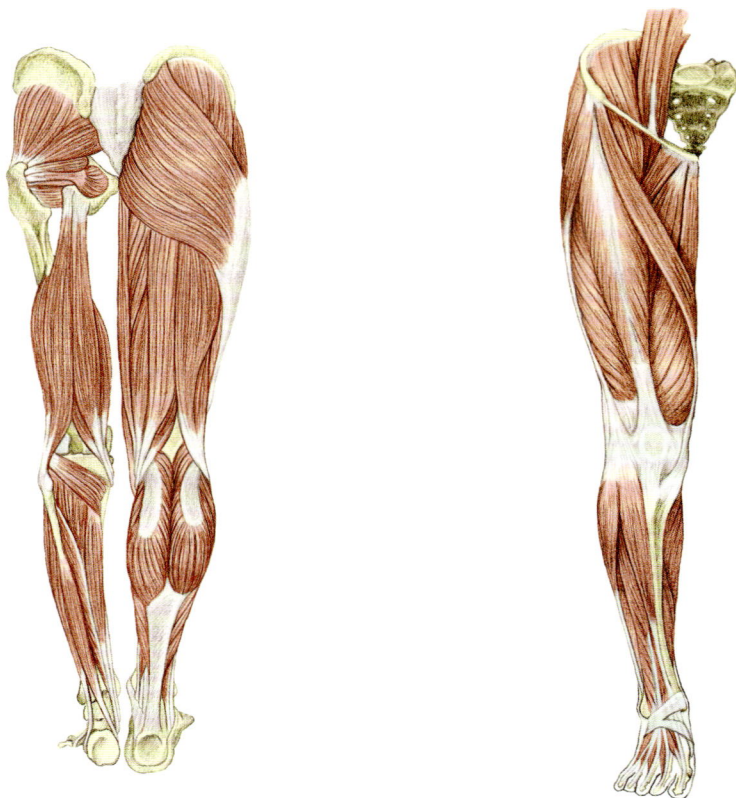

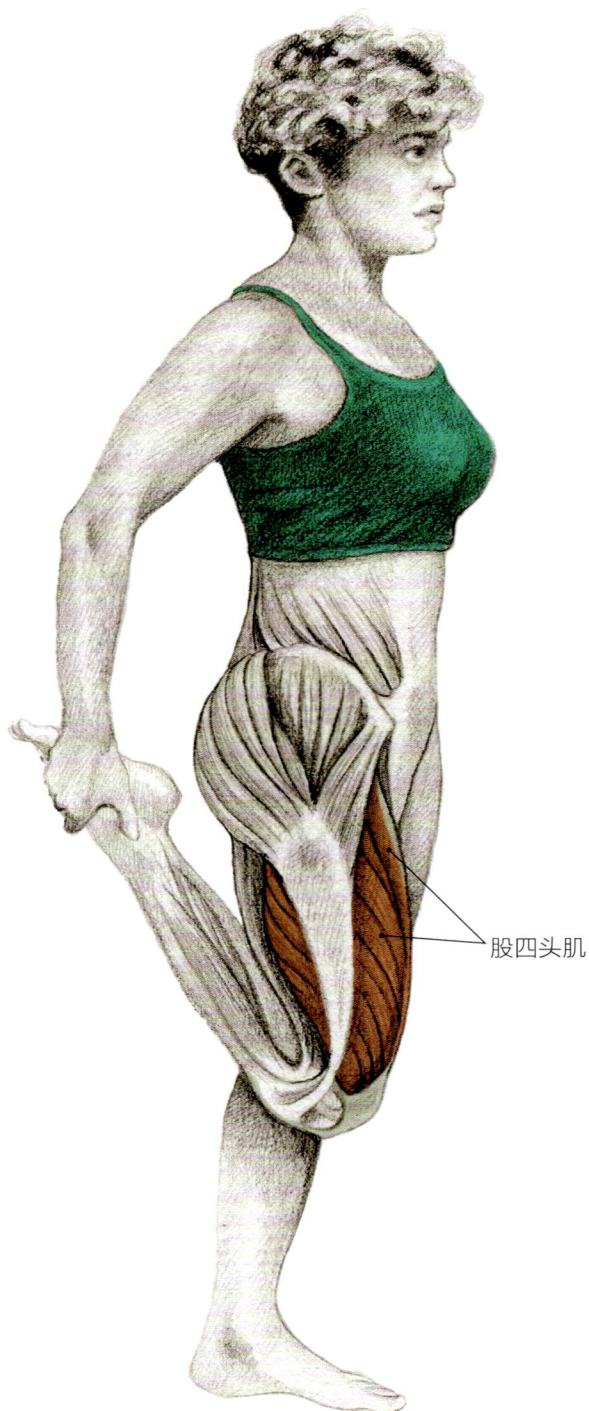

站姿大腿前侧拉伸

股四头肌

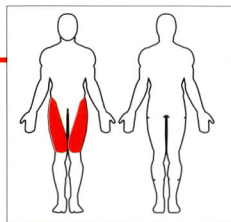

所涉肌肉

主要肌肉： 股四头肌。
次要肌肉： 髂腰肌。

动作要领

单腿站立，一只手抓住支撑物以保持平衡。向后屈曲一条腿，用同侧的手抓住抬起的脚背，使其向臀部方向靠近。

提示

练习时不应屈曲髋关节，也不应使脊柱倾斜，但是建议将被拉伸一侧的髋关节略微向后伸展，这样可以更好地拉伸股四头肌中的股直肌。

如果向相反方向伸展髋关节，也就是说，如果身体其他部位的姿势不变，而将膝盖伸到躯干前面，那么着重拉伸的就是股外侧肌和股内侧肌，同时降低了对股直肌的拉伸强度。

用来保持平衡的支撑物并不是可有可无的，在任何拉伸练习中，平衡都是直接影响拉伸效果的因素。

变式　侧卧

如果侧卧在地面上，按照上述动作要领进行拉伸，那么产生的效果是一样的。

此变式的优点是避免了因单腿站立引起的脊柱前凸以及脊柱和髋部的其他不当姿势。

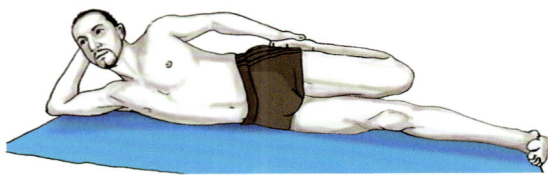

通过上面的提示，我们了解到，只屈曲膝关节是无法有效拉伸股直肌的，还需要略微向后伸展髋关节。

在此变式中，一些人常常旋转膝关节来使脚更靠近臀部。毫无疑问，这样可以更好地拉伸股四头肌，但会给膝关节韧带带来不必要的压力。

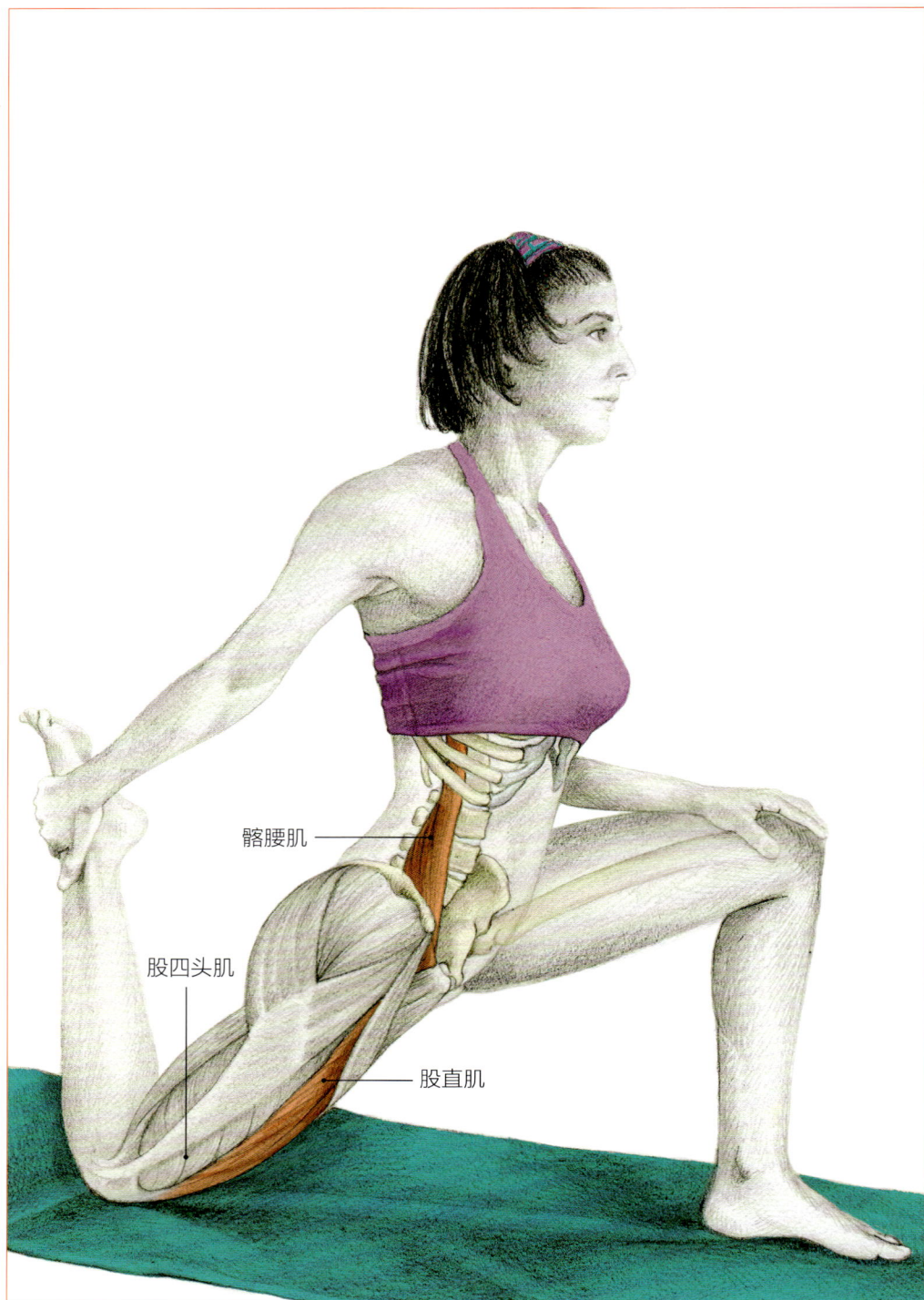

髂腰肌

股四头肌

股直肌

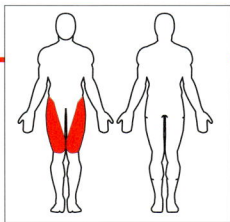

所涉肌肉

主要肌肉：股直肌、髂腰肌。
次要肌肉：股四头肌。

动作要领

单膝跪地。一条腿牢固地支撑在地面上，小腿与地面垂直，膝盖的位置不超过脚尖。另一条腿向后伸，用膝盖支撑地面。将后面那条腿的脚背轻轻拉向臀部，同时将骨盆向前、向下压。

提示

此练习与本章的练习1类似，但它在伸展髋关节的同时，还能进一步拉伸髂腰肌。髋关节的伸展和膝关节的屈曲使这项练习变得非常适合拉伸股四头肌（要记住，股直肌是双关节肌）。相反，你如果想把力量集中在髂腰肌而不是股四头肌上，那就不要抓住脚背，只需将脚背支撑在地面上，并在按压骨盆的同时让膝盖处于半伸展状态即可。

总之，如果能正确完成动作，那么此练习是拉伸股四头肌最有效的练习之一。

变式　俯卧在长凳上

对一些练习者来说，俯卧在长凳上完成练习更加舒适。除了右图所示的姿势外，你还可以将整个身体贴在长凳上完成练习，但是在这种情况下，对髋关节屈肌的拉伸效果要减弱许多，但对股四头肌的拉伸效果显著。

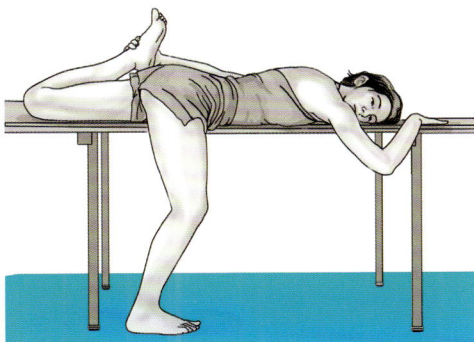

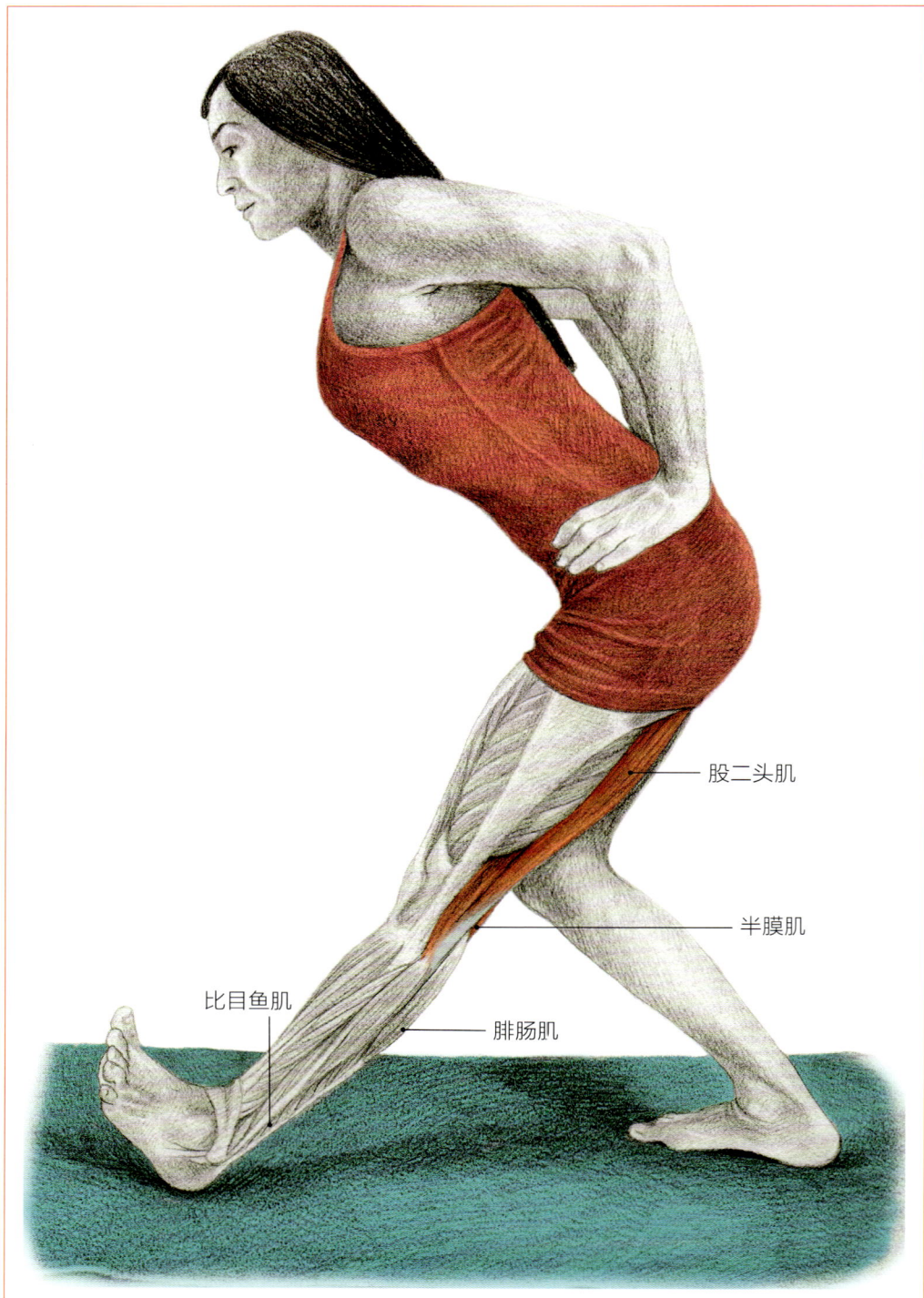

股二头肌

半膜肌

比目鱼肌

腓肠肌

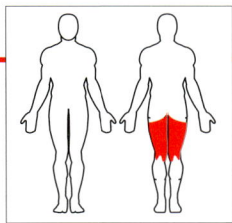

所涉肌肉

主要肌肉： 腘绳肌。

次要肌肉： 股薄肌、缝匠肌、腘肌、腓肠肌、比目鱼肌（足背屈时）。

动作要领

站在垫子上，微微屈曲一条腿，然后向前伸展另一条腿，用脚后跟支撑地面。前面那条腿的膝关节应保持完全伸展，以增强腓肠肌的拉伸效果。和大部分拉伸练习的要求一样，头部与脊柱应在一条直线上。

提示

这项简单的练习对于拉伸前面那条腿的腘绳肌非常有效，它比传统的站姿体前屈稍微复杂一些，但效果更好。原因我已经在本书的其他部分解释过了：如果我们为了保持姿势而使肌肉持续收缩，那么拉伸的效果是不理想的。因此，我们要用后面那条腿来支撑整个身体的重量，这样可以在一定程度上降低练习难度。

变式　利用支撑物

如果有一个适当高度（至少与你的髋部等高）的支撑物，那么你可以抬起一条腿，将脚踝放在支撑物上，伸直膝关节，微微屈曲髋关节直到感觉到大腿后侧肌肉在拉紧。同时，踩在地面上的脚必须指向前方。如果支撑物较低，你会被动倾斜身体以获得充分的拉伸感，这不利于保持平衡。

切记，你的目的不是用手摸到脚，而是充分拉伸腘绳肌，因此髋部的动作是关键。

事实上，你不能为了增强拉伸感，一味地增加支撑物的高度，因为这会导致你在练习中失去平衡。正确的姿势是屈曲髋关节，使躯干更靠近抬起的那条腿。

针对腘绳肌的拉伸练习有一个共同的难点：练习者常常为了压低身体而使背部屈曲，却忽略了应屈曲髋关节这一点。因此，学会感受你正在拉伸哪个部位的肌肉十分重要。

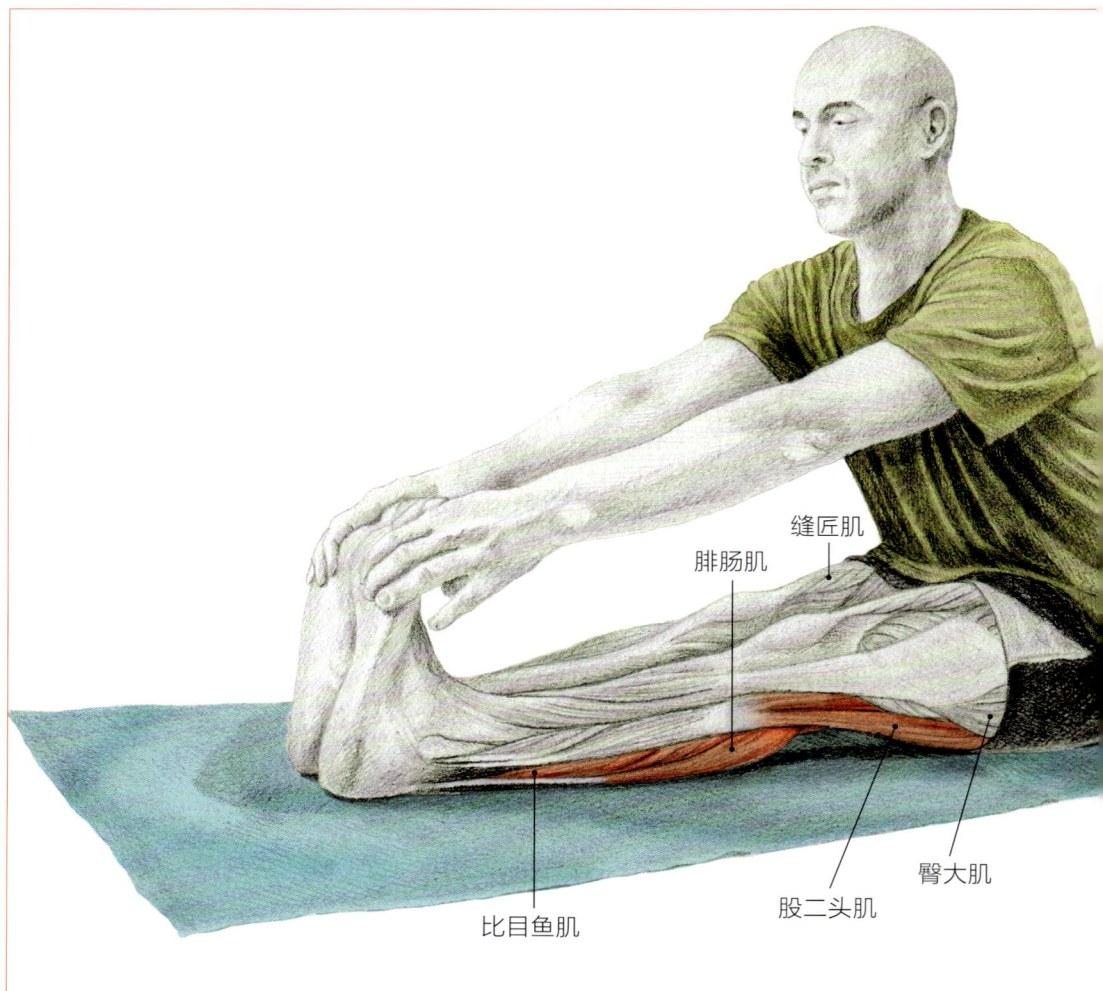

缝匠肌

腓肠肌

臀大肌

股二头肌

比目鱼肌

变式1 站姿

与主要练习相比，这一变式看起来基本没有什么变化，它并没有达到本书一直想传递给读者的一个理念：处于拉伸状态下的肌肉不能同时处于收缩状态来维持姿势。换句话说，在这一变式中，我们在拉伸一些肌肉的同时，又不得不让其收缩以避免失去平衡，这样的拉伸效果通常不尽如人意。

传统的弹震拉伸（双手向下压之后迅速回弹）只会使拉伸效果更糟糕，因为肌紧张反射会让腘绳肌更加剧烈地收缩。因此，这一经典的拉伸练习也是最不适宜的练习之一。

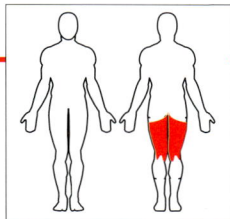

所涉肌肉

主要肌肉： 腓肠肌、比目鱼肌、腘绳肌。
次要肌肉： 臀大肌、股薄肌、缝匠肌、腘肌、胫骨后肌、腓骨长肌、腓骨短肌、跖肌。

动作要领

坐在垫子上，双腿在身前并拢，膝关节完全伸展。屈曲髋关节，让躯干向大腿靠近，直至腓肠肌有拉紧的感觉。

提示

此练习与本章的前几项练习类似，但在这里采用的是坐姿。与站姿相比，采用坐姿更容易保持平衡。此练习并不像看起来那么简单，最常见的错误是为了使躯干向大腿靠近而屈曲躯干，正确的做法是屈曲髋关节。另一个常见的错误是让躯干向大腿靠近的同时屈曲膝关节，毫无疑问，这会减弱对腘绳肌的拉伸效果。

初学者基本上只能使身体成一个直角，有经验的练习者则能够用额头碰到大腿，有些练习者甚至可以用双手握住双脚。但是此练习的目的不是让双手尽可能够到较远的位置，而是要通过屈曲髋关节来拉伸腘绳肌。错误的练习目的会造成错误的练习姿势。

如果有同伴辅助，你可以让同伴向下压你的背部中间区域；或者你与同伴背靠背坐下，让同伴身体向后仰按压你的背部。需要注意的是，辅助者的所有动作都须小心、缓慢。

变式 2　双腿交叉站姿

为了寻求多样性，甚至是独创性，一些练习者会交叉双腿进行练习。这个变式和前一个变式一样，都不推荐你做。

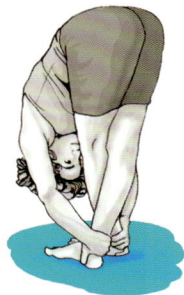

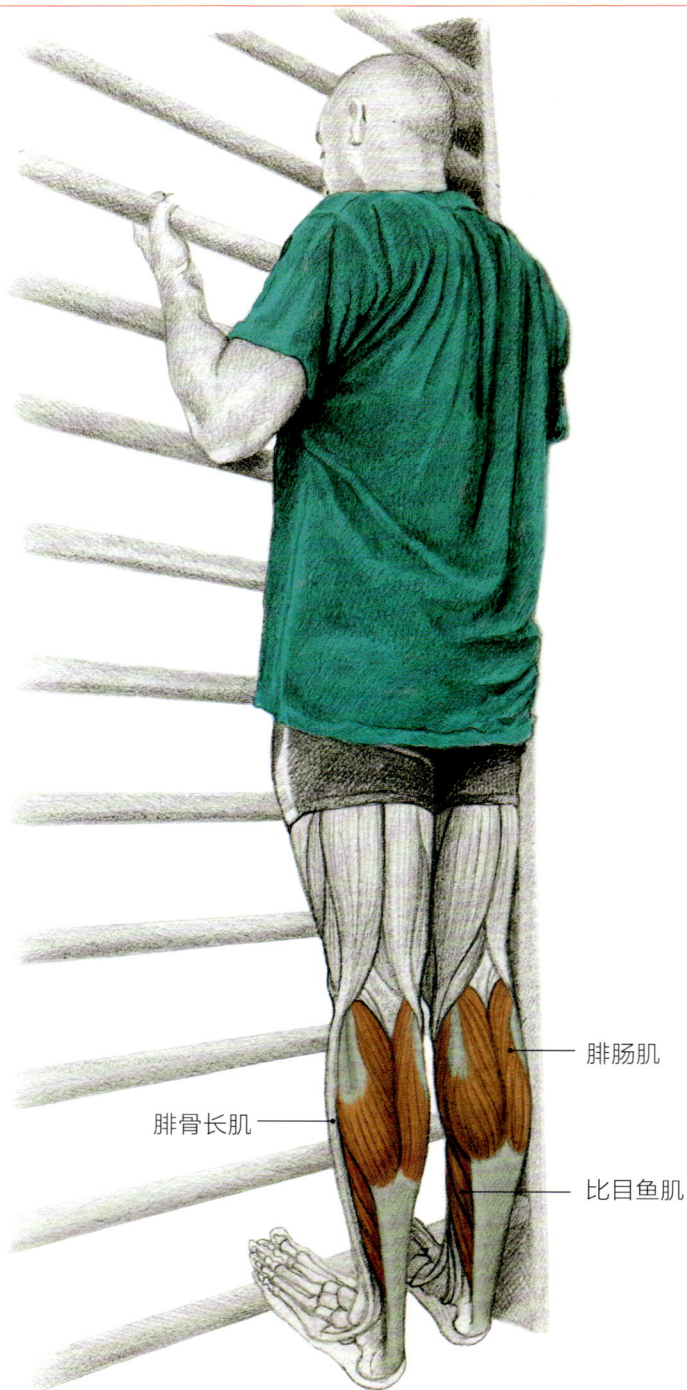

腓肠肌

腓骨长肌

比目鱼肌

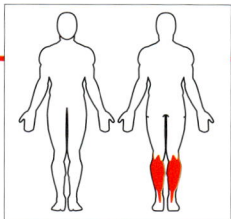

所涉肌肉

主要肌肉： 腓肠肌、比目鱼肌。

次要肌肉： 腓骨长肌、趾长屈肌、胫骨后肌、跖肌。

动作要领

双脚站在肋木架（或类似物体）上，膝关节完全伸展，只用前脚掌支撑。让身体缓慢下坠，直到腓肠肌和比目鱼肌有被拉紧的感觉。

提示

如果你能在身体放松的情况下缓慢地将重心下移，则可以达到更好的效果。膝关节不能弯曲，并且在任何情况下都不能进行弹震拉伸，因为在疲劳或某些状态下，这样做可能会使身体受伤。也不应该仅用手指抓住横杆以支撑身体，因为除了会增加从肋木架上掉下来的风险之外，也无法增强腓肠肌或比目鱼肌的拉伸效果。在此练习中，穿着具有良好抓地力的运动鞋比赤脚更合适。

在此练习中，通常依靠自身重力就足以达到最佳拉伸效果，增加负重可能导致受伤。如果练习中目标肌肉承受的负荷过大（比如在长时间运动后），建议将此练习替换为拉伸力更可控的其他练习（见本章的练习6）。

不要将双脚向里或向外旋转以拉伸小腿的内侧或外侧，虽然在一些书中提到可以这么做。在此练习中，应始终保持双脚平行。要记住，你要旋转的是髋关节而不是膝关节，所以双脚旋转与否不会影响腓肠肌的拉伸。同样，也不建议双脚外翻或内翻。

由于所有动作都是以人体标准解剖学姿势（见术语表）进行研究和说明的，所以在用屈曲或伸展来描述踝关节的动作时，你可能会感到疑惑。在此解释一下，对踝关节来说，当脚背靠近小腿时为屈曲（背屈），相反的动作为伸展（跖屈）。

腓肠肌

腓骨长肌

腓骨短肌

比目鱼肌

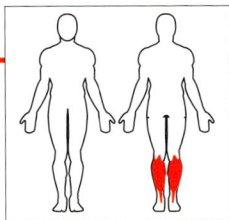

所涉肌肉

主要肌肉： 腓肠肌。
次要肌肉： 比目鱼肌、腓骨长肌、腓骨短肌、趾长屈肌、胫骨后肌、跖肌。

动作要领

站立，双手抓住一个支撑物。一条腿向后伸（膝关节伸直），脚跟逐渐下降，直至整个脚掌着地。在这个过程中缓慢拉伸小腿，直至腓肠肌有被拉紧的感觉。前面那条腿保持半屈曲状态，以支撑身体的重量。

提示

此练习的重点是保持后面那条腿的膝关节伸直，否则只能拉伸比目鱼肌而无法拉伸腓肠肌。通过逐渐将身体重量从前面那条腿转移到后面那条腿，让后面那条腿的脚跟逐渐接触地面并保持这个姿势，就可以使目标肌肉得到充分拉伸。

有两种方法可以增加拉伸强度：一是保持膝关节伸直，让脚跟逐渐降低并接触地面，并进一步将脚向后移动；二是将脚跟始终支撑在地面上，同时逐渐伸展膝关节和髋关节以增加拉伸强度。

在任何情况下，被拉伸侧的脚后跟都要与膝关节和髋关节保持在一条直线上，脚趾朝前。

是否可以消除肌紧张反射？不可以。和所有的反射一样，它是在无意识的情况下产生的，它对于在日常生活和运动中防止受伤非常重要。我们要做的是避免过度拉伸以免出现过于强烈的反射。只要动作缓慢且可控，就不会出现强烈的肌紧张反射，而要做到这一点也是需要训练的。

腓肠肌

比目鱼肌
腓骨长肌

腓骨短肌

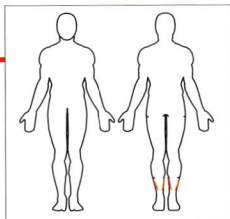

主要肌肉: 比目鱼肌。

次要肌肉: 腓肠肌、腓骨长肌、腓骨短肌、胫骨后肌。

动作要领

站立，双手抓住一个支撑物。一条腿向后伸（膝关节半屈曲），脚掌完全着地，直至比目鱼肌（在腓肠肌下方）有被拉紧的感觉。前面那条腿保持半屈曲，以支撑身体的重量。

提示

与上一项练习不同，此练习的重点是保持膝关节屈曲，着重拉伸比目鱼肌。通过让后面那条腿的脚跟逐渐接触地面，可以使目标肌肉得到充分拉伸。

增强比目鱼肌拉伸效果的常用方法是，逐渐让被拉伸侧的膝关节靠近支撑物，但脚不能离开地面（也就是增大脚踝的屈曲程度）。

此练习也可以在肋木架上完成（见本章的练习5），但是动作的舒适度可能较差。

❋ 腓肠肌和比目鱼肌向远端插入的肌腱最恰当的名称是"小腿三头肌肌腱"，也可称之为"跟腱"。

腘绳肌

提示

　　和其他类似练习一样，脊柱和头部须保持在一条直线上。柔韧性较差的练习者常常通过弓背使自己的躯干距离大腿越来越近，并认为这是因为他们在拉伸腘绳肌的训练中取得了进展，但事实并非如此。

　　为什么要屈曲一条腿呢？其实不屈曲也是可以的，但是当只拉伸一条腿时，屈曲另一条腿可以减少对髋关节的牵拉。

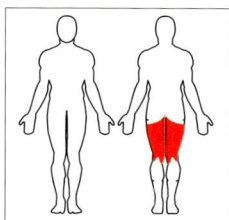

所涉肌肉

主要肌肉： 腘绳肌、腓肠肌、比目鱼肌。
次要肌肉： 臀大肌、股薄肌、缝匠肌、腘肌、股内收肌、趾长屈肌、趾短屈肌、跖肌。

动作要领

坐在地面上，屈曲一条腿，将这一侧的脚掌置于另一条腿的股内收肌处。向侧面伸直另一条腿，屈曲髋关节，使躯干向大腿靠近。

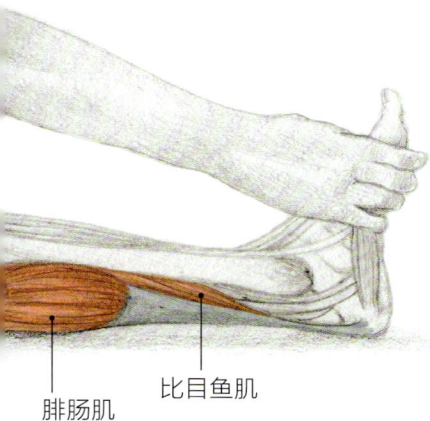

腓肠肌　　比目鱼肌

变式　一条腿在后

有些练习者会将不参与拉伸的那条腿屈曲并放在身后。这样做不会对拉伸的主要肌肉（腘绳肌、腓肠肌和比目鱼肌）造成影响，但可能会损伤膝部的某些结构，尤其是膝关节韧带。此变式也被称为"跨栏式拉伸"，它在体育训练中有着广泛应用。但实际上，即便用其他练习替换此变式，拉伸效果也不会发生改变。

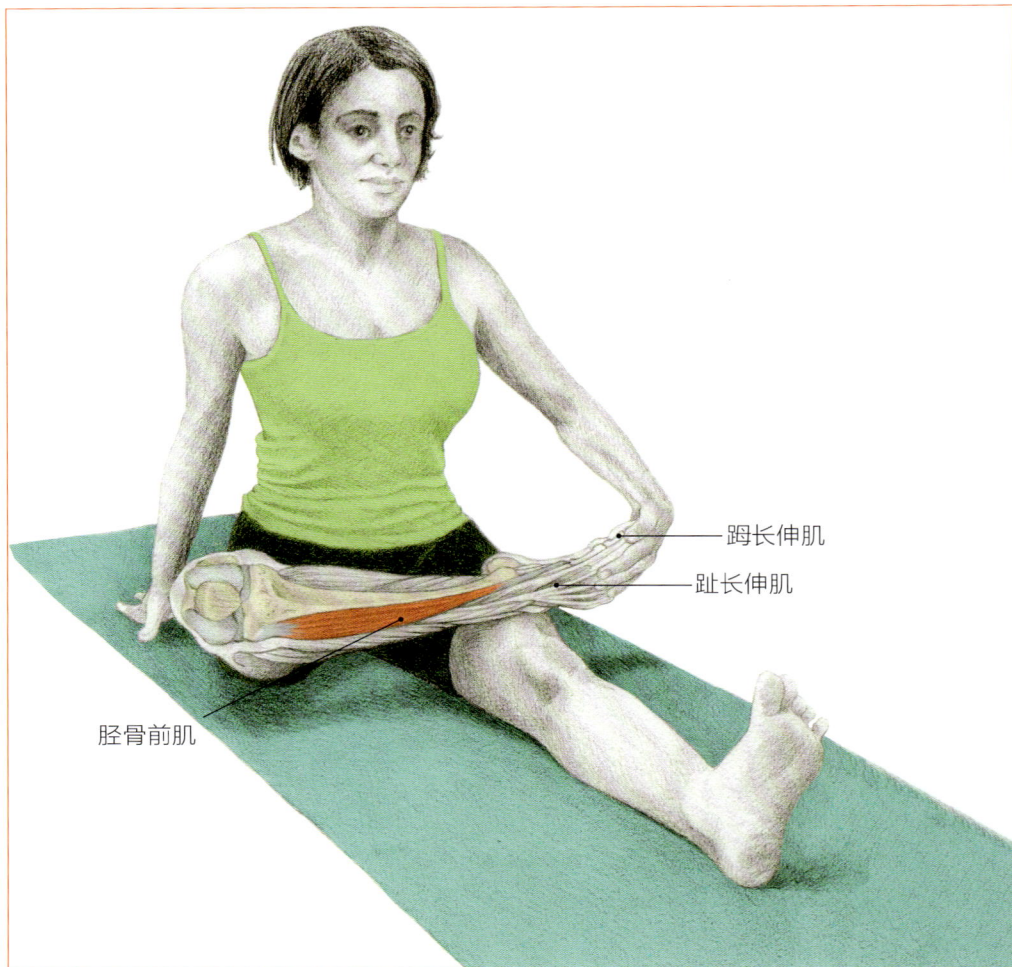

姆长伸肌

趾长伸肌

胫骨前肌

变式 1 · 坐在脚跟上

如果在地面上铺一张软垫，那么上述练习可以通过坐在脚跟上来完成，姿势如右图所示。整个脚背都应该放在地面上。

为了更好地拉伸胫骨周围的肌肉，你可以将另外一张软垫或一条折叠的毛巾放在脚面下（但不能放在脚踝下）。

如果用跖骨和脚趾支撑身体，那么拉伸的不是胫骨周围肌肉，而是脚趾的屈肌（足底屈肌）。

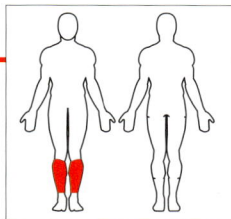

所涉肌肉

主要肌肉：胫骨前肌。
次要肌肉：蹈长伸肌、趾长伸肌。

动作要领

坐在地面或长凳上，将一条腿盘放在另一条腿上，用手牵拉脚背使足底屈曲，也就是说，将足底向内牵拉。

提示

拉伸胫骨前肌非常容易。理想情况是，用手抓紧脚和脚趾，以便逐渐将其向内牵拉，直到感觉小腿前侧肌肉在拉紧。虽然这不是一项非常流行的练习，但经常跑步的人都知道拉伸这部分肌肉的重要性。有时我们会因小腿持续的压力或炎症感觉疼痛，此练习也是预防和缓解这些症状的方法之一。

如果你没有将整个脚背和脚趾同时进行拉伸，而只是拉伸了脚趾，那么你拉伸的肌肉只有趾长伸肌和趾短伸肌。

变式 2　坐在双腿中间

此变式与前一个变式的动作基本相同，但此时要将双腿微微分开，坐在双腿之间的地面上。

我一般不推荐选用此变式，因为此变式中的坐姿会压迫膝关节，而且在膝关节过度屈曲的情况下还会使膝关节旋转。一些柔韧性非常好的人经常采用这种坐姿（比如资深瑜伽和舞蹈练习者），但其实应避免采用这个坐姿进行拉伸练习。我们的身体可以完成某一动作或做出某种姿势并不意味着我们一定要这样做。

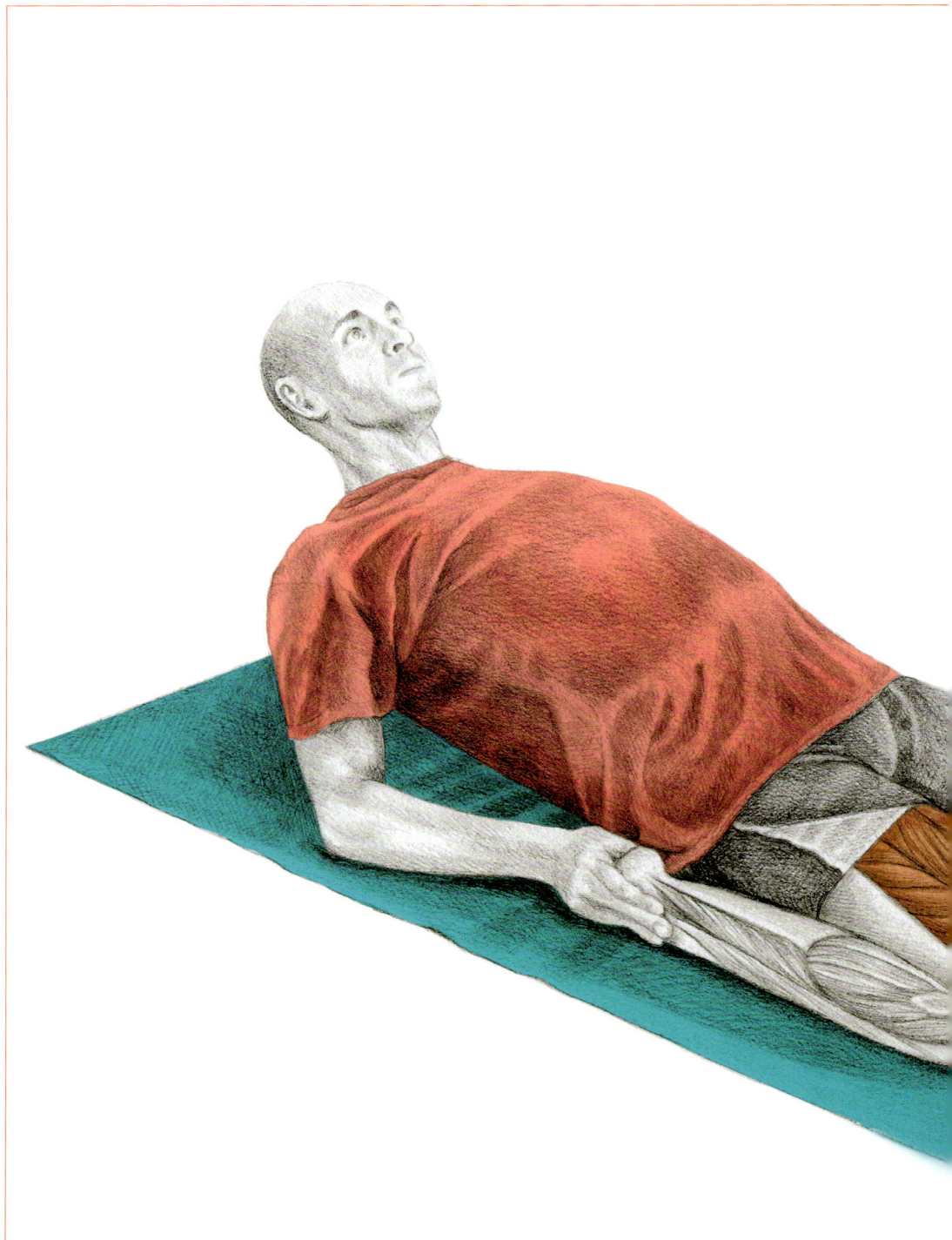

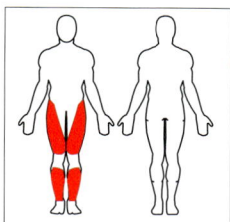

主要肌肉： 股四头肌。

次要肌肉： 髂腰肌、胫骨前肌、跚长伸肌、趾长伸肌。

动作要领

练习时最好在地面铺一张软垫。坐在脚跟上，伸展髋关节，使身体在重力作用下以一种可控的方式向后倒。

提示

此练习与本章练习 9 的变式 1 十分相似，但不同的是，此练习要求身体向后倒，以达到拉伸股四头肌的目的。此外，此练习还可以拉伸髋关节屈肌。

由于这个身体向后倒的姿势并不舒适，所以选择此练习的人很少，并且它针对的肌肉也可以通过其他更舒适、有效的方法来拉伸。并非所有拉伸动作都是舒适的（拉伸训练与其他体育训练一样，都需要努力去适应），有些练习不仅舒适度不高，并且即使通过努力也未必能获得良好的锻炼效果。运动员对于训练中的不适和体力消耗的耐受程度通常高于久坐不动的人，但我们也不能将努力与良好的锻炼效果混为一谈。

股四头肌

✳ 在剧烈运动之前不应做一些复杂的拉伸练习。在热身和正式训练之间应安排一些简单容易的拉伸练习，这样更安全也更明智。

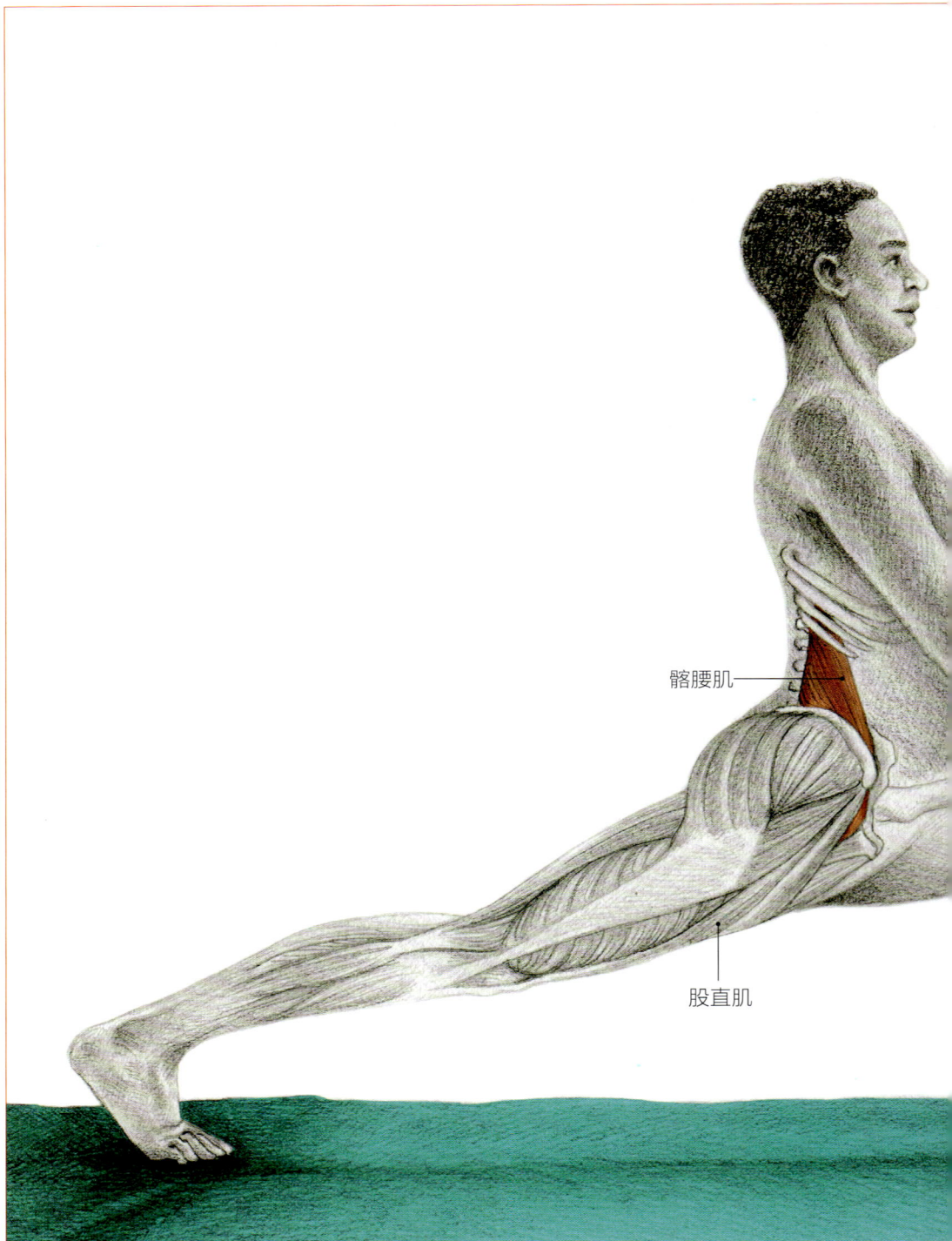

髂腰肌

股直肌

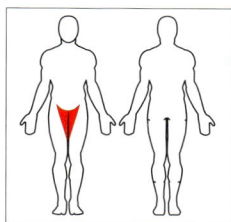

所涉肌肉

主要肌肉：髂腰肌。
次要肌肉：股直肌、股内收肌、耻骨肌、臀大肌。

动作要领

　　双脚站立，一条腿向前迈一大步。伸直后面那条腿，用脚趾支撑地面。屈曲前面那条腿，使大腿与小腿成直角。将身体的大部分重量放在前面那条腿上，膝盖始终不得超过脚尖。将身体的重心逐渐下移（即骨盆靠近地面），以拉伸目标肌肉。

提示

　　这是一项简单且常用的拉伸练习，通过它你可以更好地拉伸髋关节屈肌。为了保持平衡，你可以将双手放在前面那条腿或一侧的凳子上。保持身体平衡对于正确完成练习起着至关重要的作用。

　　如果只能选择一项练习来拉伸髂腰肌，那么你可以选择此练习，因为它既简单又有效。你也可以将脚背而非脚趾支撑在地面上，在这种情况下，你着重拉伸的就是胫骨前肌。

变式　利用支撑物

　　此变式的动作与主要练习基本相同，不同的是此时前面那只脚踩在支撑物上。虽然二者对肌肉的拉伸效果差不多，但是我仍然推荐你选择主要练习。

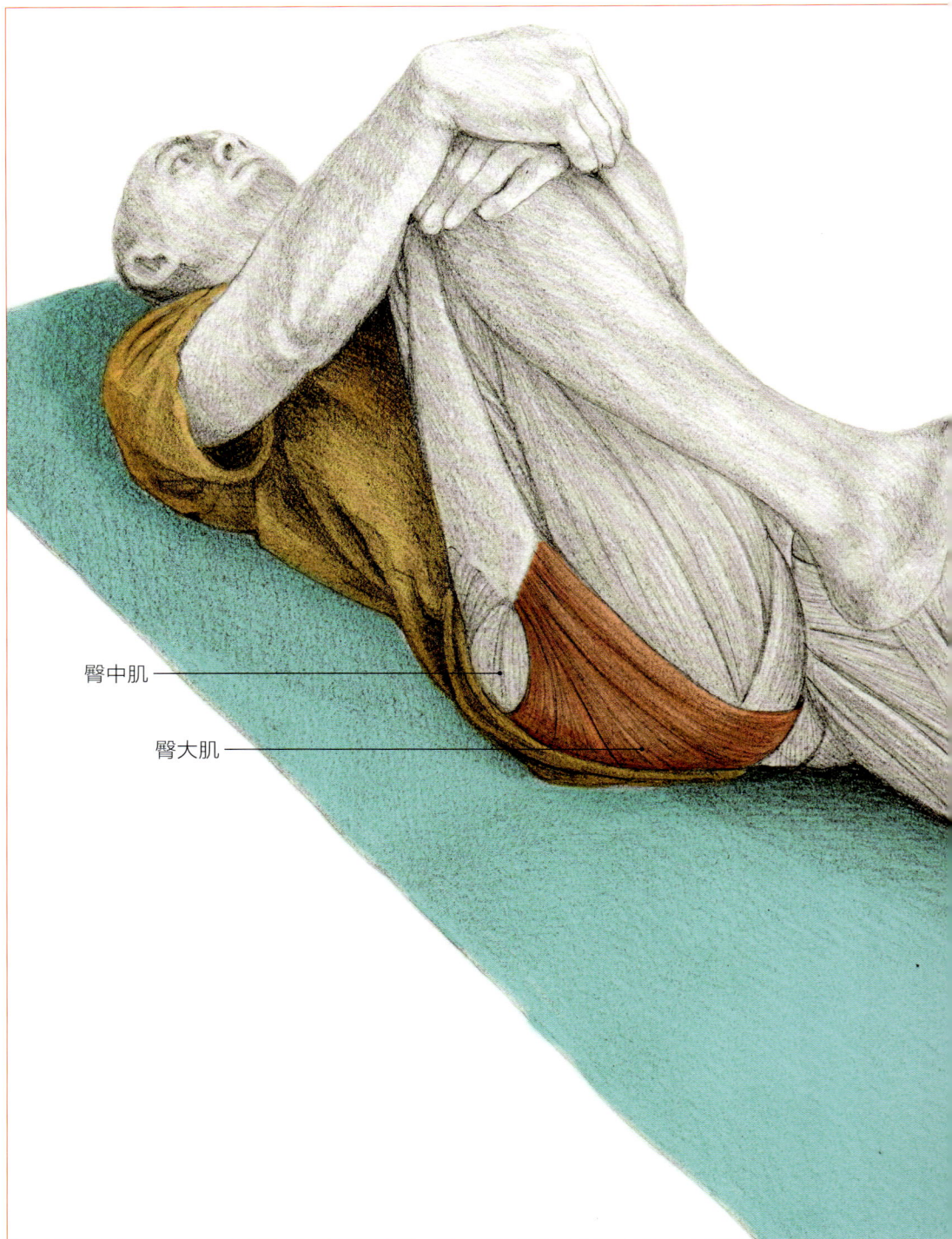

臀中肌

臀大肌

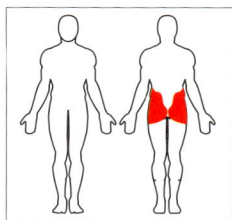

所涉肌肉

主要肌肉：臀大肌。
次要肌肉：臀中肌、臀小肌、髂腰肌。

动作要领

仰卧，屈曲一条腿（既要屈曲髋关节，也要屈曲膝关节），用双手环抱腿，将腿向胸部按压。另一条腿保持伸直。

提示

此练习不仅可以拉伸抬高的那条腿的臀大肌，同时也可以拉伸另一条腿的髋关节屈肌。柔韧性较差的练习者可能无法保证伸直的那条腿紧贴地面，为了避免腿不自主地抬起，可以将腿放在肋木架横杆下面。

在此练习中，如果有同伴辅助，效果会更好。同伴可以将练习者抬起的腿压向其躯干，同时将其另一条腿固定在地面上保持不动；也可以将自己的腿压在练习者的胫骨上，目的是使练习者在腿不离开地面的同时，以更舒适的方式完成练习。

✳ 腘绳肌缺乏柔韧性可导致腰部不适。为了预防这种情况，拉伸是非常必要的。

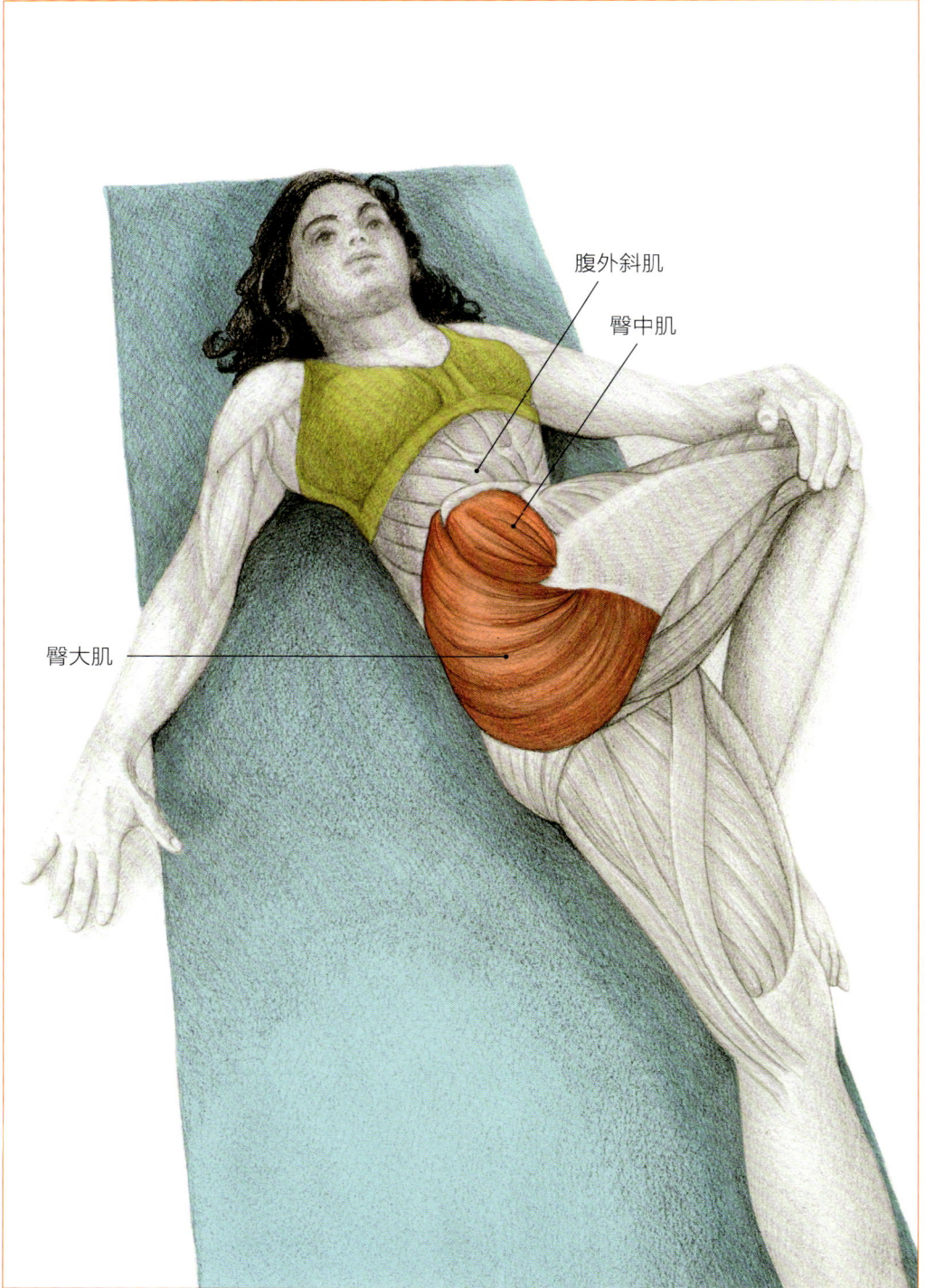

腹外斜肌

臀中肌

臀大肌

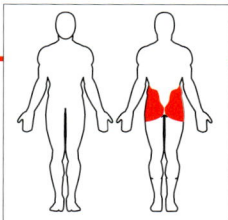

所涉肌肉

主要肌肉： 臀大肌、臀中肌。

次要肌肉： 腹外斜肌、腹内斜肌、梨状肌、孖肌、闭孔外肌、闭孔内肌。

动作要领

仰卧在地面上，屈曲一条腿（既要屈曲髋关节也要屈曲膝关节），用另一侧的手将屈曲的腿掰到对侧。另一只手臂紧贴地面。头保持向前或转向被拉伸侧，整个过程都要避免躯干离开地面。

提示

进行这项练习时，身体柔韧性良好的人可以将膝关节压到另一侧的地面上，同时保持不参与按压的手臂紧贴地面，躯干也不发生旋转。练习中臀部外侧的拉伸感应十分明显。此练习不仅可以拉伸左页图中所示的大肌肉，还可以拉伸包裹在脊柱外侧的一系列小肌肉。

练习中如果伸直膝关节，那么腘绳肌也将被拉伸。如果将髋关节进一步屈曲，则着重拉伸梨状肌。拉伸使髋关节外展的肌肉（臀中肌、阔筋膜张肌等）的练习可以参照本章练习 4 的变式 1，但要以坐姿完成并将双腿交叉。

物理治疗师也会使用此练习来矫正脊柱，这时，一些椎骨可能会发出响声，对健康人来说，这并不意味着身体有问题（参见第六章练习 7 的相关内容）。

变式 1　坐姿

动作与主要练习基本相同，但是此时身体要坐直，且牵拉膝关节的力量更大。此变式在瑜伽中十分常见，同样，它在一些体育训练中也非常流行。

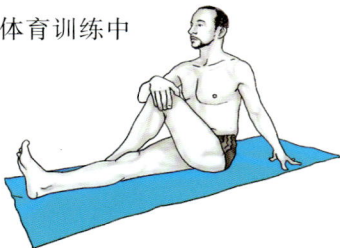

变式 2　腿部伸展程度较大

与上一个变式相比，此变式中被拉伸的腿要向下伸展（既要伸展髋关节，也要伸展膝关节）。在这种情况下，着重拉伸的是臀中肌和臀小肌，对臀大肌的拉伸效果不明显。

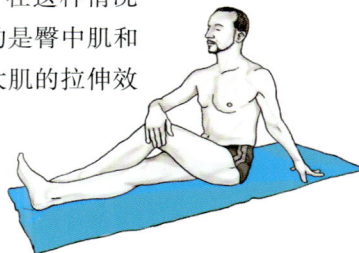

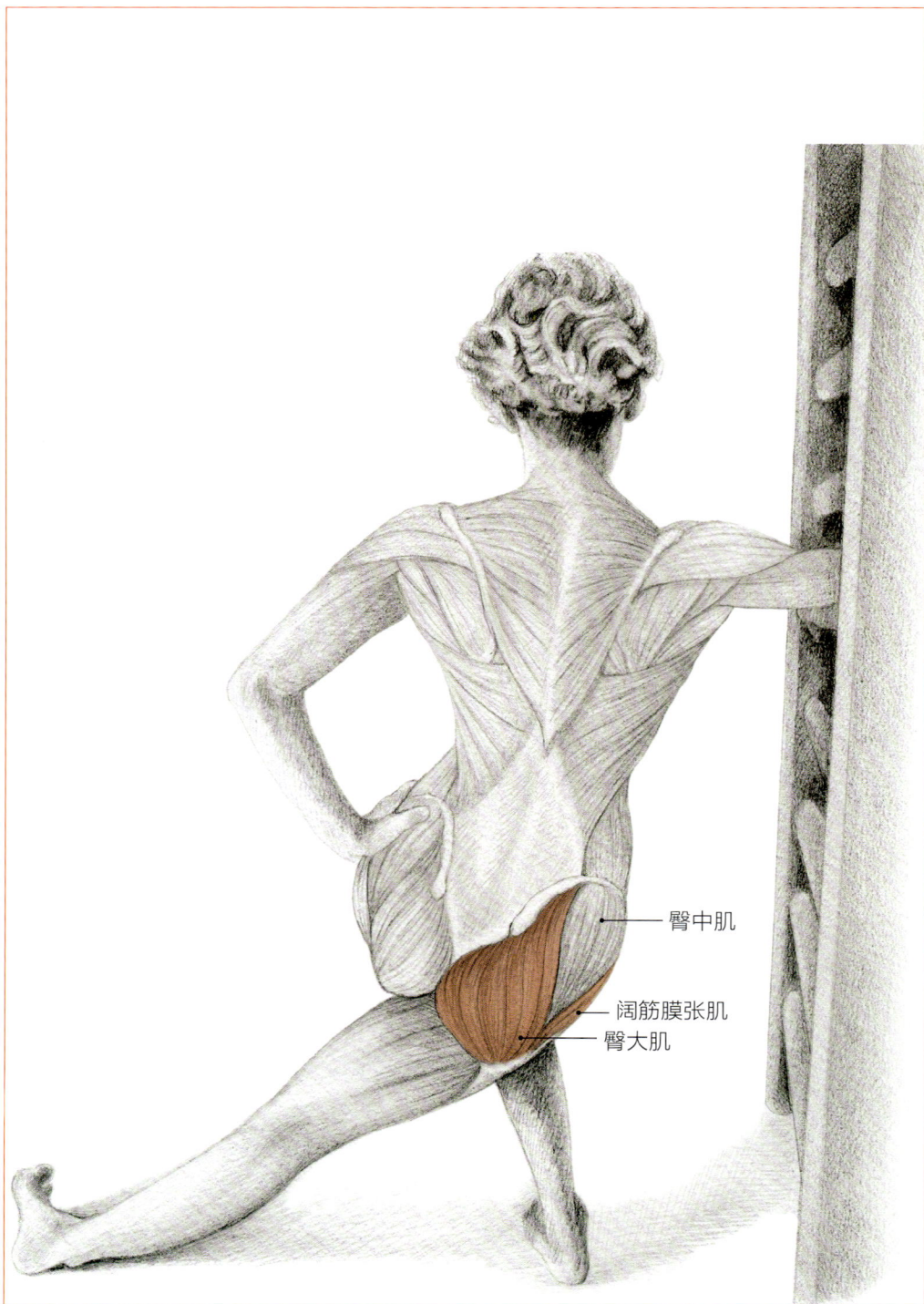

臀中肌

阔筋膜张肌

臀大肌

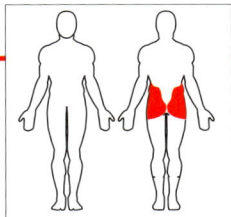

主要肌肉：臀大肌（浅层纤维）、阔筋膜张肌。
次要肌肉：臀中肌。

动作要领

　　站立，从侧面抓住一个支撑物（最好是肋木架，因为它在每个高度都有横杆）。靠近支撑物的腿向后伸并与另一条腿（保持稳定）交叉。慢慢将身体重心向下移，同时使后面那条腿以幅度更大的内收姿势下移。

提示

　　虽然你会感觉到支撑腿的臀中肌和股四头肌（即使在静态的站立姿势下，它们也是保持稳定的主要肌肉）在拉紧，但这只是体位性紧张，你真正拉伸的是另一条腿。

　　在拉伸髋关节时，拉伸内收肌非常容易，但是拉伸外展肌却不那么舒适。

　　练习中躯干应保持稳定、竖直，不能倾斜，否则会减弱拉伸效果。如果动作正确，你的整条腿的侧面，从髋关节到膝关节，都有明显的拉伸感。

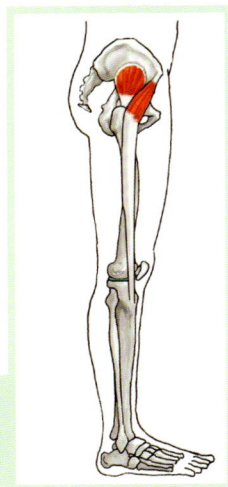

✲　　负责髋关节内收功能的主要肌肉被称为"髋内收肌"（也称"股内收肌"），但是负责外展的肌肉却一般不叫"髋外展肌"，而是叫"使髋关节外展的肌肉"，或最好直接叫各肌肉的具体名称。

153

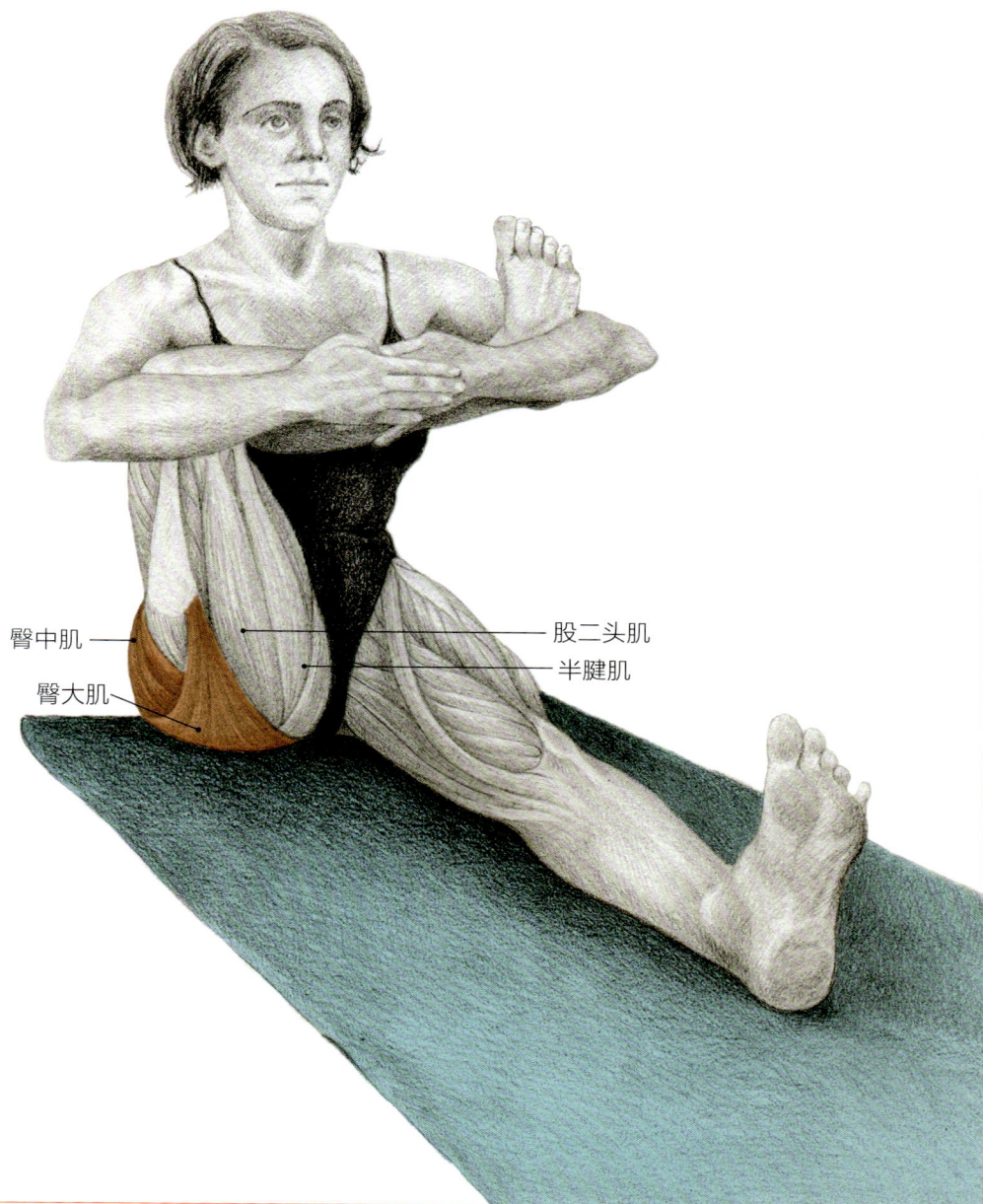

臀中肌 ——

臀大肌 ——

—— 股二头肌

—— 半腱肌

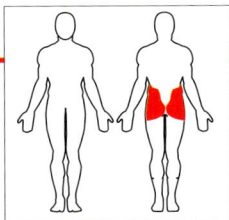

主要肌肉: 臀大肌、臀中肌。
次要肌肉: 梨状肌、腘绳肌。

动作要领

　　背靠墙坐在地上,屈曲一条腿并将其抬至胸前,用双臂将这条腿环抱住。放在地面上的腿须始终保持伸直。

提示

　　双臂要抱住抬起的整条腿,尤其要将膝盖抱住,目的是将力量集中在臀部肌肉和周围肌肉。如果只抱住脚,那么膝盖上的压力会产生阻碍拉伸的反作用力。

　　如果练习中感觉不适,那么可以进行如下调整:站在与髋部等高的桌子前面,将一条腿侧放在桌子上(腿的侧面接触桌面),然后逐渐地将躯干向桌面靠近。

　　练习中最常见的错误就是腹部发力使躯干屈曲,以缩短腿部和胸部之间的距离。正确的姿势是:背部紧贴墙壁,并且坐骨应该正确地支撑在地面上。

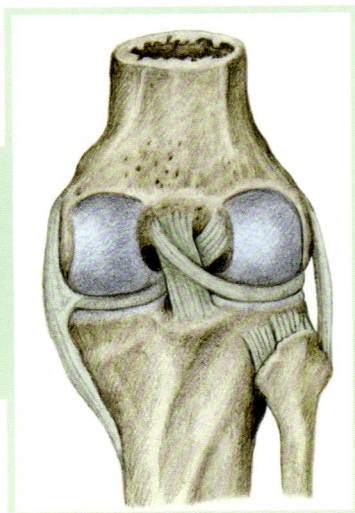

　　膝关节在伸直时不能旋转,在屈曲时旋转角度也有限(内旋大约30°,外旋大约40°)。这是因为膝关节屈曲时会拉伸韧带,韧带被拉长后就会想办法收紧,从而使膝关节的旋转角度受限。膝关节韧带的这一特点虽然对于行走和跑步的稳定性十分重要,但它也是在某些体育运动(如足球、滑雪、网球、武术等)中膝关节韧带损伤的主要原因。

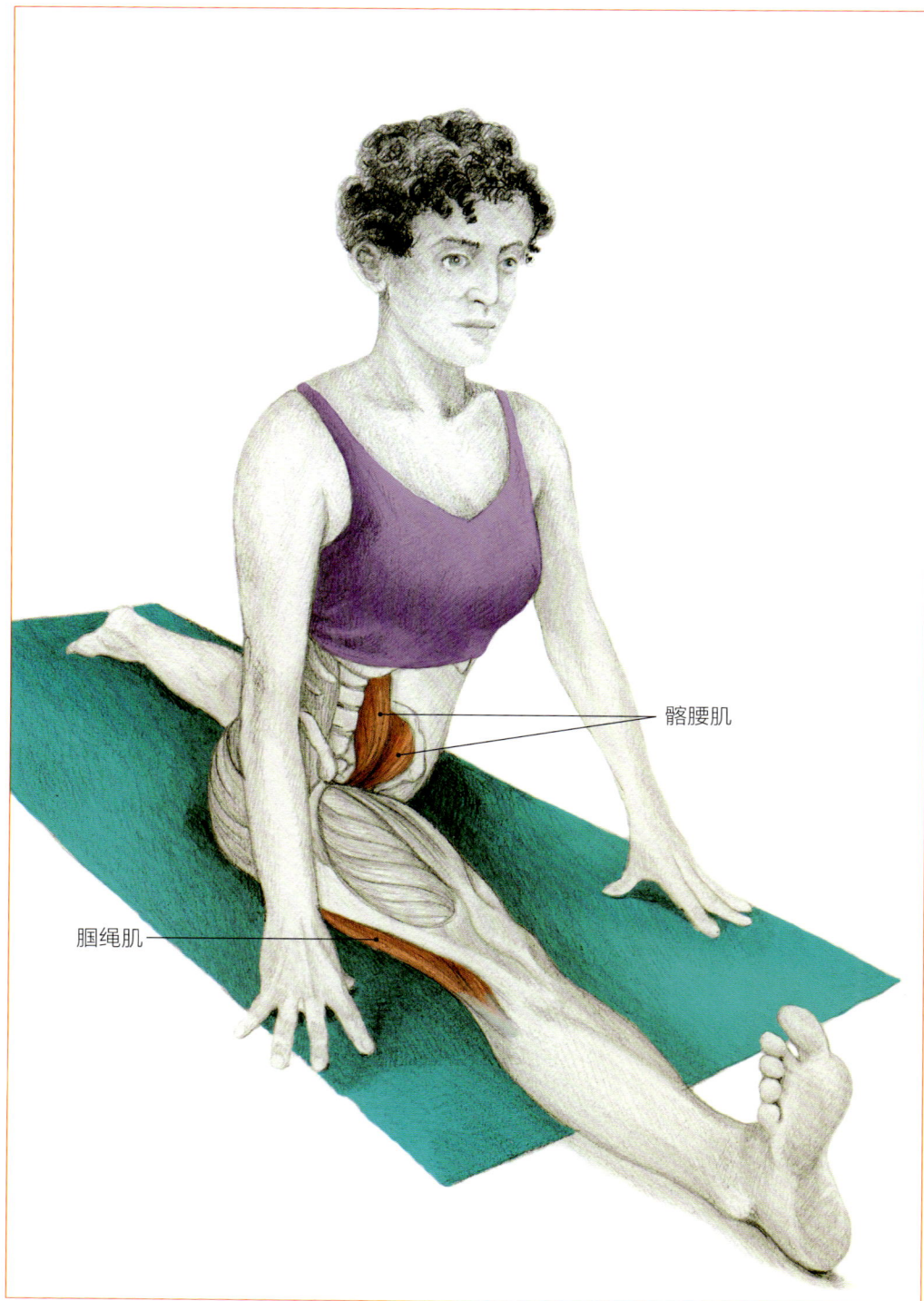

髂腰肌

腘绳肌

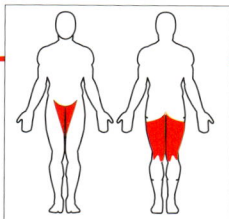

所涉肌肉

主要肌肉： 腘绳肌、髂腰肌。
次要肌肉： 股内收肌、缝匠肌、腘肌、耻骨肌。

动作要领

　　站立，一条腿向前迈一大步，身体下移。同时两条腿一条向前移，另一条向后移，前面那条腿应保持伸直，后面那条腿可以微微屈曲。在动作最低点，保持姿势一段时间，在这个过程中，前面那只脚的脚后跟和后面那只脚的脚背要支撑住地面。

提示

　　对于这项人人熟知的拉伸练习，初学者一般无法完全将双腿劈开坐在地面上。你可以测量一下身体与地面之间的距离，将其作为每月训练计划的参考。

　　坐在地面上练习时，双腿拉伸的最大程度就是紧贴地面。如果想让双腿得到更大程度的拉伸，即有足够的空间让身体继续下移，则需要将双腿分别放在两个支撑物（比如两把椅子或两个长凳）上，但通常没有必要这样做，因为几乎没有人需要把双腿拉伸到这种程度。

* 一般来说，女性的柔韧性比男性要稍微好一些，原因包括骨骼和肌肉体积较小、妊娠和分娩的需要、雌激素的作用等；也有一些文化因素，比如传统社会认为男人是力量的载体，女人是柔韧性的载体。但也有例外，比如，男人的下颌和手指往往比女人的更灵活。

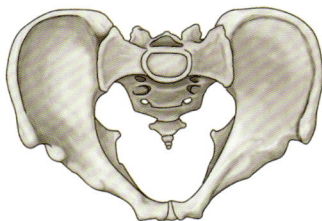

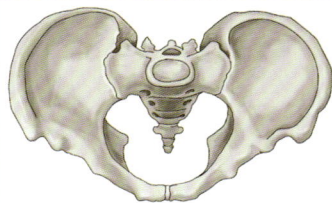

长收肌

短收肌

大收肌

腘绳肌

变式 1　身体向前屈曲

　　为达到双腿分开的最佳效果，可以将躯干压向地面。

　　在此变式中，股内收肌的拉伸效果不变，但同时髋关节的伸肌（腘绳肌、臀大肌等）也得到了拉伸。要记住的一点是，在将躯干压向地面时，要屈曲髋关节而非背部。

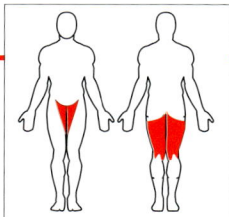

主要肌肉： 大收肌、长收肌、短收肌。
次要肌肉： 股薄肌、髂腰肌、腘绳肌。

动作要领

坐在垫子上，最好背靠墙壁（尤其是初学者）。双腿分开尽力向外伸展，在这个过程中，膝关节始终保持伸直，双脚的脚跟紧贴地面。

提示

利用此练习能快速测试出股内收肌的柔韧性。随着柔韧性不断提高，你需要用双手（或在同伴的辅助下）在双腿自然打开的基础上施加压力，以加大拉伸程度。

如果腘绳肌妨碍了股内收肌的拉伸，那么只要轻微地屈曲膝关节，将臀部与墙壁稍微分开就可以达到伸展髋关节的目的，或者用其他练习（比如本章的练习18）来代替。此外，你如果希望腘绳肌等肌肉得到拉伸，则应该将膝关节压向地面（手压在大腿上，而不是直接压在膝盖上）并保持躯干伸直或略微屈曲。

如果没有墙壁作为支撑，那么应将双手支撑在身后以保持身体稳定。由于这样做比将背部完全靠在墙壁上更容易伸展髋关节，因此腘绳肌对拉伸股内收肌的阻碍通常较小。

如果有同伴辅助，最好让同伴从你的膝盖（而不是脚部）处将双腿向外推，这样做可以避免膝关节韧带（比如内侧副韧带）过度紧张。

尽管一些经过长期训练的人可以毫不费力地做到横劈叉，但横劈叉会压迫膝关节，且效果与其他练习相比无明显差别，因此不推荐。

变式2　双腿抵住墙壁

此变式的姿势与主要练习的类似，但是在这里，背部支撑地面，髋部紧贴墙壁，双腿外展靠在墙面上。此变式拉伸的肌肉与主要练习的一样，只是动作舒适度不同。

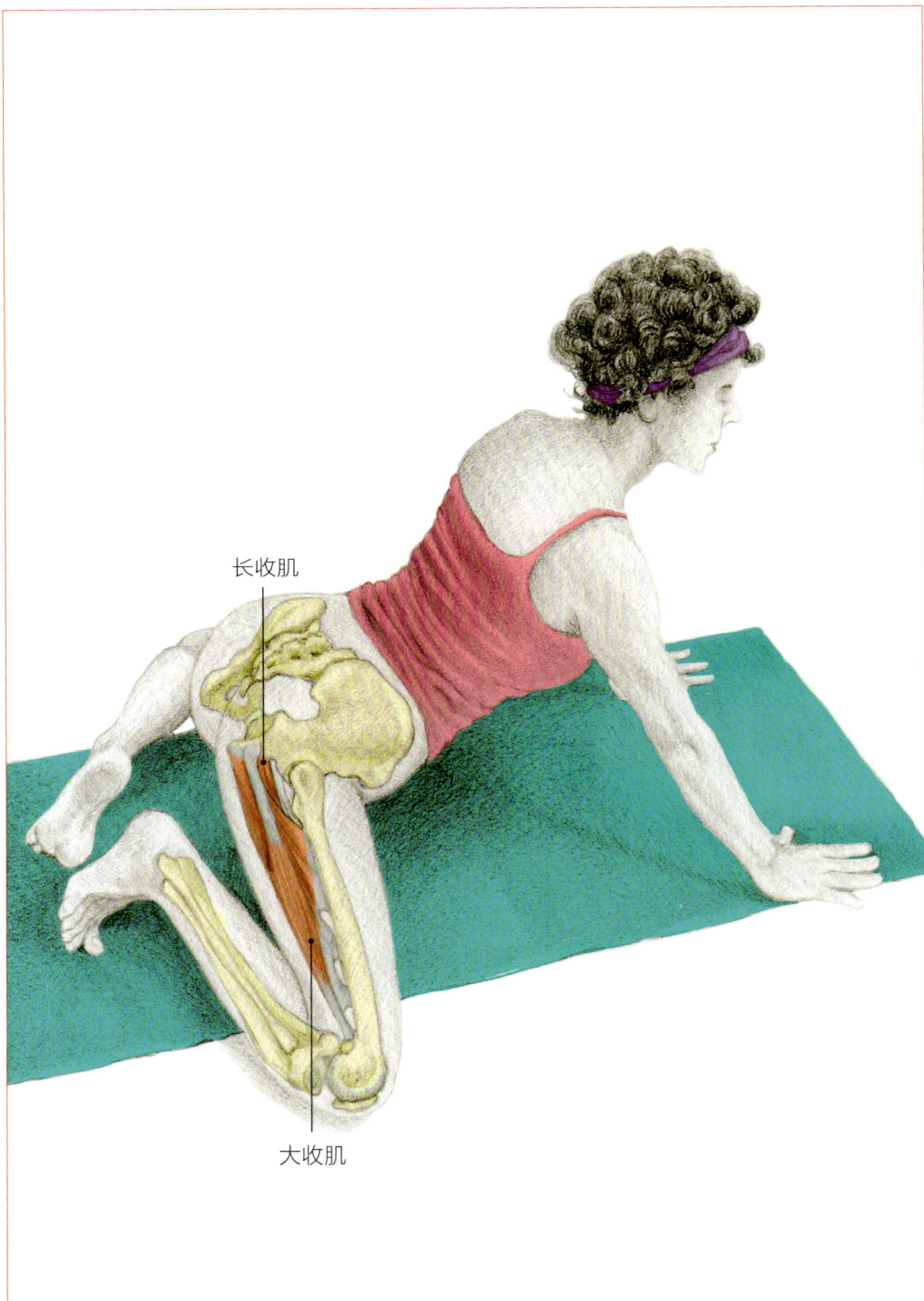

长收肌

大收肌

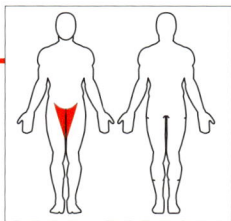

所涉肌肉

主要肌肉：大收肌、长收肌。
次要肌肉：短收肌、髂腰肌。

动作要领

跪趴在垫子上，用双手和双膝支撑地面，通过分开膝关节来打开髋关节，使骨盆靠近地面。到达动作最低点时，可以将前臂和肘部支撑在地面上，解放双手，这样不仅姿势更舒适，而且可以防止脊柱过度紧张。

提示

练习中应使骨盆垂直降低，不能向后移动，也不能像要坐在自己的脚跟上一样，否则股内收肌得不到充分拉伸。只有当连接髋关节的骨头碰到一起，才可以稍微屈曲髋关节，以便继续拉伸。

由于靠髋部自身的重量无法达到充分拉伸的目的，因此必须使髋部肌肉发力向下压。如果有同伴辅助练习，同伴可以对练习者的髋部施加压力，但要注意不能将整个身体压在练习者的髋部。

此练习应在瑜伽垫上完成，否则膝盖会受伤。此外应该注意的是，双腿在突然或被迫外展时，股薄肌是肌内收肌中最容易受伤的肌肉。

* 我们常说的橘皮组织不会因拉伸而消失。实践证明，拉伸、按摩、热敷或冰敷都不能让它消失。除了手术，只有合理饮食和有氧运动可以显著改善身体某些部位脂肪和体液的异常积聚。

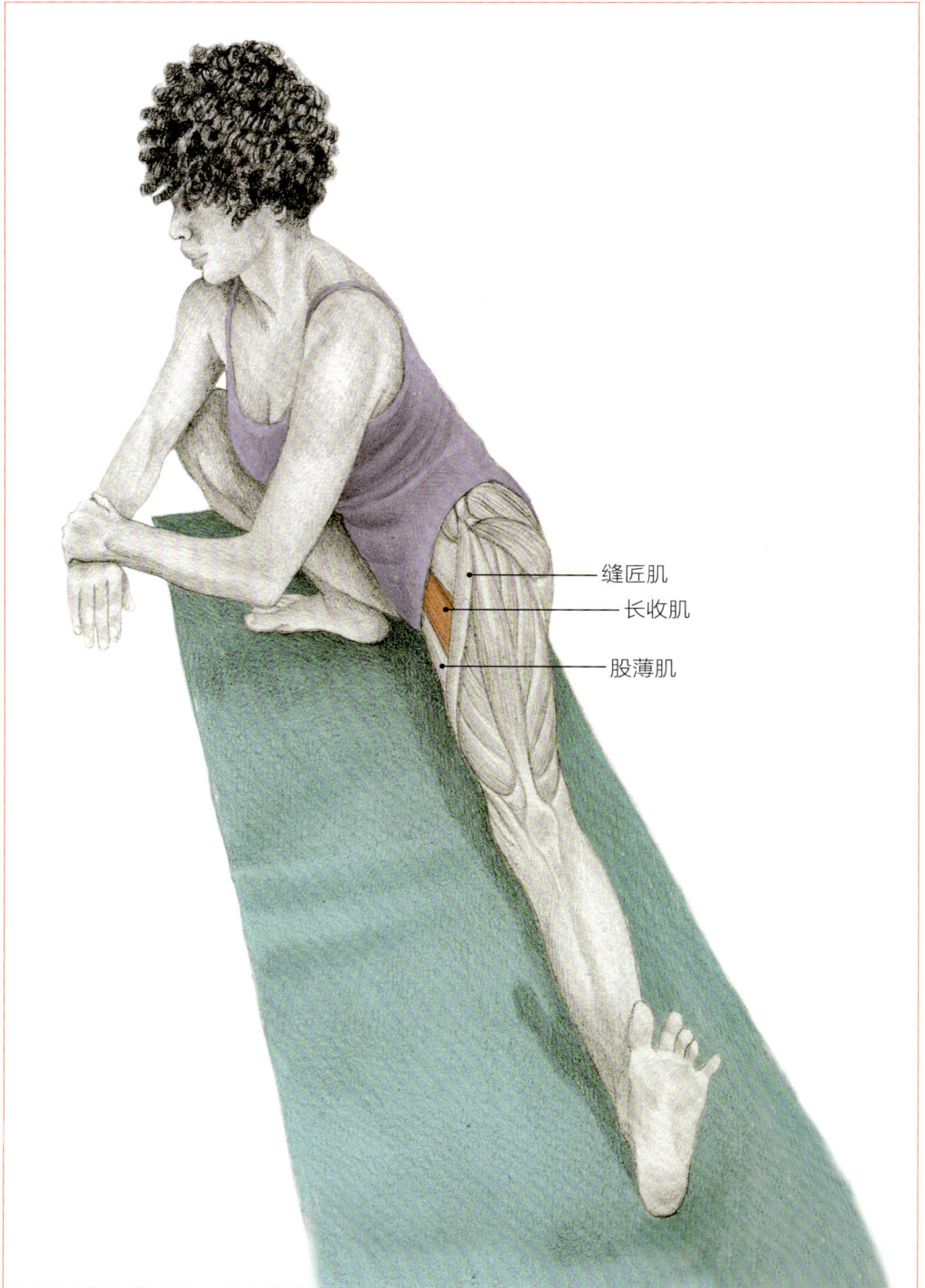

缝匠肌

长收肌

股薄肌

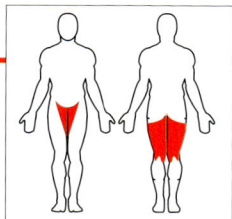

所涉肌肉

主要肌肉： 长收肌。
次要肌肉： 腘绳肌、股薄肌、缝匠肌、腘肌。

动作要领

　　站立，将一条腿侧向迈出一步，同时身体向下蹲。结束姿势为一条腿屈曲，另一条腿伸直，伸直的腿这一侧的脚跟支撑在地面上。在整个练习过程中要保持背部平直。

提示

　　此练习主要拉伸的肌肉是长收肌。为了达到良好的拉伸效果，被拉伸的腿应该保持膝关节完全伸展。此外，在任何情况下，你都不应进行弹震拉伸，而这种拉伸方式在几年前经常被人们采用。

　　你还可以用另一种方法来完成练习：不将脚跟支撑在地面上，而让脚的内侧面着地。但我不建议使用这种方法，因为它会对膝关节（尤其是对膝关节内侧韧带）造成不必要的压力。你也可以采用半蹲姿势来完成此练习，练习时伸直的腿处于内收姿势（脚的内侧面着地）。

变式　利用支撑物

　　此变式与主要练习动作相似，但这里要将一条腿放在凳子上（凳子上最好放上软垫，通常是将脚跟放在凳子上）。需要避免的错误和主要练习中的一致：不要进行弹震拉伸。

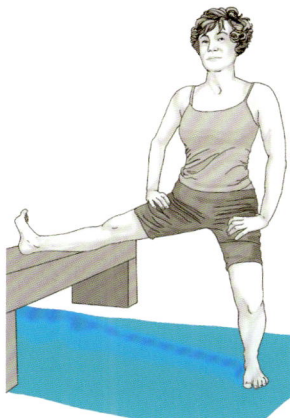

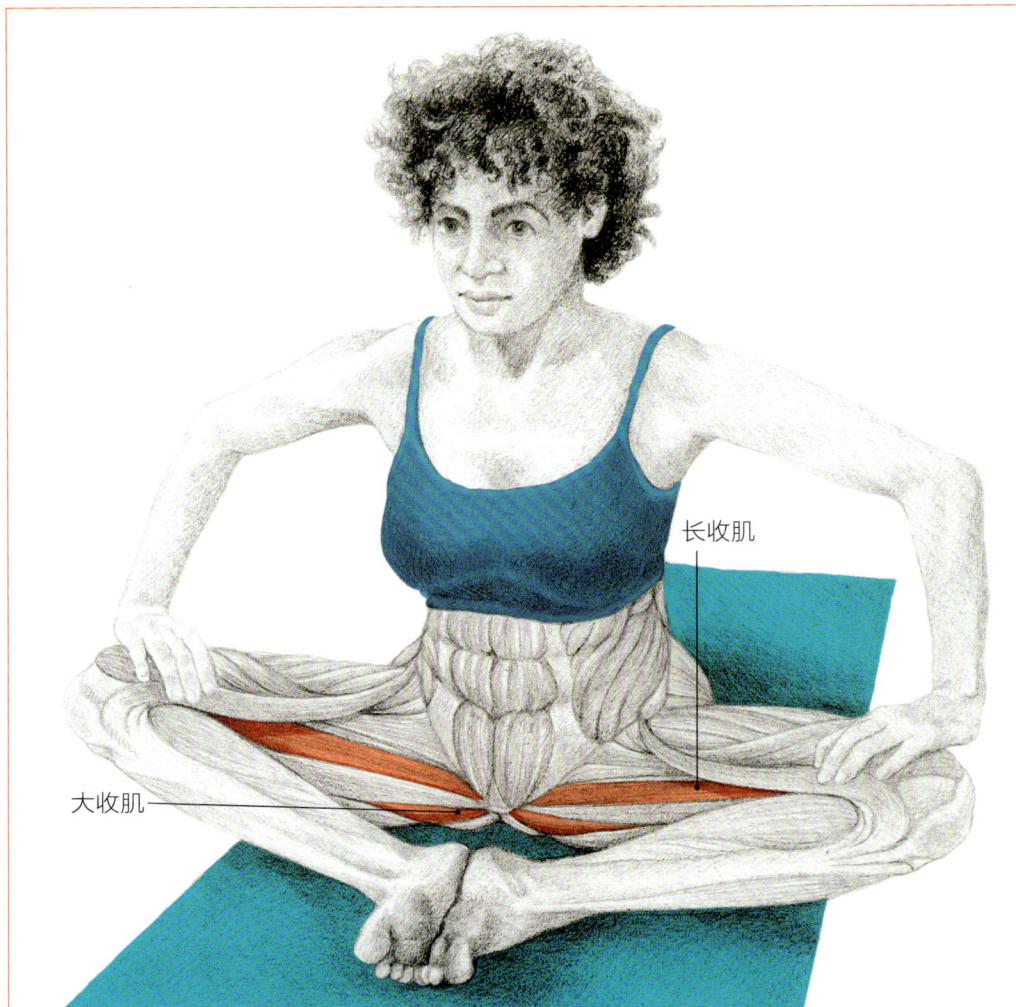

长收肌

大收肌

变式 1 仰卧并有同伴辅助

随着练习的深入，你施加在膝盖上的压力通常不足以对目标肌肉进行充分拉伸。此时你可以平躺在地面上，让同伴帮助你按压膝关节。同伴要用自己的膝盖夹住你的双脚，以防你在感觉到拉伸力时不自觉地伸展双腿。此变式非常适合拉伸股内收肌。你的同伴需要注意的是，由于他整个身体的重量都将压向你的膝关节，因此他必须调整好力量以免你受伤。

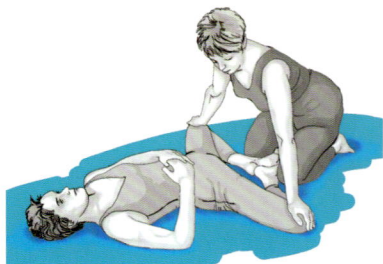

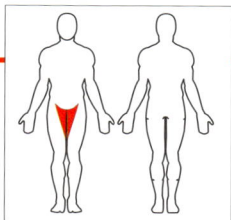

所涉肌肉

主要肌肉： 股内收肌。
次要肌肉： 腘绳肌、缝匠肌、腘肌。

动作要领

坐在地面上，最好背靠墙（尤其是初学者）。双脚脚掌相对，双腿外展，膝关节屈曲，双手向下按压双膝。

提示

练习时注意脚跟应尽量靠近骨盆。不建议做摆动拉伸，即不要将膝盖反复压向地面，因为这会引发肌紧张反射，进而影响拉伸效果。

膝关节屈曲时拉伸股内收肌的好处是，避免了腘绳肌对拉伸的阻碍（比如本章练习17中发生的情况）。如果你需要同伴的辅助，可以让同伴坐在你身后，用双脚对你的双膝施加压力。但下面介绍的变式动作会更舒适一些。

变式 2　一条腿伸直，另一条腿完全屈曲

此变式的起始姿势与主要练习的相同。将一条腿向前伸直，然后缓慢将身体向前压。与主要练习不同的是，除了处于屈曲状态的那条腿的股内收肌，此变式主要拉伸的肌肉还有向前伸直的那条腿的腘绳肌。

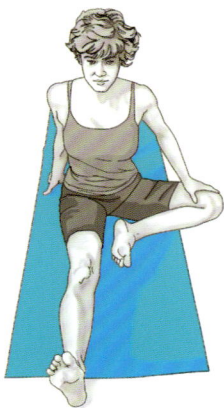

变式 3　一条腿伸直，另一条腿半屈曲

与主要练习相比，此变式对短收肌的拉伸程度较大，对其他股内收肌的拉伸程度较小。改变膝关节的屈曲程度不会显著影响大收肌的拉伸效果，因为大收肌的拉伸程度只与股骨的屈曲和伸展有关。

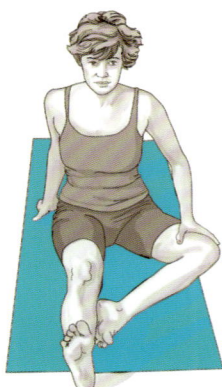

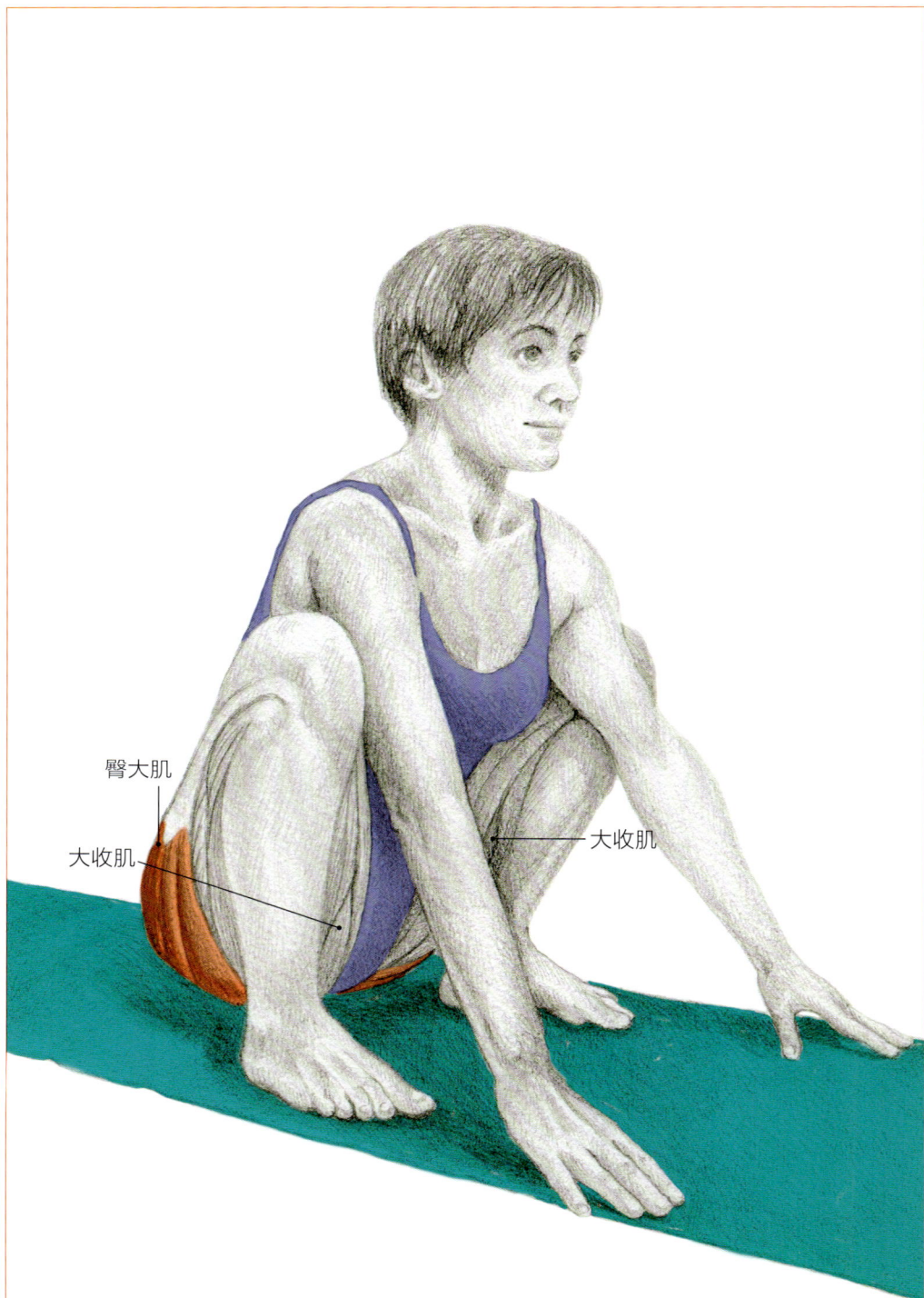

臀大肌

大收肌

大收肌

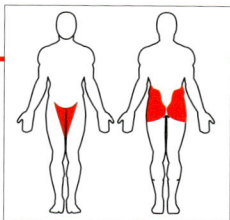

所涉肌肉

主要肌肉：臀大肌。
次要肌肉：股内收肌、臀中肌。

动作要领

起始姿势为站立，然后下蹲，直至髋关节接近地面。注意，在这个过程中，双脚不能离开地面。

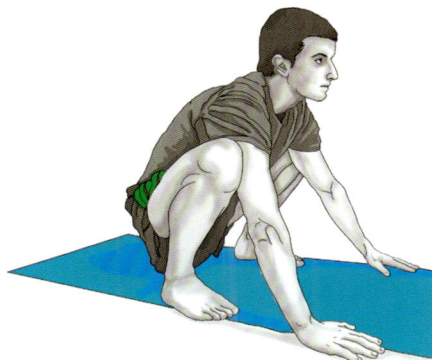

提示

为了保持平衡，双腿间距大于髋宽，双臂放在身体前面。对髋关节和踝关节活动性良好的人来说，可以将躯干向前倾并利用双臂（双臂抱腿或撑在地面上）保持稳定。找到平衡点后，建议放松身体并保持姿势一段时间。我不鼓励进行弹震拉伸。

也可以将双脚向外旋转45°，用手肘将膝盖向外推，从而对股内收肌进行拉伸。

如果很难保持平衡，也可以抓住身前的一个固定物体（比如一根横杆或类似物体），然后将身体的重心向下、向后移。

患有膝关节疾病的人应该避免这项练习，因为如果膝关节在负重的情况下屈曲超过90°，拉伸效果可能会适得其反。

蹲姿是儿童和许多成年人休息时所用的姿势。但是，如果姿势不正确，尤其是在蹲下身子抬重物时，会导致膝盖的某些结构（比如韧带或半月板）受到压迫。

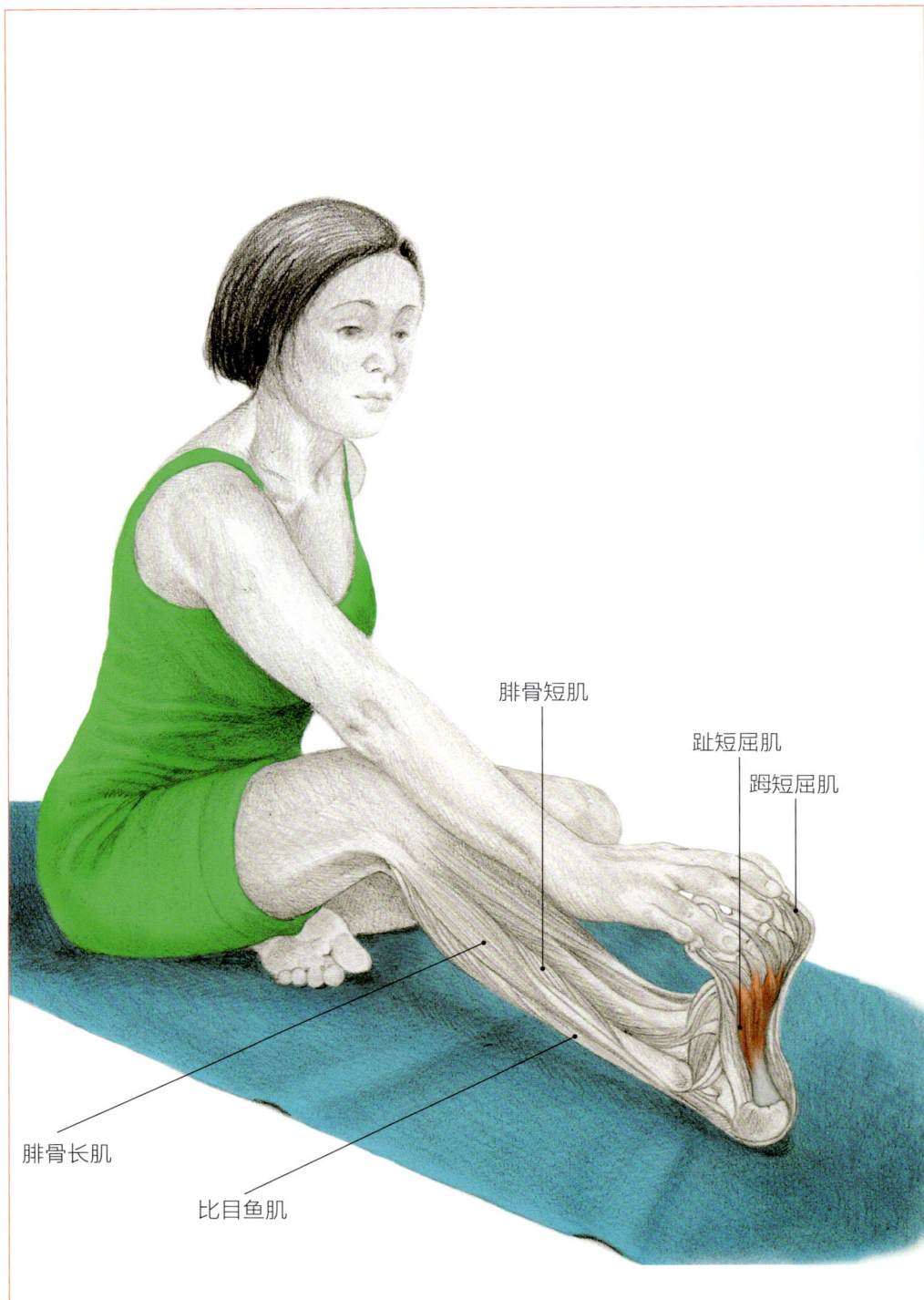

腓骨短肌

趾短屈肌

踇短屈肌

腓骨长肌

比目鱼肌

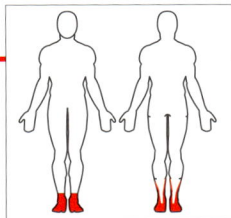

主要肌肉： 趾长屈肌、趾短屈肌。

次要肌肉： 姆短屈肌、比目鱼肌、跖肌、腓骨长肌、腓骨短肌、腓肠肌。

动作要领

坐在地面或长凳上，在手的辅助下使一只脚的脚背向胫骨方向屈曲。一开始，要用手抓住脚掌的大部分使脚背整体屈曲，之后可以逐步屈曲脚的各个部分。

提示

此练习可以拉伸小腿肌肉，当膝关节伸直时，拉伸的主要肌肉为腓肠肌和比目鱼肌；当膝关节屈曲时，拉伸的主要肌肉仅为比目鱼肌。

如果你拉伸的重点是趾长屈肌和趾短屈肌，那么你需要加大牵拉脚趾的力度。也就是说，你必须用多种方式来练习，以确保所有目标肌肉都被均匀拉伸。

在膝关节伸展的情况下，此练习可以替代之前介绍的站姿拉伸练习（本章的练习5和练习6）。相比之下，此练习的优点是，用手施加拉力比将身体全部重量放在脚跟上更平缓且可控；缺点是，并非每个人都有足够的柔韧性能够做到这一点——腘绳肌太紧张会使你无法在膝关节伸展的情况下用手握住脚。

* 骨筋膜室综合征是由骨筋膜室压力增大引起的病变，这种疾病在经常跑步（特别是在不适合跑步的地面上跑步）的人中很常见。患者的胫骨肌肉可能会红肿、发炎甚至会压迫血管和神经，拉伸和按摩胫骨区域可以在一定程度上缓解症状。骨筋膜室综合征的预防措施包括积累足够的跑步经验、熟练掌握跑步技巧、安排充足的间歇时间、穿适合跑步的运动鞋以及在合适的地面上跑步。

姆收肌

第 1~3 骨间足底肌

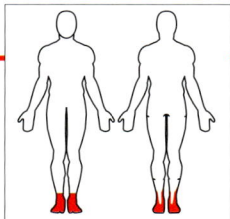

主要肌肉： 第 1~3 骨间足底肌、蹈收肌。

动作要领

在双手的辅助下，使双脚的每个脚趾与相邻的脚趾分开。

提示

这项练习不常用，它也不是一项基础练习，因为它拉伸的肌肉不需要经常被拉伸。但不可否认的是，有时鞋会挤压脚趾或将脚趾限制在某一位置，因此，这样的练习对于恢复脚趾的活动性是非常有用的。

赤脚行走，特别是在沙滩上赤脚行走，也是一种简单且有效的拉伸方式，尽管它不如逐根拉伸脚趾效果那样明显。在任何情况下，你都不应因为追求时尚而买下一双不合脚的鞋。你要记住，鞋不合脚不仅会伤害你的脚趾、脚踝，还会影响身体的许多部位（如膝关节、髋关节、脊椎等）。

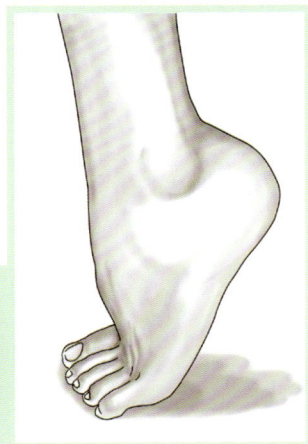

* 与其他灵长类动物相比，人类脚趾的发育十分不完全。有一种理论甚至认为，人类的小趾可能会在进化过程中消失。不过，就目前来说，脚趾在身体的静态和动态稳定中发挥着重要作用，我们必须确保它们健康、强壮并且灵活。

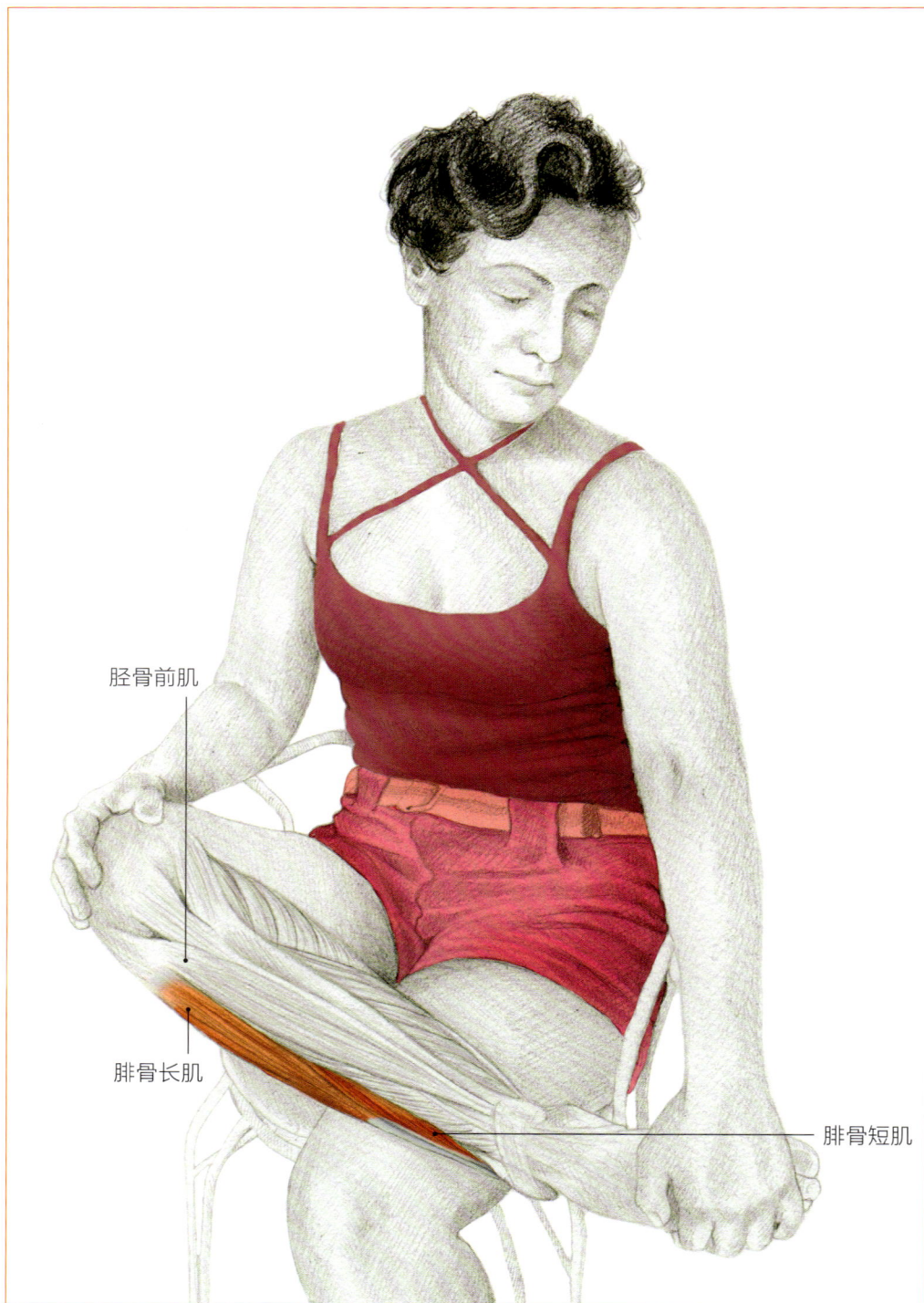

胫骨前肌

腓骨长肌

腓骨短肌

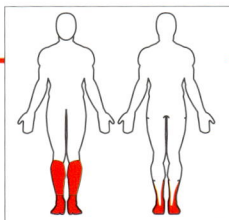

所涉肌肉

主要肌肉： 腓骨长肌、腓骨短肌。
次要肌肉： 胫骨前肌、胫骨后肌。

动作要领

坐在地面或凳子上，用手活动脚部，使脚的各部分产生拉伸感。关于踝关节的屈曲和伸展，可参见本章练习 5 的相关内容。

提示

仅仅让脚向各个方向旋转（即绕脚踝旋转）是不正确的，应该先将脚转到某一位置，然后保持姿势几秒钟，再换另一个位置。此练习调动和拉伸的肌肉和肌腱种类非常多，我在此只对主要的肌肉和肌腱进行简要介绍。

踝关节和膝关节是人体所有关节中最脆弱的，尤其是对运动的人来说。脚踝的力量、柔韧性和本体感受（对位置、方向和运动等的感觉）对关节的健康和疾病预防至关重要。在此练习中，掌握如何放松脚踝周围的肌肉非常重要，因为任何肌肉的紧张都会影响拉伸效果。

* 我们的腿部和脚部有十分强壮的肌肉和韧带，原因很明显，因为这两个部位支撑着我们整个身体的重量。就像在建筑物中，低层的柱子往往比高层的柱子更坚固。直立行走使人类身体的全部重量都要由双脚承受，好在脚部特有的拱形结构能够合理地分散重量。良好的走路习惯以及维持肌肉和韧带健康对于平衡脚部力量与灵活性起着十分重要的作用。

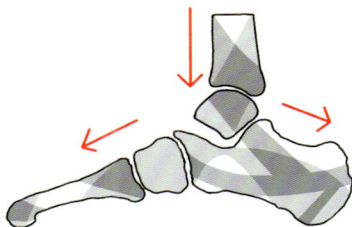

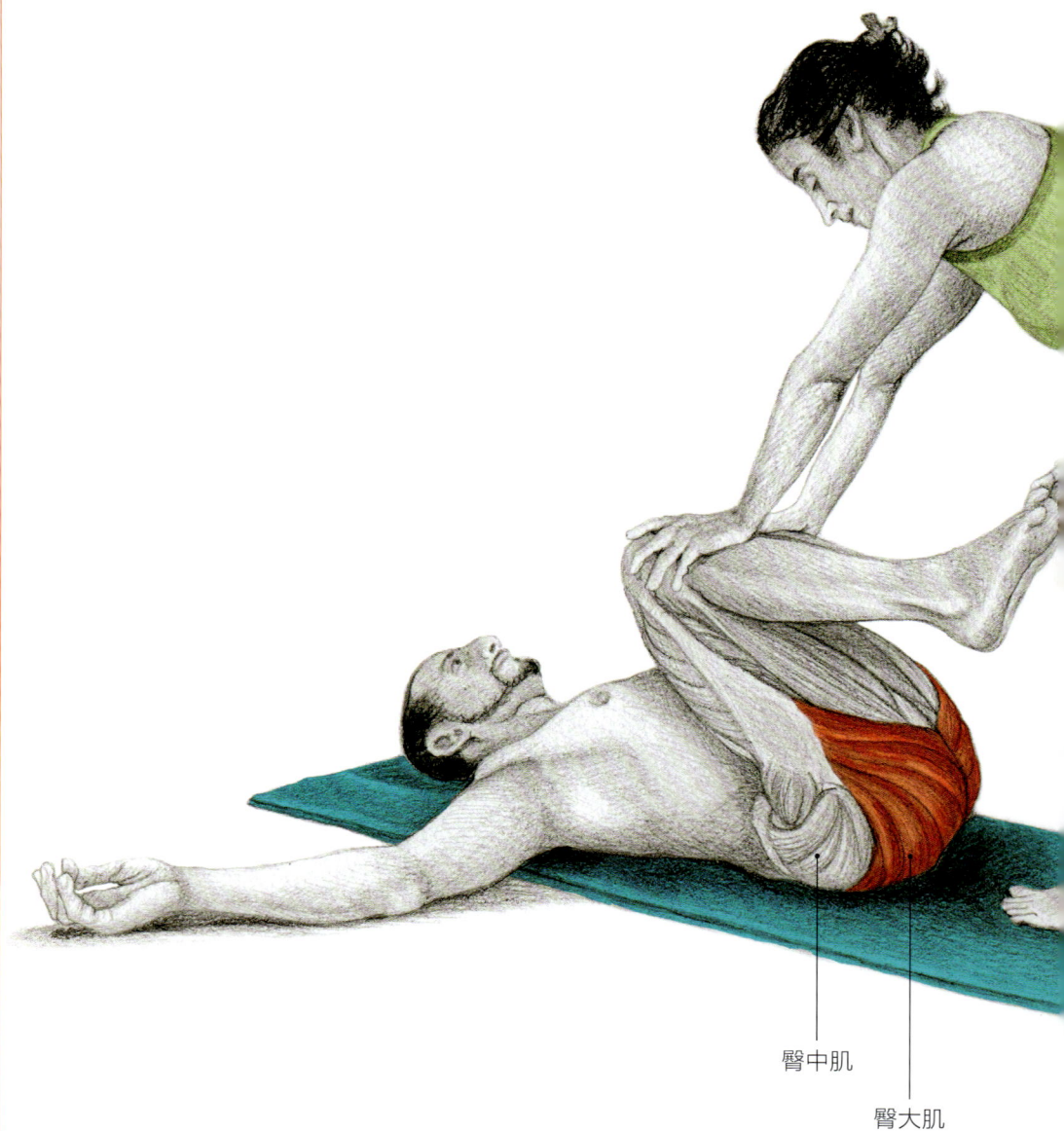

臀中肌

臀大肌

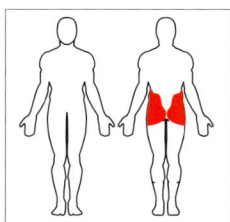

所涉肌肉

主要肌肉：臀大肌。
次要肌肉：臀中肌。

动作要领

练习者仰卧在地面上（最好在地上铺上瑜伽垫），抬起双腿，屈曲髋关节和膝关节。辅助练习的同伴用手推练习者的胫骨部位，使练习者的膝盖缓缓靠近胸部。

提示

同伴不需要担心在练习者的腿上施加较大压力会导致其受伤，因为此练习导致练习者受伤的风险较低，同时练习者也不会感觉到疼痛。唯一需要注意的是，练习者要保证骨盆不离开地面，以维持脊柱的稳定。

练习过程中，尽管髋关节屈曲程度很大，但是腘绳肌基本不会感受到任何压力，因为膝关节一直处于完全屈曲的状态。

***** 我们可以从一些体育类文章或书籍中了解到，如果在拉伸训练中膝关节大幅度旋转（比如保持双脚不动旋转膝关节），那么即使双膝有最强壮的肌肉，也无法保证膝关节的半月板或韧带不发生损伤。膝关节的稳定性很差，一旦膝关节受伤，及时的处理方法是制动、抬高、冷敷和加压包扎。

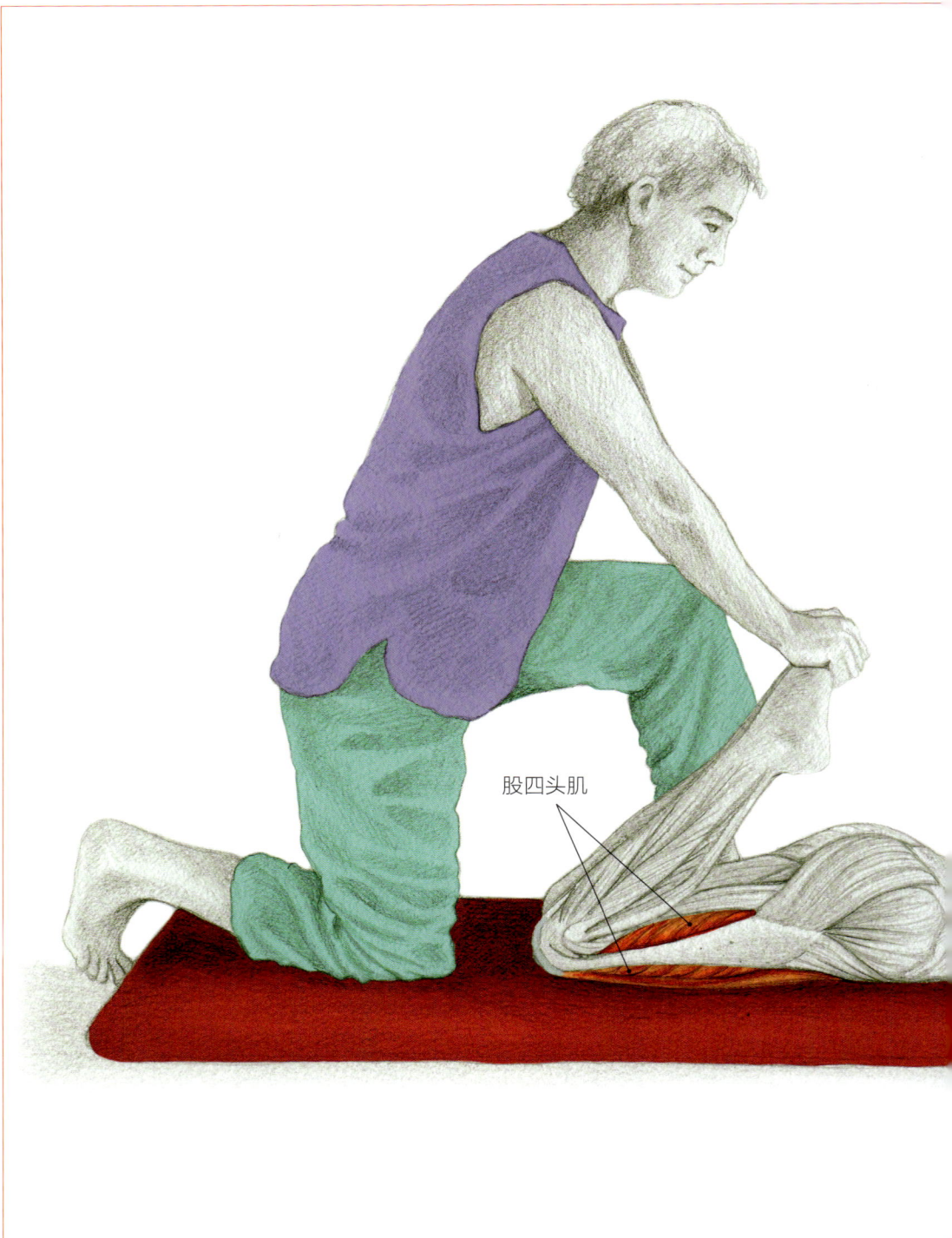

股四头肌

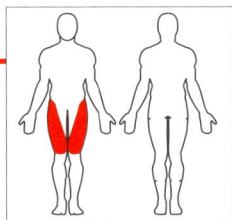

所涉肌肉

主要肌肉： 股四头肌。
次要肌肉： 髂腰肌。

动作要领

练习者俯卧在地面上，屈曲膝关节。辅助练习的同伴按压练习者的跖骨，使其慢慢靠近臀部。

提示

和上一项练习类似，此练习几乎不会对身体造成损伤，而且大部分练习者都能做到用脚跟接触臀部。因此，同伴应将几乎全部身体重量施加在练习者身上，但在按压过程中不应使练习者感觉到疼痛。

在股四头肌的 4 块肌肉中，股直肌在此练习中受到的拉伸力最小，因为此时髋关节与膝关节在一条直线上。有一种方法可以将股四头肌的 4 块肌肉都拉伸到：同伴固定住练习者的一条腿（暂时松开另一条腿），用一只手使其膝关节完全屈曲，另一只手从下方扶住腿，然后将膝盖从地面缓缓抬起。不要将双腿同时抬起，否则髋关节会不可避免地旋转，这样会影响拉伸效果。

对许多运动项目来说，竞争是一种健康甚至必要的方式。但对拉伸来说，如果通过竞争来看谁能取得更大进步并不是一个好方法，这样做可能会导致受伤。

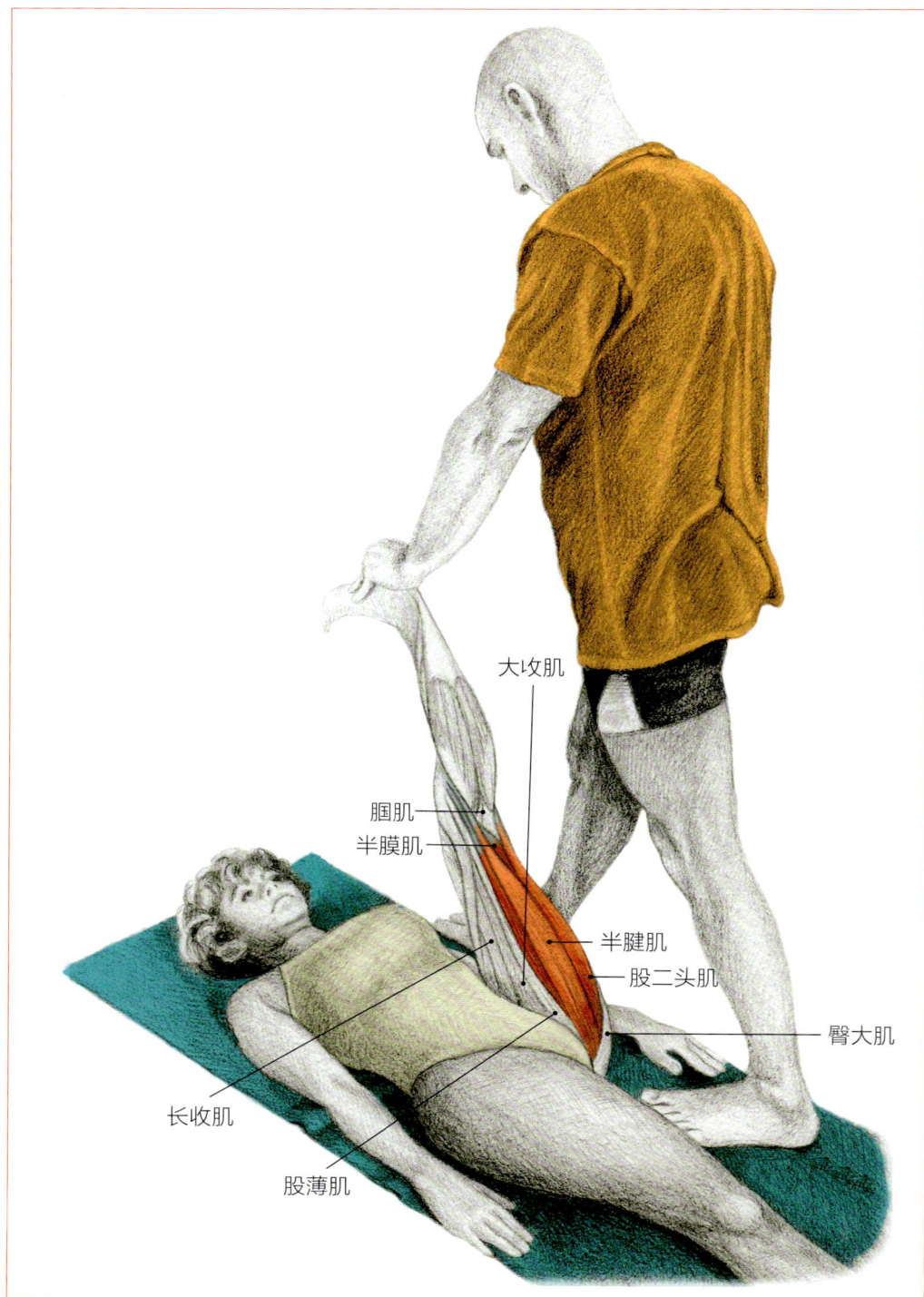

大收肌

腘肌

半膜肌

半腱肌

股二头肌

臀大肌

长收肌

股薄肌

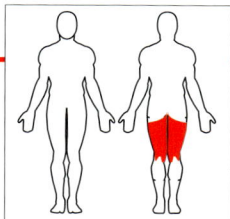

主要肌肉： 腘绳肌。
次要肌肉： 臀大肌、缝匠肌、腘肌、股内收肌、髂腰肌。

动作要领

　　练习者仰卧，辅助练习的同伴抓住练习者的一条腿并缓慢抬起，使练习者的髋关节屈曲。在这个过程中，练习者抬起的那条腿的膝关节应始终保持伸直。

提示

　　对柔韧性较差的练习者来说，保持另一条腿紧贴地面可能会有些困难，并且很快就会感觉到髂腰肌在拉紧，从而使抬起的那条腿不自主地屈曲。同伴应时刻注意防止这一情况发生，如果有必要，可以将自己的一只脚踩在练习者置于地面的那条腿上。另外，同伴还需要注意的一点是，要保证练习者抬起的那条腿的膝关节始终保持伸直，但不应直接按压其膝盖，而应按压其大腿肌肉。

　　在动作最高点，只有有经验的练习者可以在没有同伴辅助的情况下靠自身力量保持姿势，其他人都需要依靠同伴的辅助来一点点取得进步。

　　在拉伸训练中，适当的拉伸强度指：当肌肉产生强烈的拉伸感，保持拉伸状态 4~5 秒后拉伸感减弱并可以忍受——如果不热身突然拉伸，就不会产生这样的感觉。因此，练习者和同伴要充分沟通，以施加适当的拉伸强度，这一点至关重要。

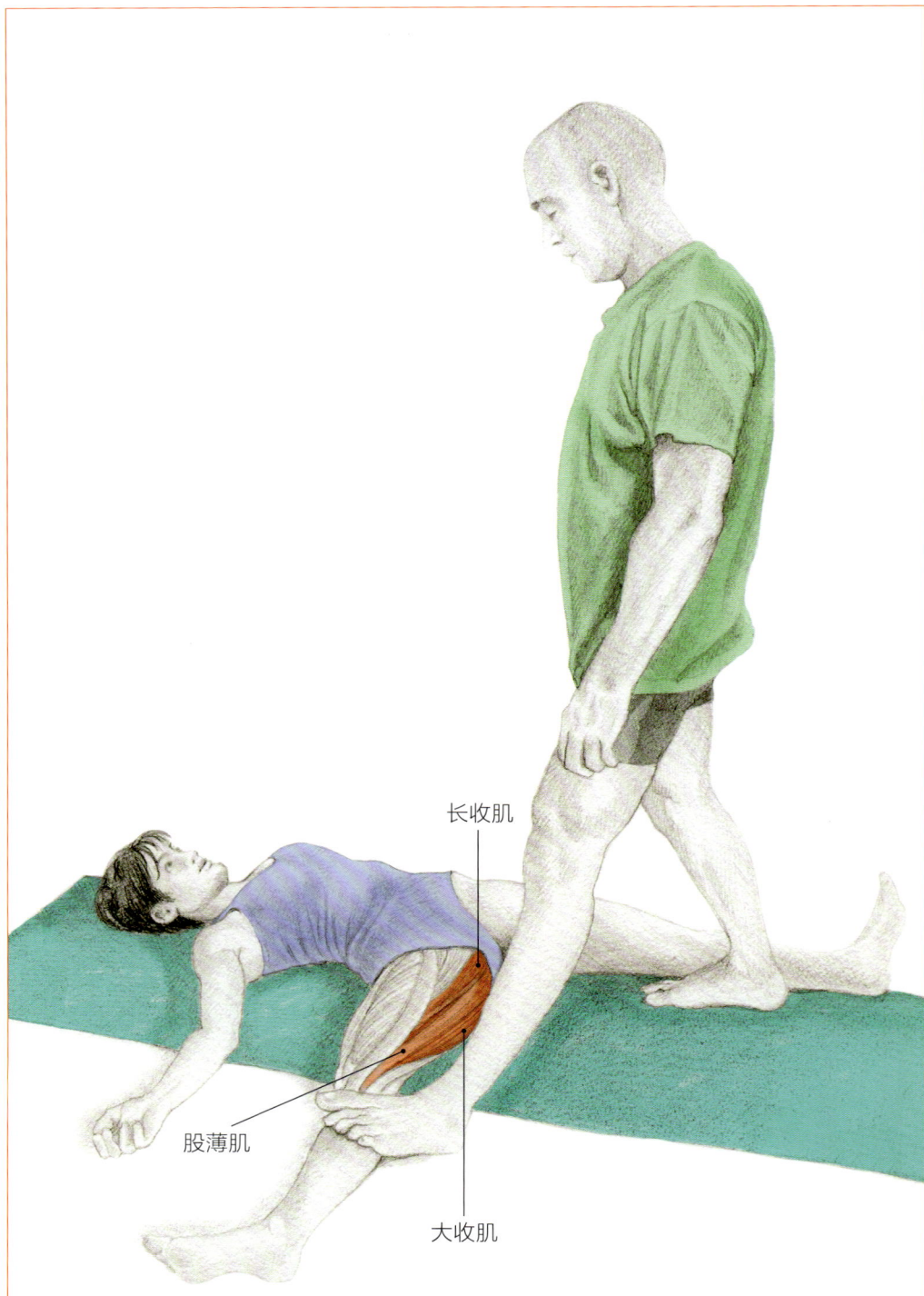

长收肌

股薄肌

大收肌

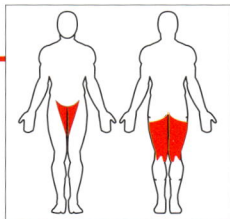

所涉肌肉

主要肌肉： 股内收肌。
次要肌肉： 腘绳肌。

动作要领

练习者躺在地面上（最好在地面放置瑜伽垫），辅助练习的同伴站在练习者双腿之间。同伴将一只脚踩在地面上抵住练习者的一条腿，用另一只脚辅助练习者的另一条腿外展。

提示

也可以用手来推处于拉伸状态的腿（外展的腿）。如果保持膝关节始终伸直，拉伸的效果会更好，既可以很好地拉伸股内收肌，也可以很好地拉伸腘绳肌。在对外展的腿施加压力时，将力施加在膝关节要比施加在脚部更好，这样可以避免膝部韧带（尤其是内侧韧带）产生不必要的张力。还须记住，内侧韧带比外侧韧带更容易损伤，虽然内侧韧带更粗，但因骨骼结构的原因，在行走或跑步时，膝关节往往向内旋转。

在足球这项极为流行的运动中，尽管普遍认为股四头肌是最重要的肌肉，但髂腰肌和股内收肌也会感受到特殊压力。在任何运动中，如果你忘记拉伸髂腰肌和股内收肌，腰部至耻骨部位都会感受到不适或受到损伤。

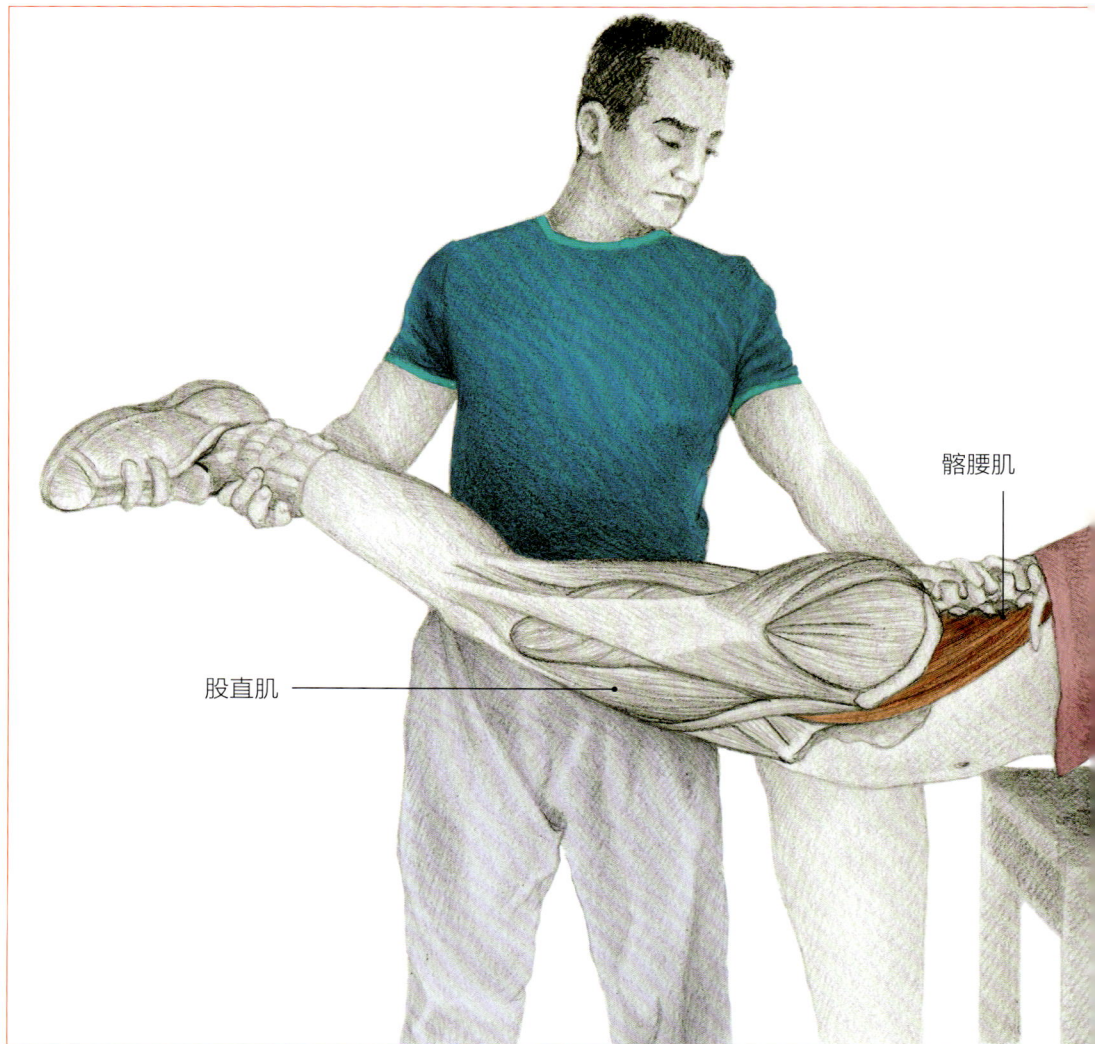

髂腰肌

股直肌

提示

　　由于腿部的重量和肌肉的张力，同伴必须有足够大的力量来辅助练习，否则最好用其他练习（比如本章的练习 11）代替。此外，如果练习者不能放松髋关节屈肌（尤其是髂腰肌和股直肌），那么同伴正确施加拉伸力的困难会更大。

　　有一个错误的变式，动作和主要练习的基本一致，但练习者要趴在地面上完成练习。这个变式的问题是，当练习者抬起腿时脊柱会过度紧张，而且如果两条腿同时被向上牵拉，这个问题就会加重。

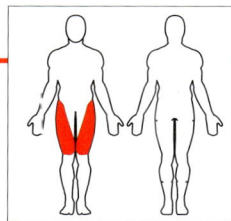

所涉肌肉

主要肌肉： 髂腰肌。
次要肌肉： 股直肌。

动作要领

　　练习者单腿站立，俯身趴在前面的长凳上，将前臂支撑在长凳上并将髋关节置于长凳边缘。辅助练习的同伴将练习者的另一条腿抬起，拉直。

　　由于我们在日常生活中较少活动髋关节，所以随着年龄增长，我们的腘绳肌容易疼痛和僵硬。研究表明，腘绳肌缺乏柔韧性是中老年人背痛的原因之一。

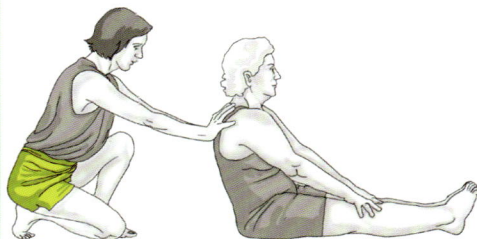

第八章

腰腹部肌群

腹部和腰部主要肌肉示意图

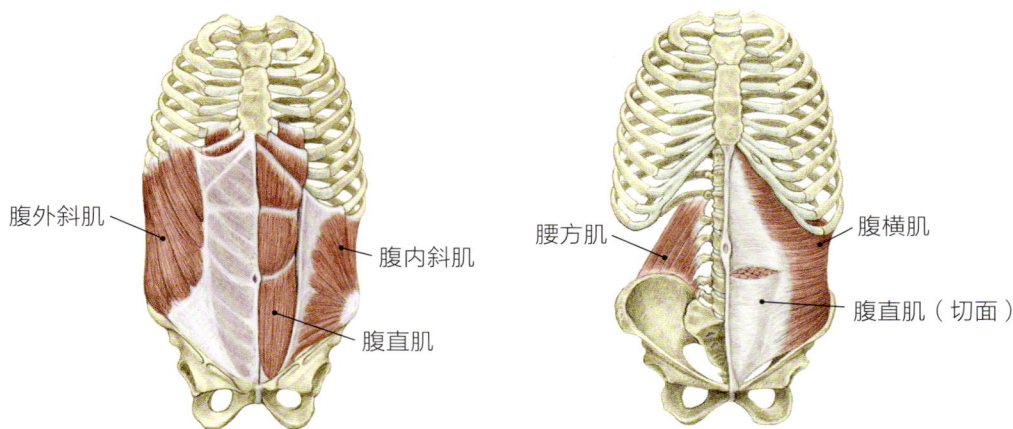

腹外斜肌 腹内斜肌 腹直肌 腰方肌 腹横肌 腹直肌（切面）

腹部和腰部主要肌肉的生物力学介绍

屈肌

腹直肌（正面浅层肌）

起点：第 5~7 肋软骨前面和胸骨剑突。
止点：耻骨上缘（耻骨结节与耻骨联合之间）。
主要功能：使脊柱前屈，使骨盆后倾。

腹横肌（正面深层肌）

起点：第 6~12 肋软骨内面和腰椎横突。
止点：白线。
主要功能：构成腹腔壁以保护腹腔脏器。

腹外斜肌（正面浅层肌）

起点：第 5~12 肋的外面。
止点：髂嵴前部和白线。
主要功能：使脊柱前屈、侧屈和旋转。

腹内斜肌（正面中层肌）

起点：胸腰筋膜、髂嵴中间线和腹股沟韧带。
止点：第 10~12 肋软骨和白线。
主要功能：使脊柱前屈、侧屈和旋转。

解析

　　腹部肌肉可以保持躯干稳定，而躯干稳定是身体其他部位活动的基础，所以在日常活动中，腹部肌肉起着至关重要的作用。与其他肌肉不同的是，腹部肌肉不需要经常拉伸，也无须将其拉伸至极限。

竖脊肌（背面深层肌）

起点：骶骨背面、髂嵴、腰椎棘突和腰背筋膜。

止点：肋骨、颞骨乳突、腰椎横突、胸椎横突、颈椎棘突和胸椎棘突。

主要功能：双侧收缩时使脊柱后伸和仰头，一侧收缩时使脊柱向同侧屈。

腰方肌（背面深层肌）

起点：髂嵴后部。

止点：第 12 肋下缘、第 1~4 腰椎横突和第 12 胸椎。

主要功能：双侧收缩时，降第 12 肋，助呼气；单侧收缩时，使脊柱侧屈。

横突棘肌（背面深层肌）

起点：下位椎骨的横突。

止点：上位椎骨的棘突。

主要功能：使脊柱伸展、侧屈和旋转以及活动韧带。

背阔肌（背面浅层肌）

详见背部肌群。

髂肋肌（背面深层肌）

起点：髂肋肌包括颈髂肋肌、胸髂肋肌和腰髂肋肌。颈髂肋肌起自第 3~7 肋的肋角，胸髂肋肌起自第 7~12 肋下缘内侧，腰髂肋肌起自骶骨、髂嵴和全部腰椎棘突。

止点：颈髂肋肌止于第 3~6 颈椎横突，胸髂肋肌止于第 1~7 肋下缘，腰髂肋肌止于第 7~12 肋的肋角。

主要功能：双侧收缩时使脊柱后伸，单侧收缩时使脊柱向同侧屈和旋转。

背最长肌（背面深层肌）

起点：腰椎横突的背面、胸腰筋膜的深层和骶骨背面。

止点：胸椎横突和第 9~10 肋的肋结节与肋角之间。

主要功能：双侧收缩时使脊柱后伸，单侧收缩时使脊柱向同侧屈和旋转。

下后锯肌（背面深层肌）

起点：第 1 和 2 腰椎棘突以及第 11 和 12 胸椎棘突。

止点：第 9~12 肋下缘。

主要功能：下拉肋骨向后并固定肋骨，协助膈的呼气运动。

解析

众所周知，脊柱后侧肌群的作用是保持姿势，高强度工作往往会导致这部分肌肉疼痛和紧绷。腰背疼痛的原因可归纳为以下几点。

1. 长时间保持同一个姿势，比如久坐或久站。
2. 腰背部某一部位比较脆弱，这是由于缺乏力量训练导致的。
3. 腰背部肌肉因缺乏拉伸训练而僵直。
4. 进行错误的练习，比如举起的重量不当。

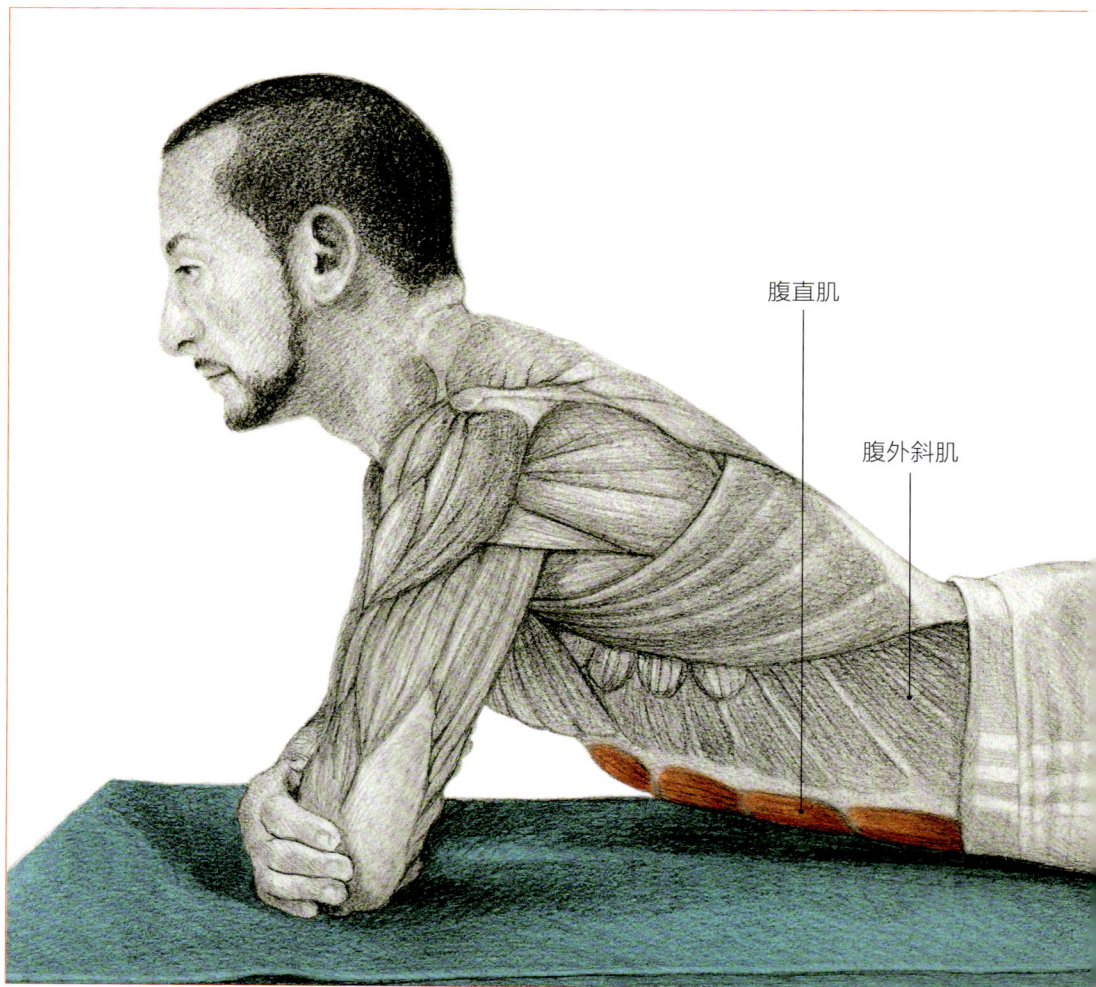

腹直肌

腹外斜肌

变式 伸直手臂，将双手支撑在地面上

　　此变式通常是各种拉伸训练指南中被提及最多的一项练习，但它有一些弊端。在此变式中，除了腹直肌被过度拉伸外，椎骨棘突（尤其是腰椎棘突）也可能产生不适当的碰撞。并非所有棘突都具有相同的长度，腰椎棘突比胸椎棘突短，这也就是为什么躯干下部的伸展性比上部的要好。此外，不是每个人都有相同长度的棘突，而且棘突之间的距离也不是人人都相同。因此，一些人可以轻松地拉伸脊柱且不会受伤，另一些人却不行。

　　此变式还存在其他弊端：练习中腰部必须承受来自椎间盘和整个上身的重量。而这些对于腰部的压迫本来是可以避免的。

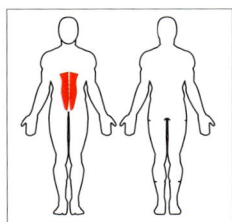

所涉肌肉

主要肌肉： 腹直肌。
次要肌肉： 腹外斜肌、腹内斜肌、腹横肌。

动作要领

俯卧在地面上，下腹部贴地，上身抬起，用肘部支撑身体。在这个姿势下，腹部会有一定的拉伸感。

提示

众所周知，腹直肌并不需要频繁拉伸。在日常生活中，我们只要用此练习来拉伸腹直肌就已经足够。但这并不意味着腹直肌不需要定期拉伸，因为在许多体育运动尤其是专业训练中，久不拉伸的腹直肌可能会因突然的伸展而引起一些部位（如腰部）的疼痛。

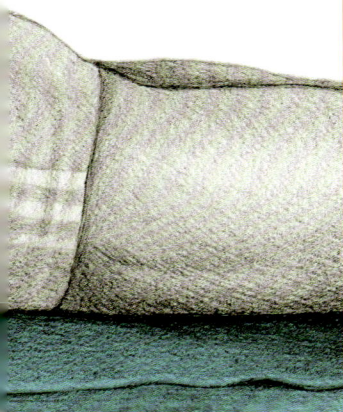

虽然通常来说，每个人都知道自己的极限在哪里，但我不建议你通过强迫自己完成这项练习来提高拉伸上限。当然，这样做一般不会出现大问题，但出于健康考虑，还是应该尽量避免。

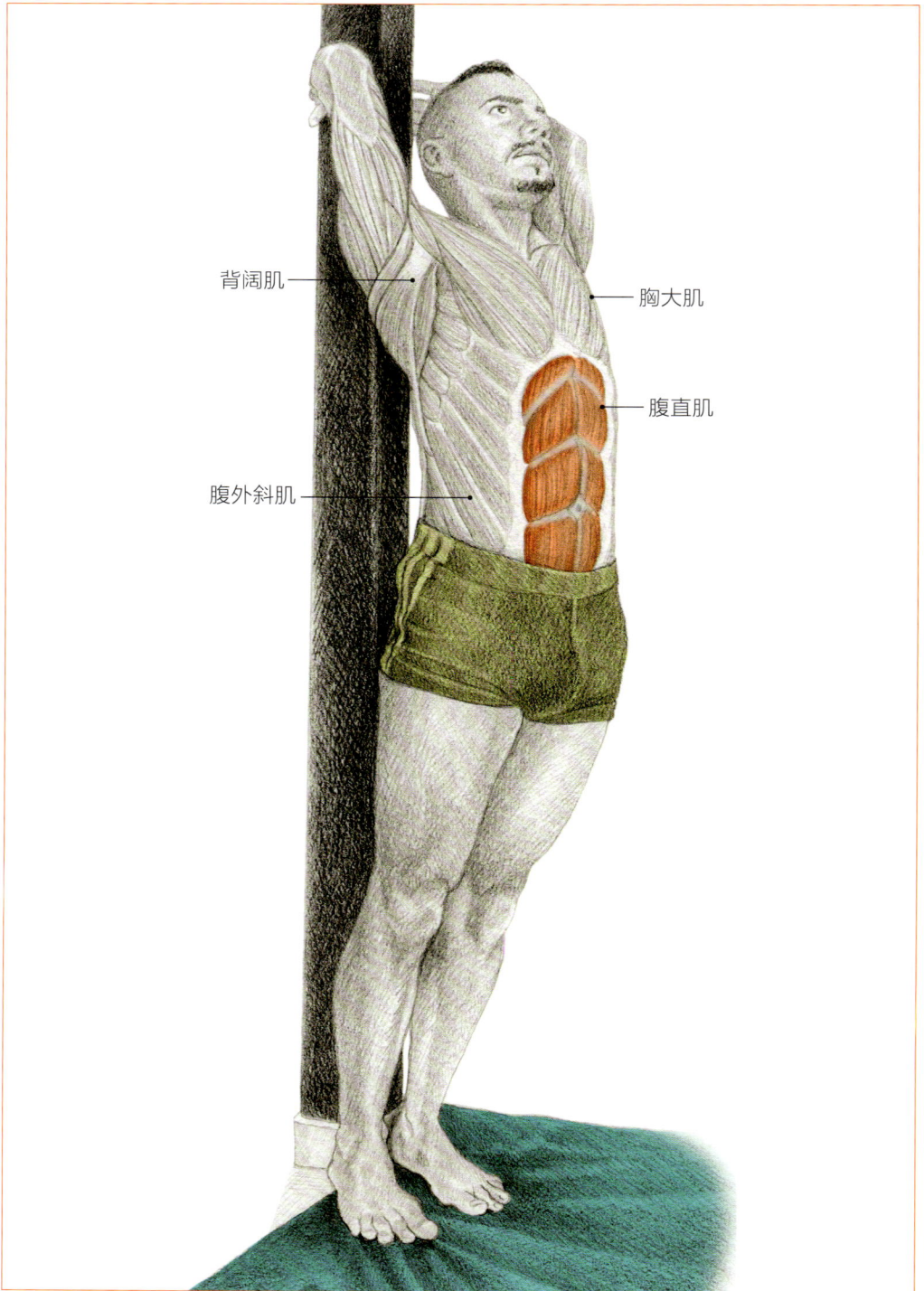

背阔肌

胸大肌

腹直肌

腹外斜肌

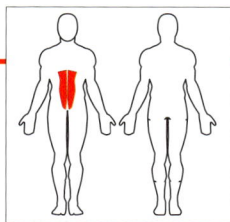

所涉肌肉

主要肌肉： 腹直肌。

次要肌肉： 腹外斜肌、腹内斜肌、腹横肌、背阔肌、胸大肌、大圆肌、肱三头肌。

动作要领

背靠一根圆柱（或类似支撑物，肋木架也可以）站立，整个身体背面紧贴圆柱。双手上举，从头后扶住圆柱，躯干缓慢向前倾。在这个过程中，双脚要紧贴圆柱底部，保持不动。

提示

此练习不仅能够使腹部肌群得到充分拉伸，还可以拉伸其他重要肌肉（如背阔肌、肱三头肌）。身体要保持放松，不应为了让肌肉得到更好的拉伸而处于紧绷状态。

你也可以抓住头顶上方的一根横杆来完成练习。横杆的高度要合适，以保证双脚能够轻松地支撑在地面上。然后慢慢将躯干向前倾。练习过程中同样要始终保证双脚不离开初始位置。结束姿势与这里讲解的主要练习的类似，唯一的不同是双臂在头顶上而不是在头后。

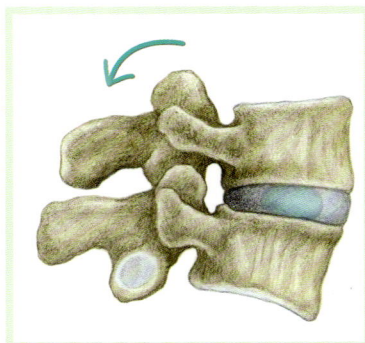

在活动脊柱时，椎间盘会发生部分"碰撞"的情况，尤其是在屈曲和伸展时。对健康人群和年轻人来说，他们的耐受程度较高，但随着年龄的增长，不正确的姿势和动作会使椎间盘无法缓冲所有姿势带来的影响，这就是我们应该避免一些动作（尤其是腰椎过度伸展）的原因。并且由于存在棘突间的碰撞，所以我们应谨慎地、甚至避免进行这些伸展程度过大的练习。

背阔肌

腹外斜肌

腹直肌

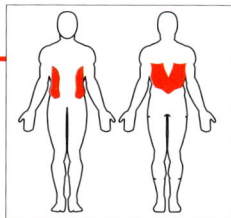

主要肌肉： 腹外斜肌、腹内斜肌、背阔肌。
次要肌肉： 腰方肌、腹横肌、腹直肌。

动作要领

　　站在一根圆柱（或类似支撑物）的侧面，整个身体（尤其是脚部）尽量紧靠圆柱。远离圆柱的一只手举过头顶并抓住圆柱；另一只手也抓住圆柱，手的高度与肩部等高。让身体在重力作用下向侧面倾斜，直到身体呈弓形，侧面有拉紧的感觉为止。

提示

　　和前一项练习一样，此时在重力的作用下就足以完成练习，没有必要再用力移动身体。需要注意的是，当一侧肌肉得到充分拉伸后，要通过改变身体与圆柱的相对位置（到圆柱的另一侧）或改变身体姿势（向后转身）来拉伸另一侧肌肉。

　　除了腹外斜肌和腹内斜肌，其他肌肉，比如腰方肌和腹横肌，也应感觉到被拉伸。

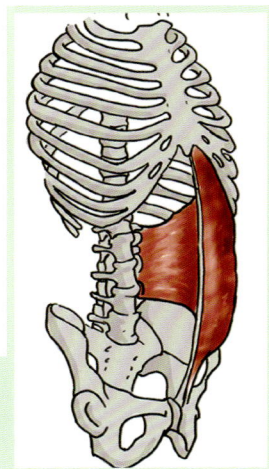

　　✳ 尽管腹直肌作为腹部最有名的肌肉具有独特的"平板"形状，但事实上，腹部肌肉是包绕整个腰部的。健康强壮的腹肌是最完美的天然腰带。

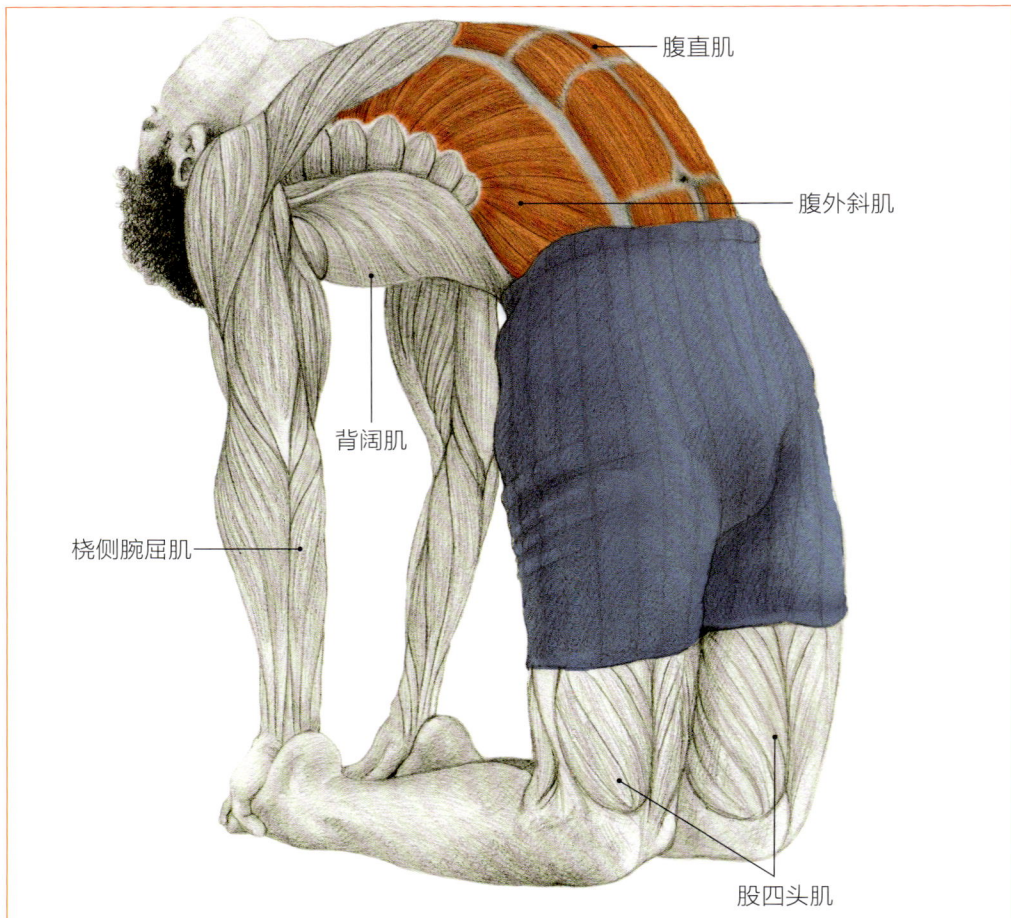

腹直肌

腹外斜肌

背阔肌

桡侧腕屈肌

股四头肌

变式 1　拱式

俯卧，用双手从背后抓住脚踝，同时伸展双腿，使身体呈拱形。不建议腰部有问题的人练习此变式，只建议有特殊需求的人（比如艺术体操运动员）练习此变式。

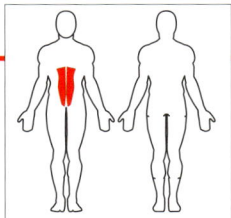

所涉肌肉

主要肌肉： 腹直肌以及腹部的其他肌肉。
次要肌肉： 髂腰肌、股四头肌、背阔肌、手部屈肌。

动作要领

双膝跪地，身体其他部位保持挺直。慢慢向后屈曲身体（伸展髋关节），使躯干呈拱形，直到能用手接触地面或脚跟。

提示

此练习难度较大，而且可能会导致不适（如腰部疼痛），因此不常用。你也可以用本书中其他拉伸腹部的练习替换此练习。

此练习不仅能拉伸肌肉，还能拉伸脊椎前侧的韧带。

变式 2　桥式

此变式是体操和一些儿童游戏中的经典练习，它能够充分拉伸腹部肌群。但完成此变式难度很大，而且它对拉伸腹部并没有起到决定性作用。本书中有其他许多既舒适又有效的练习可供选择。

此变式的起始姿势为仰卧（背部贴地），然后在双手和双脚的支撑下，让身体一点点向上移动。练习过程中，脚掌应牢固地支撑在地面上，双手指尖指向双脚。

在做出结束姿势前，有些人需要用前额抵住地面，直至将身体完全撑起。但在这么做之前，你必须清楚自己的能力，并控制好颈部的受力。

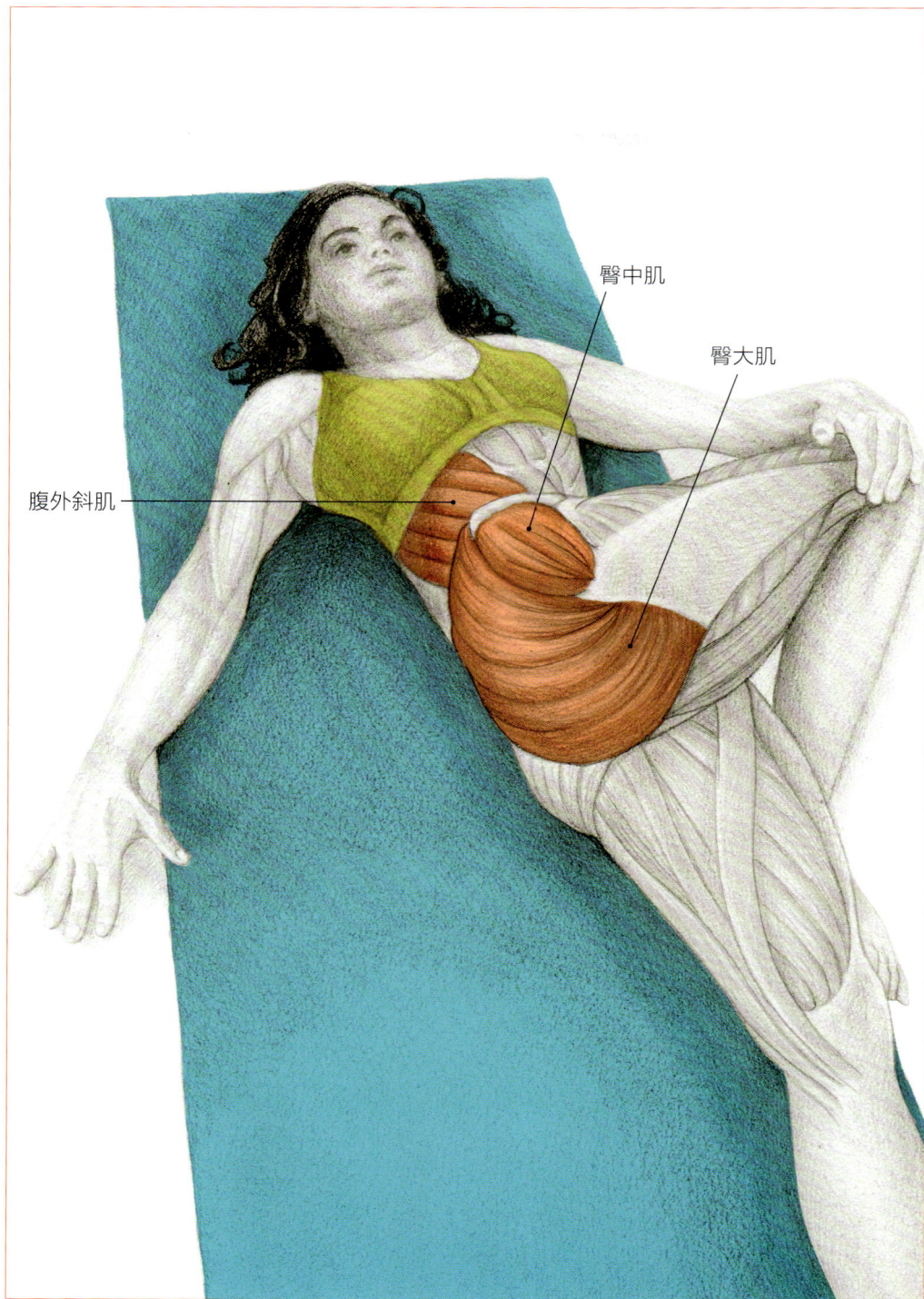

臀中肌

臀大肌

腹外斜肌

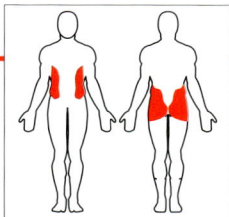

所涉肌肉

主要肌肉：腹外斜肌、腹内斜肌、臀大肌、臀中肌。
次要肌肉：梨状肌、孖肌、闭孔内肌、闭孔外肌。

动作要领

仰卧，将一条腿抬起（膝关节屈曲）并移动至另一侧，用另一侧的手辅助将膝关节向下压。身体的其余部分应尽可能保持不动，另一只手应始终紧贴地面。如果你柔韧性良好且动作正确，则被拉伸一侧的肩膀不会从地面抬起。头微微转向被拉伸一侧，以保证锁骨的位置和姿势不变。

提示

在此练习中，如果你旋转的是腿部，那么拉伸的是臀部肌群；如果你在旋转腿部的同时也旋转了髋部，则拉伸的是腹外斜肌和腹内斜肌。

对抬起的腿来说，不得将膝关节伸直，因为这样腘绳肌将处于紧张状态。在此练习中，你应该把拉伸的重点放在腰腹部肌肉。在完成此练习后，你不仅能感受到腹外斜肌和腹内斜肌被充分拉伸，而且也会感觉到腰部肌肉相当放松。

最好两侧交替拉伸，不要始终朝一个方向拉伸。这类拉伸练习不仅能够拉伸腰腹部的大肌肉，同时也能强化脊柱周围的小肌肉和韧带。

变式 双腿旋转

此变式与主要练习类似，但这里是双腿同时转向一个方向。转向侧的手先辅助双腿旋转，然后将膝关节稳定在最终位置。旋转动作必须柔和且可控，因为双腿若因自身重量在不可控的情况下落下，脊柱可能会由于突然的旋转而受伤。

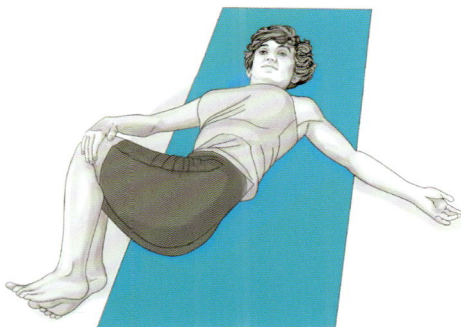

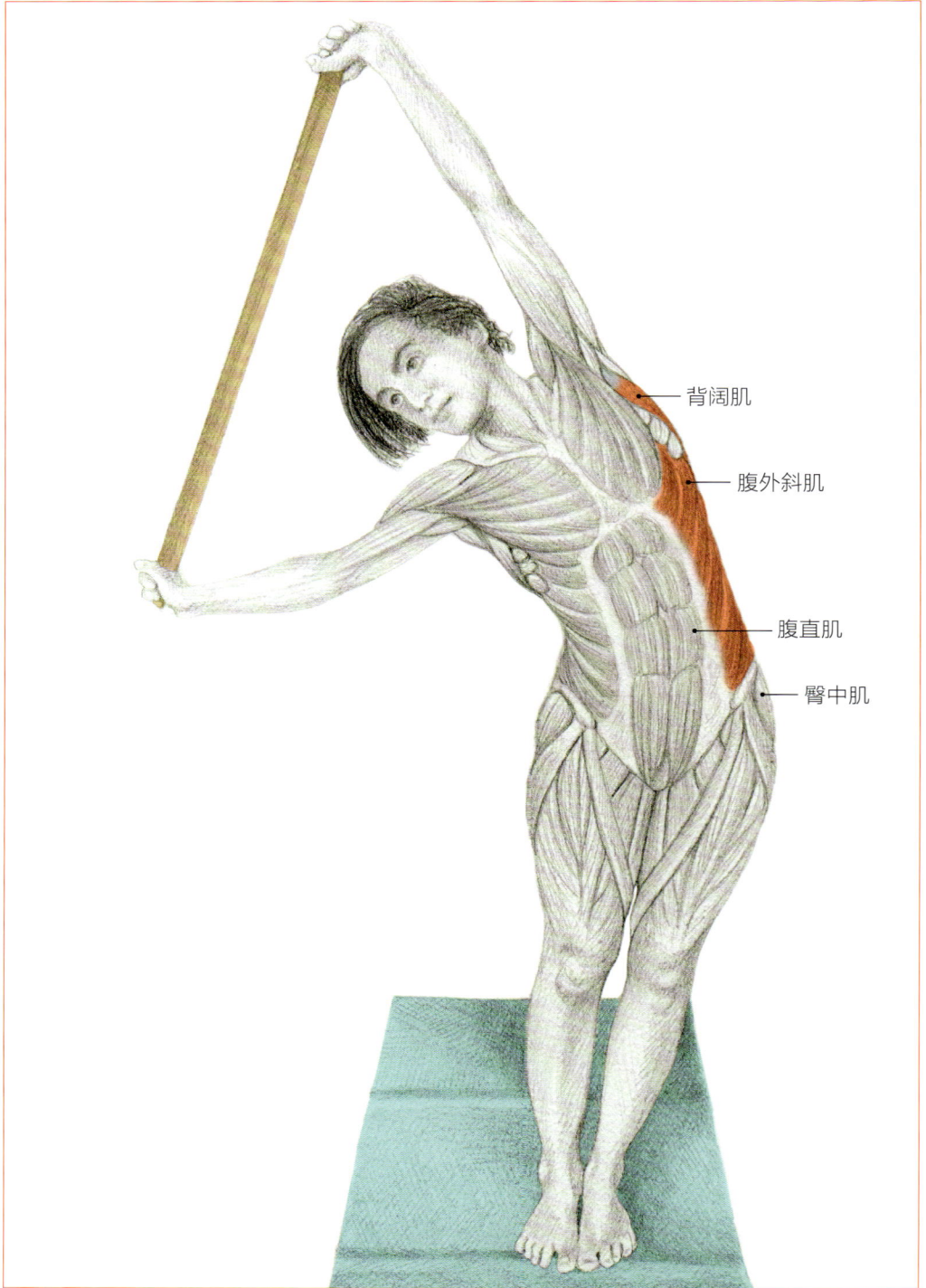

背阔肌

腹外斜肌

腹直肌

臀中肌

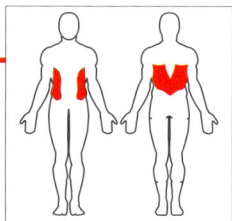

主要肌肉：腹外斜肌、腹内斜肌、背阔肌、腰方肌。
次要肌肉：腹横肌、腹直肌、臀中肌。

动作要领

　　站在一面镜子前。双手抓住一根木棍（或类似物体）举过头顶，双臂伸直，身体缓缓向侧面屈曲至最大角度。可以将双脚稍微分开以保持平衡。

提示

　　木棍只是用来维持姿势的一个辅助工具，练习时双手也可什么都不握。常见的错误是通过弯腰来达到降低身体的目的，你需要时刻注意让头顶的木棍始终向侧面倾斜。拉伸的部位为整个上身的侧面肌群，从腹部到背部。为了取得良好的拉伸效果，应将与身体倾斜方向相反一侧的手臂向上伸直。但不是简单地将手臂举起，而是让手臂主动参与到拉伸中来。

　　在动作最低点，你可以通过完全呼出气体将身体继续向下拉伸几厘米。同样，你还可以通过让骨盆向与拉伸方向相反的一侧倾斜来增加拉伸强度，从而增大身体的屈曲程度。

变式　无辅助工具

　　你也可以不用木棍来完成上面的练习，这样动作会更加舒适。一只手臂在上举拉伸的同时，另一只手放在腰部辅助身体侧屈。在这个变式中，与拉伸方向相反一侧的肌肉仅以被动的方式得到拉伸（不会为了保持姿势而使拉伸的肌肉保持收缩状态；而在使用木棍时，被拉伸的肌肉仍要收缩，以防跌倒）。

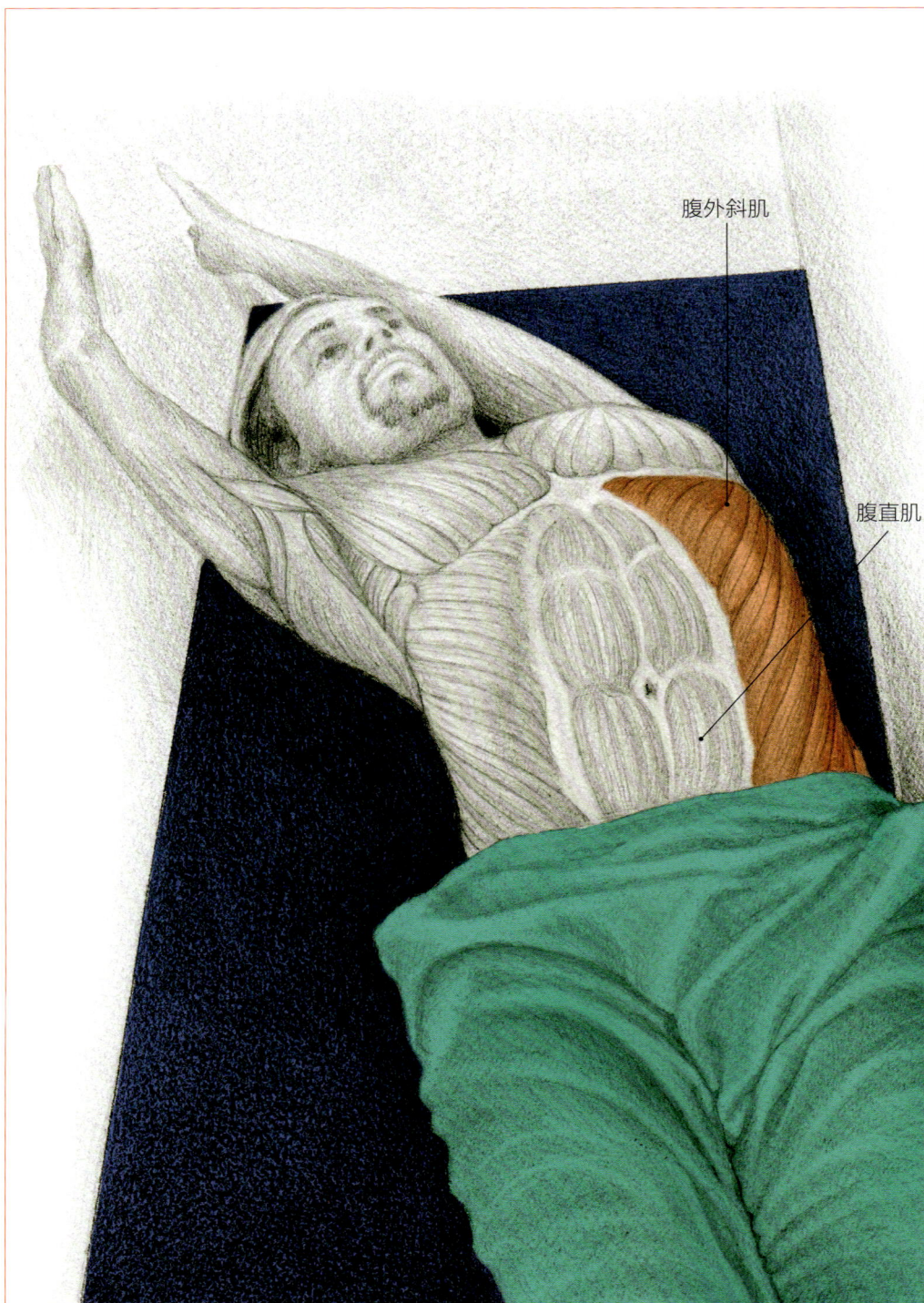

腹外斜肌

腹直肌

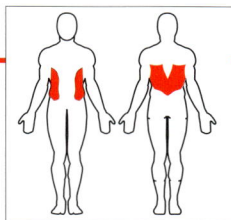

所涉肌肉

主要肌肉：腹外斜肌、腹内斜肌、背阔肌、腰方肌。
次要肌肉：腹横肌、腹直肌、臀中肌。

动作要领

仰卧，将整个身体侧面靠在一面墙上，向另一侧伸展手臂。练习过程中应始终保持靠近墙壁的腿和髋部不离开墙面。

提示

如果将双手放在头部两侧，那么主要拉伸的是腹部肌肉；如果将双手举起，还可以拉伸背阔肌和大圆肌。墙壁只是用来使腿部和髋部保持不动的一个支撑物，没有墙壁的情况下你可以以站姿完成练习（参见本章的练习6）。远离墙壁的腿可以向外打开（外展姿势）并尽量靠近手臂。将动作做到位后，你可以完全将气体呼出，这样可以增大拉伸幅度。

你也可以采用俯卧姿势（腹部贴地）完成练习。无论是仰卧姿势还是俯卧姿势，二者相较于站姿的一大优势是无须考虑平衡问题。

＊ 姿势性脊柱侧凸（由于姿势不良引起的脊柱侧凸）可以通过以下3种方法得到大大改善：保持良好姿势（尤其是坐姿）、拉伸较短一侧的肌肉并强化另一侧肌肉。在大部分情况下，姿势性脊柱侧凸都属于代偿性侧凸，通常没有针对这类侧凸的专项练习。除了物理疗法之外，全身性的力量训练和柔韧性训练也可以使脊柱侧凸得到改善。

腹直肌

腹外斜肌

长收肌

大收肌

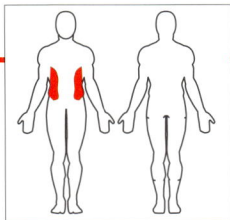

所涉肌肉

主要肌肉：腹外斜肌、腹内斜肌。
次要肌肉：腹横肌、腹直肌、臀中肌、股内收肌。

动作要领

站在一面镜子前，适度打开双腿，然后向一侧倾斜身体，同时举起被拉伸一侧的手臂（外展姿势）。

提示

此练习与本章前面介绍的拉伸腰侧肌肉的练习（本章的练习 6 和练习 7）有一些相似之处，但有一点细微的差别：它还能拉伸股内收肌。

＊ 虽然大部分拉伸练习都要求我们自然、缓慢地呼吸，但对有些拉伸练习来说，特殊的呼吸方法能够增强拉伸效果。有一种方法是先深吸一口气，保持姿势不变，然后将气体完全呼出，同时增大拉伸幅度。通常用该方法呼吸仅能持续几秒钟，但它能显著增强肋骨和脊柱周围肌肉的拉伸效果，因为在呼出气体的那一刻，躯干获得了更高的灵活性。

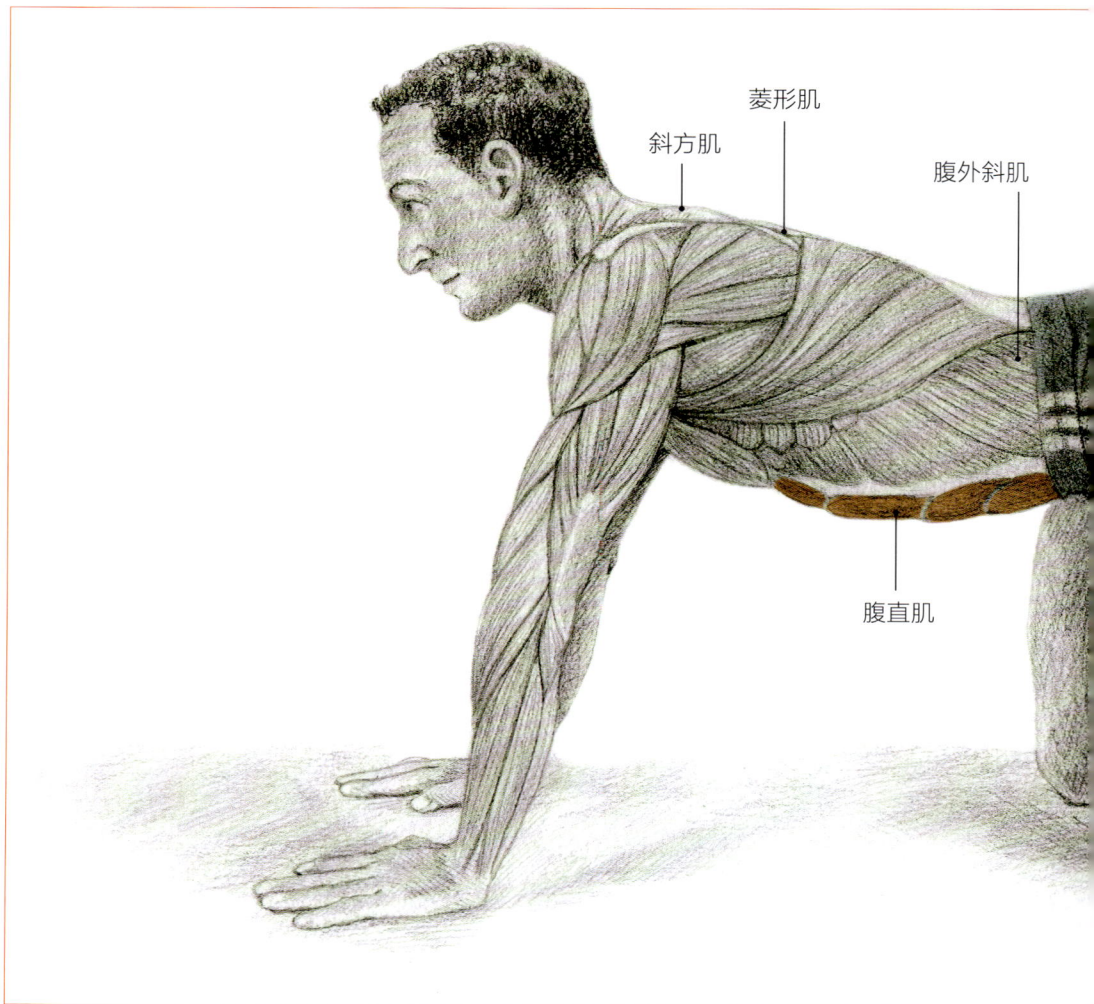

斜方肌

菱形肌

腹外斜肌

腹直肌

动作要领

　　四肢着地，即双手支撑在地面上且位于肩部下方（图中所示双手略靠前），双膝跪地且位于髋部下方。先收缩腹部使背部拱起，然后伸展腹部使躯干向下凹陷。在伸展腹部时吸气，在收缩腹部时呼气。

✳ 　　腰部肌肉的紧张程度代表了腰部慢性病的严重程度，按摩可以减轻腰部不适。拉伸腰部肌肉应该是所有柔韧性训练的首要目标之一，我们可以通过拉伸来减少甚至消除因不同类型的肌肉紧张引起的疼痛，方法是给收缩的肌肉施以相反方向的张力。

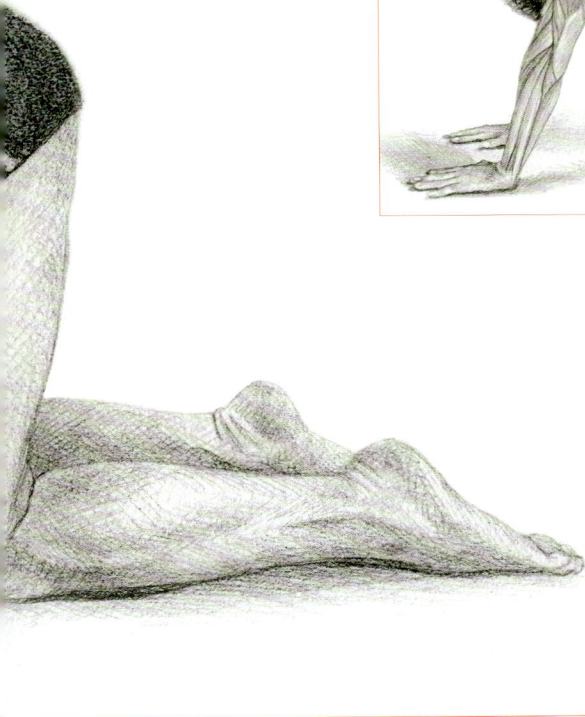

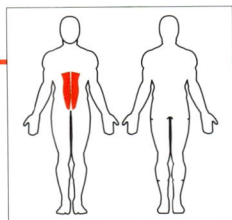

所涉肌肉

主要肌肉：腹直肌、竖脊肌。
次要肌肉：腹外斜肌、腹内斜肌、菱形肌、斜方肌。

提示

　　此练习可以拉伸脊柱及其周围肌肉，练习中唯一的难点是找到躯干拱起或凹陷时的恰当位置。对身体僵硬并伴有疼痛的人，特别是因日常生活中的不良姿势（比如久站或久坐）导致疼痛的人来说，此练习会使疼痛得到缓解。只要动作正确，孕妇也可以毫无障碍地做这一练习。

　　猫式拉伸是少数有自己名字的拉伸练习之一，这个动作也是猫科动物经常做的动作。

动作要领

　　仰卧，抬起双腿并用双臂环抱住双腿。屈曲背部但不屈曲颈椎，用背部支撑身体并保持平衡。保持这一姿势一段时间后放松。

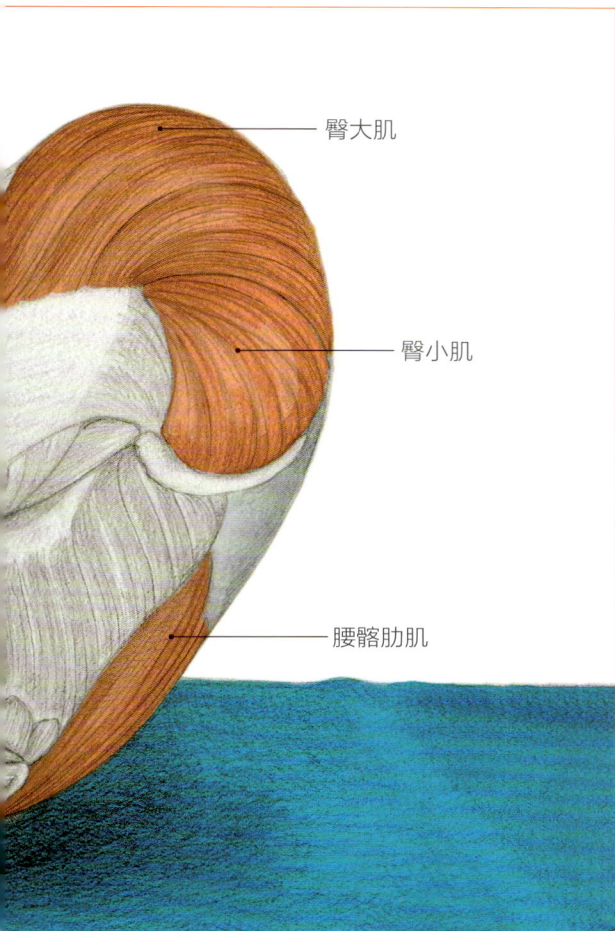

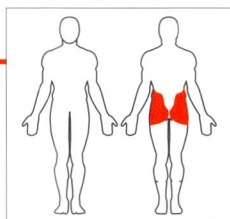

臀大肌

臀小肌

腰髂肋肌

所涉肌肉

主要肌肉： 臀大肌、臀小肌、竖脊肌。
次要肌肉： 腰方肌、腘绳肌。

提示

　　此练习主要拉伸脊柱及其周围肌肉。用双臂环抱双腿时，手可以放在腿部后侧（大腿和小腿之间的腘窝），也可以放在小腿前侧（先屈曲膝关节，让大腿和小腿靠在一起）。最重要的是要放松脊柱周围的肌肉，尤其是要放松腰部肌肉。

　　此练习的一个变式是将动作做到极限，即将腰部完全抬起，让双脚碰到头顶上方的地面。但此时颈椎会承受身体的大部分重量，容易导致颈椎过度屈曲。

　　＊　在做所有在地面完成的拉伸练习时，都应在地面铺瑜伽垫。不恰当的支撑可能会导致身体受伤。也可以在瑜伽垫上铺一层毛巾，它的作用是吸汗防滑。

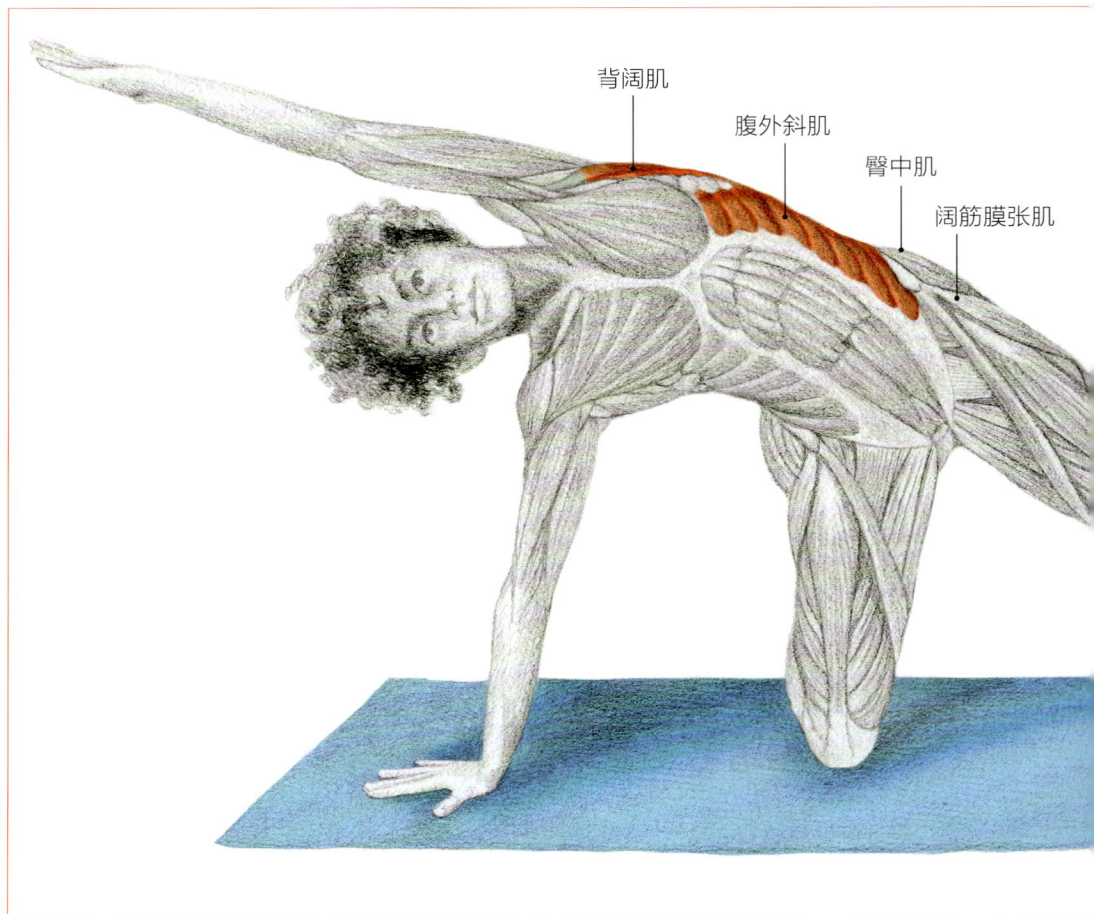

背阔肌

腹外斜肌

臀中肌

阔筋膜张肌

动作要领

　　起始姿势为坐在双脚脚跟上（地面铺瑜伽垫）。然后将一条腿向外伸展，同时抬起同侧的手臂。另一侧的手和膝盖撑在地面上。最后，使抬起的手臂尽量拉伸至最大限度。

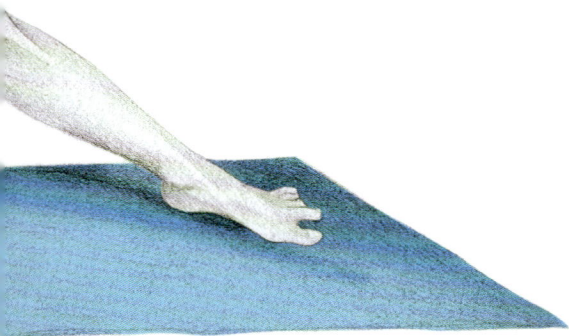

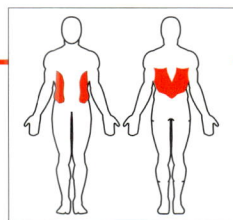

所涉肌肉

主要肌肉： 腹外斜肌、腹内斜肌、背阔肌、腰方肌。

次要肌肉： 臀中肌、阔筋膜张肌。

提示

和以站姿拉伸身体一侧的类似练习（见本章的练习 6 和练习 8）一样，拉伸感应来自整个身体侧面。为了达到最佳拉伸效果，应尽量将上侧的手和同侧的脚最大限度地分开。

瑜伽才是最好的拉伸训练方式吗？并不是。当然，这并不意味着瑜伽不是一种合适的体育锻炼形式，但并非所有的瑜伽练习都对身体有益，有些例外情况在本书中已有说明。同样，并非所有的传统拉伸练习都是值得推荐的。

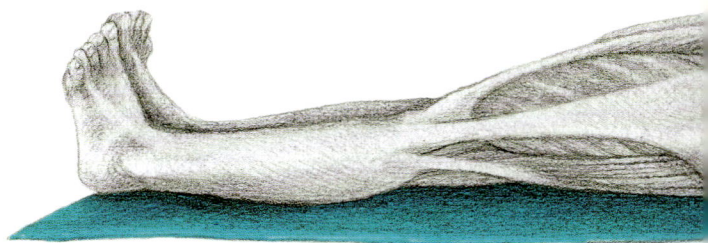

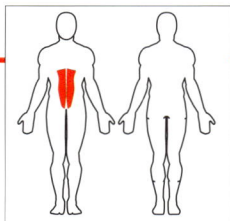

所涉肌肉

主要肌肉：腹直肌。
次要肌肉：腹外斜肌、腹内斜肌、腹横肌、背阔肌。

动作要领

在地上放一个软枕（卷起的毛巾或瑜伽垫也可以），背靠软枕（软枕的位置在腰部）躺在地上。将双臂举过头顶，尽量将全身肌肉拉伸到最大限度。

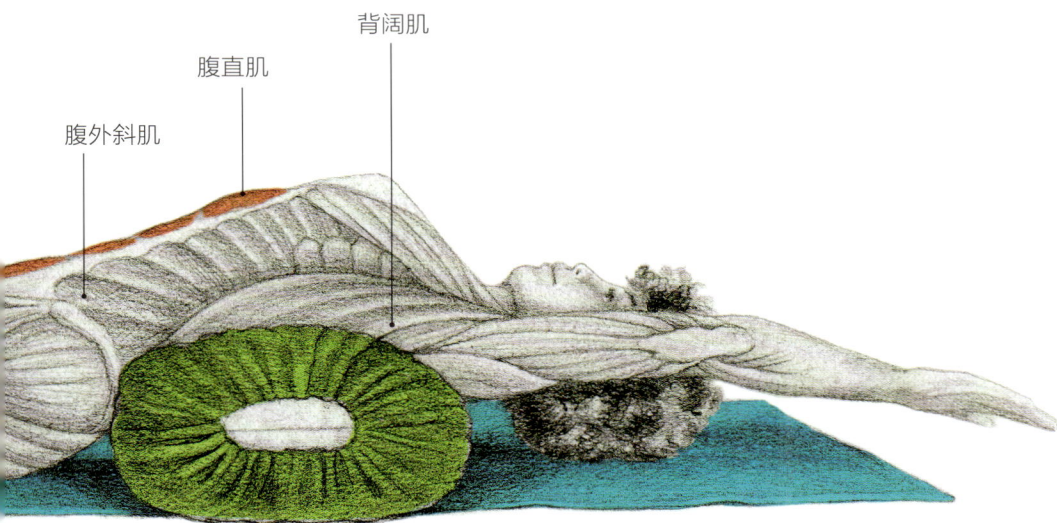

腹外斜肌　　腹直肌　　背阔肌

提示

　　此练习十分简单且动作舒适，非常适合因姿势不当引起脊柱周围肌肉酸痛的人群，即便是行动不便和高龄的人群也可以完成。唯一要注意的是，软枕高度要合适，过高或过低都会使人产生不适，同样也会影响拉伸效果。

　　没有软枕同样可以完成练习，具体做法是：仰卧，双腿屈曲，双脚脚掌踩在地面上，然后将腰部压向地面，拉伸几秒钟后放松。

＊　　有时，我们只有在腰部疼痛时，才会意识到腰部肌肉的重要性。在这种情况下，一个简单的动作，比如将手臂举到身前都会引起腰椎不适。不仅如此，同样的动作还会使原本脚掌应该承受的压力转移到脚趾上（因为我们身体的重心已经发生了改变）。这说明身体的各个部位保持着紧张和放松的平衡，它们紧密相关。

背阔肌

背阔肌

腹外斜肌

腹外
斜肌

腹直肌

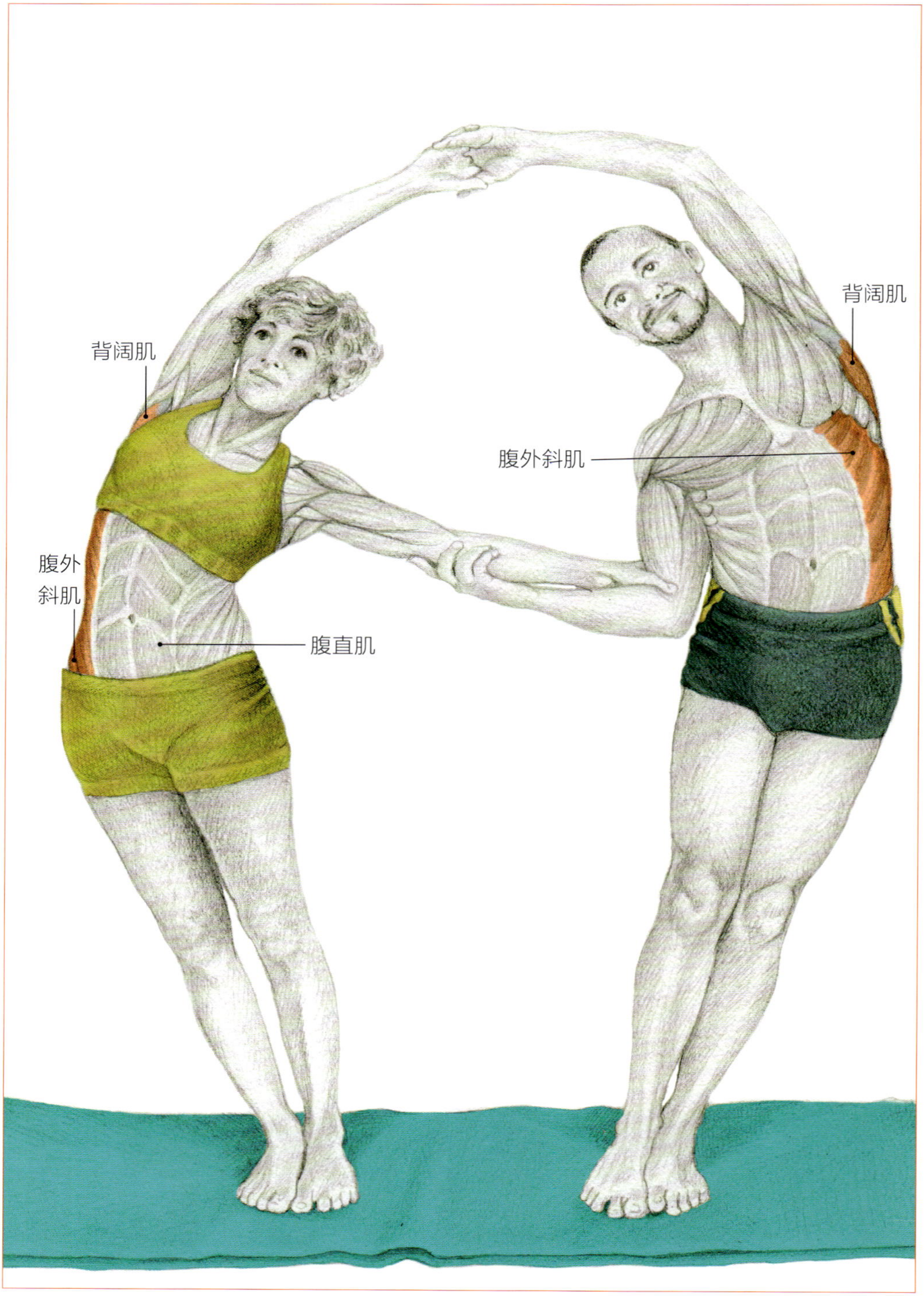

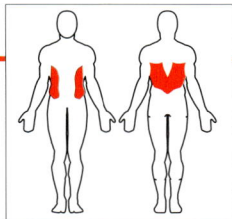

所涉肌肉

主要肌肉： 腹外斜肌、腹内斜肌、背阔肌、腰方肌。
次要肌肉： 腹横肌、腹直肌。

动作要领

　　两个人并肩站在一面镜子前，二人之间距离为一臂宽。俩人互相抓住对方内侧的前臂，然后将外侧的手臂举过头顶并抓住彼此的手。接下来，二人放松身体，缓慢向远离彼此的方向倾斜身体。

提示

　　在这一练习中，最好选择身高和体重相似的同伴，否则练习时会产生不适感且效率会降低。此练习的目的是拉伸整个身体侧面的肌肉，包括腹外斜肌、腹内斜肌、背阔肌、腰方肌等。

　　并非所有的双人练习的效果都比单人练习的好，但是有同伴参与有利于提高你的积极性，从而获得更好的体验。

　　选择与自己的身高和体重相似的同伴固然重要，但更重要的是同伴应与你有相同的训练目的和完成练习的决心。

腹外斜肌

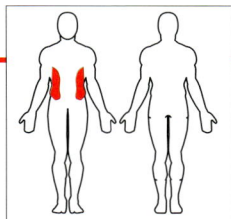

主要肌肉： 腹外斜肌、腹内斜肌。
次要肌肉： 腹横肌、腰方肌。

动作要领

　　练习者跨坐在没有靠背的长凳上（长凳在两腿之间，类似于坐在马鞍上），双手握住一根木棍（或类似物体）举到肩后。辅助练习的同伴站在练习者身后抓住木棍，帮助练习者慢慢向一侧转动身体，直到练习者感觉肌肉拉伸到最大限度为止。接下来让练习者转回正前方并放松身体，然后换另一侧重复动作。

提示

　　由于身体在旋转时肌肉会紧张，因此此练习若没有同伴辅助，则效果不佳。此外，练习者须放松腹部，在旋转身体时呼气，目的是使同伴能够正确地进行辅助。如果没有同伴辅助，练习者可以将双手放在颈后，靠自身力量完成旋转。

　　练习者要用双腿夹住长凳（双腿内收），以稳定髋关节。常见的错误是将木棍靠在颈部，正确方法是将其放在肩部斜方肌上。此外，还应保证在旋转过程中，整个脊柱都在旋转，而不仅是脊柱上半部分在旋转。

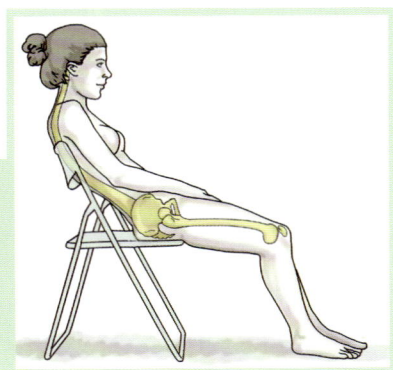

　　右图中这种错误的坐姿会使本来有曲度的腰椎僵直，导致尾椎骨承受身体的全部重量。正确的坐姿是用腘绳肌，尤其是强壮的臀大肌来支撑身体重量。值得注意的是，大部分人一生中三分之一的时间都是坐着度过的，所以我们应该认真学习什么才是正确的坐姿。

213

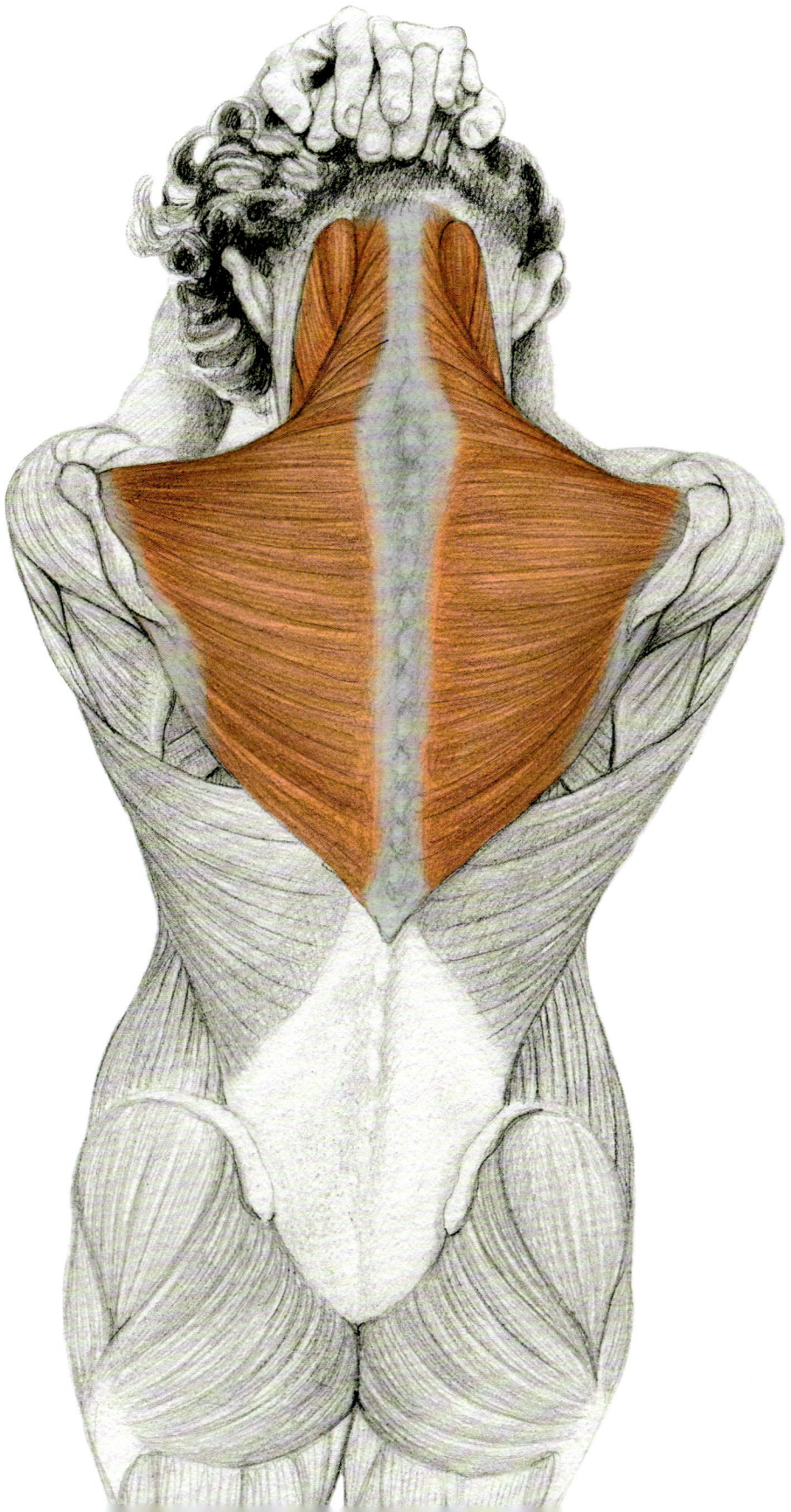

附录 1　活动性评估测试

我们对自己的身体状况（特别是拉伸能力）仅有大致的了解，这对拉伸来说是远远不够的。以下测试可以从统计学角度帮助我们评估自身能力和训练进展。测试的目的并非考查身体每个部位的活动性，而是从总体上衡量身体的活动性，所以我们集中测试人体活动度最高的两个关节：髋关节和肩关节。

如何测试？

测试之前最好先热身，确保在没有受伤风险的前提下获得良好的成绩。所有测试均应遵照说明来完成。有些测试因受试者的性别和年龄差异而有一些变化。

这些测试的适用人群是所有健康的成年人，所以，你不应在疲劳或受伤时进行测试。

如何评估测试结果？

测试评估表根据上百人的测试结果通过统计学方法制作。

最准确的评估方法是进行多项测试并取平均值。共有 4 项测试，每项测试完成 3 次，并记录最佳测试结果。

以第一项测试为例，如果 3 次测试得分分别是 39 分、40 分和 39 分，那么我们记 40 分。对于后面几项测试，我们记录的方法相同。

1. 如果 3 项测试的得分如下：40 分、55 分和 70 分。

2. 将 3 项测试的得分相加：40+55+70=165 分。

3. 然后用总得分除以 3：165/3=55 分。

4. 测试的最终得分取 3 项测试的平均值，即 55 分。也可以将得分用百分比的形式表示，即 55%。

如果你的成绩接近 100 分，那么你的柔韧性要优于一般人群；如果你的成绩在 50 分左右，则表示你的柔韧性属于中等水平。

屈腿深屈体测试

1. 赤脚站立，双脚分开的距离略大于肩宽。

2. 在双脚之间放置一块木板（或类似物体），木板上缘与脚跟在一条直线上。

3. 屈曲髋关节和膝关节，将双臂放在双腿之间，缓慢且连续地向后推动木板。

注意，推动木板时要用双手指尖一起推，动作要在可控范围内，确保指尖始终能触碰到木板边缘。

4. 测量起始位置（脚跟）与木板到达的最远处之间的距离。

5. 完成 3 次测试，取最好成绩。右边的评估表对男性和女性均适用，表中的分数为木板移动距离在 10~55 cm 之间所对应的分数。

屈腿深屈体测试评估表

数值（cm）	分数
10	1
11	3
12	5
13	7
14	10
15	12
16	14
17	16
18	18
19	21
20	23
21	25
22	27
23	30
24	32
25	34
26	36
27	38
28	41
29	43
30	45
31	47
32	50
33	52
34	54
35	56
36	58
37	61
38	63
39	65
40	67
41	70
42	72
43	74
44	76
45	78
46	81
47	83
48	85
49	87
50	90
51	92
52	94
53	96
54	98
55	100

直腿深屈体测试

1. 赤脚站立，双脚分开的距离与肩同宽，站在高于地面 20 cm 的位置。

2. 屈曲上半身，保持膝关节伸直，使手指尽量靠近地面。

3. 测量指尖与地面之间的距离（而非指尖与脚下水平面之间的距离）。

4. 完成 3 次测试，取最好成绩。

直腿深屈体测试评估表（男性）

数值（cm）	分数
50	1
49	3
48	6
47	8
46	11
45	13
44	16
43	18
42	21
41	23
40	26
39	28
38	31
37	33
36	36
35	38
24	41
33	43
32	46
31	48
30	51
29	53
28	56
27	58
26	61
25	63
24	66
23	68
22	71
21	73
20	76
19	78
18	81
17	83
16	86
15	88
14	91
13	93
12	96
11	98
10	100

直腿深屈体测试评估表（女性）

数值（cm）	分数
40	1
39	3
38	6
37	8
36	11
35	13
34	16
33	18
32	21
31	23
30	26
29	28
28	31
27	33
26	36
25	38
24	41
23	43
22	46
21	48
20	51
19	53
18	56
17	58
16	61
15	63
14	66
13	68
12	71
11	73
10	76
9	78
8	81
7	83
6	86
5	88
4	91
3	93
2	96
1	98
0	100

肩部屈伸测试

1. 双手抓住一根木棍（或类似物体）并将其置于大腿上方，双臂处于旋前位置。保持双手握距与肩同宽。

2. 屈曲肩关节，将木棍上举至头顶，然后将木棍举过身后，慢慢向臀部落下。

3. 逐渐增大双手之间的距离，直至身后的木棍到达臀部为止。

4. 记录双手之间的距离，即握距。

5. 握距减去肩宽即为测试结果。右边的评估表对男性和女性均适用。

肩部屈伸测试评估表

数值（cm）	分数
100	1
99	3
98	5
97	7
96	9
95	11
94	13
93	15
92	17
91	19
90	21
89	23
88	25
87	27
86	29
85	31
84	33
83	35
82	37
81	39
80	41
79	43
78	45
77	47
76	49
75	51
74	53
73	55
72	57
71	59
70	61
69	63
68	65
67	67
66	69
65	71
64	73
63	75
62	77
61	79
60	81
59	83
58	85
57	87
56	89
55	91
54	93
53	95
52	97
51	99
50	100

肩关节活动性测试

1. 站立或坐下均可，抬起一只手臂举过头顶，将另一侧的肘部向身后屈曲。

2. 尝试让双手的指尖在背部接触。

3. 记录双手相差的厘米数。下面的评估表给出了数值为 0~24 cm 时对应的分数。如果双手手指可以钩住，则认为数值 <1（即 100 分）。下面的评估表对男性和女性均适用。

肩关节活动性测试评估表

数值（cm）	分数
>24	0
24	4
23	8
22	12
21	16
20	20
19	24
18	28
17	32
16	36
15	40
14	44
13	48
12	52
11	56
10	60
9	64
8	68
7	72
6	76
5	80
4	84
3	88
2	92
1	96
<1	100

附录 2　人体主要关节运动所涉肌肉

肩关节

外展：三角肌、冈上肌、肱二头肌（长头）、前锯肌、斜方肌等。

水平外展：三角肌（后部）等。

内收：背阔肌、大圆肌、胸大肌、肱三头肌（长头）、肱二头肌（短头）、三角肌（前部和后部）、喙肱肌。

水平内收：胸大肌、三角肌（前部）、喙肱肌。

屈曲：三角肌（前部）、喙肱肌、肱二头肌（长头）、胸大肌（上部）、前锯肌。

伸展：背阔肌、三角肌（后部）、大圆肌、肱三头肌（长头）、胸大肌。

旋外：冈下肌、三角肌（后部）、小圆肌。

旋内：肩胛下肌、胸大肌、三角肌（前部）、背阔肌、大圆肌。

肘关节

屈曲：肱二头肌、肱肌、肱桡肌、桡侧腕长伸肌、旋前圆肌、掌长肌、桡侧腕屈肌、尺侧腕屈肌。

伸展：肱三头肌、肘肌。

前臂和手部关节

腕关节屈曲：指浅屈肌、指深屈肌、桡侧腕屈肌、尺侧腕屈肌、掌长肌、拇长屈肌。

腕关节伸展：指伸肌、桡侧腕长伸肌、桡侧腕短伸肌、示指伸肌、拇长伸肌、小指伸肌。

旋后：肱二头肌、肱桡肌、旋后肌、拇长展肌、拇长伸肌、桡侧腕长伸肌。

旋前：旋前圆肌、肱桡肌、桡侧腕屈肌、桡侧腕长伸肌。

腕关节外展：桡侧腕长伸肌、桡侧腕短伸肌、拇长展肌、拇长伸肌、桡侧腕屈肌、拇长屈肌。

腕关节内收：尺侧腕伸肌、尺侧腕屈肌、指伸肌。

髋关节

外展：臀中肌、臀小肌、臀大肌、阔筋膜张肌、缝匠肌、梨状肌、闭孔内肌。

内收：大收肌、长收肌、短收肌、股薄肌、耻骨肌、髂腰肌、臀大肌、股方肌、闭孔外肌、半腱肌。

屈曲：髂腰肌、股直肌、缝匠肌、阔筋膜张肌、耻骨肌、臀小肌（有时还有臀中肌）、大收肌、长收肌、短收肌、股薄肌。

伸展：臀大肌、半膜肌、半腱肌、股二头肌（长头）、臀中肌、大收肌、梨状肌。

旋外：臀大肌、股方肌、臀中肌（背面）、闭孔内肌、髂腰肌、股二头肌（长头）、大收肌、缝匠肌、梨状肌。

旋内：半腱肌、半膜肌、臀小肌、阔筋膜张肌、大收肌、耻骨肌、臀中肌。

膝关节

伸展：股四头肌、臀大肌、阔筋膜张肌。

屈曲：半膜肌、半腱肌、股二头肌、股薄肌、腓肠肌、缝匠肌、腘肌、阔筋膜张肌。

旋外：股二头肌、阔筋膜张肌。

旋内：半膜肌、半腱肌、股薄肌、腘肌、缝匠肌。

脚踝和脚部关节

背屈：胫骨前肌、趾长伸肌、第三腓骨肌、踇长伸肌。

跖屈：腓肠肌、比目鱼肌、腓骨长肌、腓骨短肌、趾长屈肌、胫骨后肌、踇长屈肌。

附录 3　人体主要关节的正常活动度

　　以下数据是经过数百名受试者测试后得出的标准数值。但如果你的关节活动度与之相差较大也并不一定意味着你的关节存在问题，例如肌肉量较大的人在屈曲关节时，由于肌肉之间的间隔较小，所以其关节活动度就较小。

肩关节

外展：60°（肩胛骨－肱骨区），120°~180°（肩关节的其他部位）。

水平外展（肩关节屈曲）：30°。

内收：0°（紧挨身体时），30°~45°（轻微屈曲时）。

水平内收（屈曲时）：140°。

屈曲：45°~50°。

伸展：50°。

旋外：80°。

旋内：30°。

肘关节

屈曲：145°（主动屈曲时），160°（被动屈曲时）。

伸展：0°。

前臂和手部关节

手腕屈曲：85°。

手腕伸展：85°。

旋后：90°。

旋前：85°。

尺骨屈曲 / 手腕外展：15°。

桡骨屈曲 / 手腕内收：50° 左右。

髋关节

外展：30°~180°。

内收：0°，30°（伴有屈曲或伸展）。

屈曲：90°（膝关节伸直时），145°（膝关节屈曲时）。

伸展：20°（膝关节伸直时），10°（膝关节屈曲时）。

旋外：60°。

旋内：35°。

膝关节

伸展：0°。

屈曲：140°（主动屈曲时），160°（被动屈曲时）。

旋外：40°。

旋内：30°。

脚踝和脚部关节

背屈：30°。

跖屈：50°。

附录 4　术语表

以下对术语的解释有助于读者理解本书讲解的内容。部分释义摘自《西班牙皇家语言学院词典》，并经本书作者修改，以便读者更好地理解。

错位：脱位，即骨骼或关节从其位置脱出。

关节：骨与骨之间的连接，一般可以活动。

关节活动度：关节由最大程度的伸展到最大程度的屈曲所覆盖的活动角度范围。

冠状面：与矢状面和水平面互相垂直，将人体分为前后两部分的切面。

过度屈曲：屈曲角度超过正常范围。

过度伸展：伸展角度超过正常范围。

回旋：运动环节在水平面内绕其本身的垂直轴旋转的运动。由前向内的旋转称为旋内，由前向外的旋转称为旋外。

肌纤维：即肌细胞，因其形状细长，所以又称肌纤维。

脊柱后凸：脊柱向后偏离中线的一种脊柱畸形。

脊柱前凸：脊柱向前偏离中线的一种脊柱畸形。

拮抗肌：与原动肌作用和运动方向完全相反的肌肉。原动肌是指直接参与完成动作的肌肉。

近端：四肢靠近躯干的一端。

内收：使四肢靠近躯干中心所在的平面（该平面将人体分成左右对称的两部分）的运动。通常指手臂靠近躯干或一条腿靠近另一条腿。

屈曲：使关节弯曲的运动。从人体解剖学角度来说，指身体正面各部位的相互靠近（腿部除外，腿部是背部相互靠近）。

人体标准解剖学姿势：身体直立、双眼向前平视、双脚并拢、足尖朝前、上肢下垂于躯干两侧、掌心朝前的姿势。

柔韧性：人体各关节的活动幅度，即关节的肌肉、肌腱和韧带等软组织的伸展能力。

伸展： 使弯曲的关节展开的运动。

矢状面： 前后方向将人体分成左右两部分的切面。该切面与水平面和冠状面互相垂直。

水平面： 与矢状面和冠状面互相垂直，将人体分为上下两部分的切面。

撕裂： 因急剧或强烈的牵拉和扭转外力导致身体组织破碎的过程。肌肉撕裂通常由剧烈运动或过度拉伸导致。

四肢贴地： 双手和双脚或双膝着地的姿势。

外展： 使四肢远离躯干中心所在的平面的运动。通常指手臂远离躯干或一条腿远离另一条腿。

萎缩： 肢体活动减少引起的横纹肌营养不良、肌肉缩小、肌纤维变细甚至消失的症状。

协同肌： 配合原动肌使其更好地发挥作用的肌肉。

旋后： 转动前臂，将手从里向外旋转，使掌心朝上的运动。就像将食物从桌子上拿到嘴里的动作。

旋前： 转动前臂，将手从外向内旋转，使手背朝上的运动。就像准备从桌子上取东西的动作。

远端： 四肢远离躯干的一端。

中立位： 站立时双臂自然下垂、掌心朝向大腿的姿势。在此姿势下，前臂介于旋前位和旋后位之间。

组： 在一项特定的练习中，将一个动作连续重复一次或几次称为一组。

附录 5　练习总表

胸部肌群

1. 单臂固定转体胸部拉伸
2. 推式胸部拉伸
3. 手臂后伸胸部被动拉伸
4. 手臂后伸胸部主动拉伸
5. 趴式胸部拉伸
6. 蝴蝶机胸部被动拉伸
7. 颈后胸部辅助拉伸
8. 手臂后伸胸部辅助拉伸
9. 仰卧胸部辅助拉伸
10. 俯卧胸部辅助拉伸

背部肌群

1. 正握悬吊拉伸
2. 扶杆侧向背部拉伸
3. 双臂上举背部拉伸
4. 四肢贴地祈祷式拉伸
5. 趴式背部拉伸
6. 双手抱头弓背拉伸
7. 手臂前伸弓背拉伸
8. 双人压肩拉伸

颈肩部肌群

1. 单臂内收肩部拉伸

2. 手臂颈后上下交叉拉伸
3. 长凳背后撑体拉伸
4. 单臂固定转体肩部拉伸
5. 平行杠下悬拉伸
6. 肩关节外旋拉伸
7. 手臂体后内收拉伸
8. 头部侧屈拉伸
9. 头部前屈拉伸
10. 头部后仰拉伸
11. 头部旋转拉伸
12. 头颈部前屈拉伸
13. 头颈部侧屈拉伸

上臂肌群

1. 直肘单臂拉伸
2. 手臂上举拉伸
3. 单膝跪地手臂体后拉伸
4. 反握悬吊拉伸
5. 手臂被动拉伸
6. 手臂头上拉伸
7. 手臂旋前拉伸

前臂和手部肌群

1. 十指交叉手臂体前拉伸

2. 手贴墙壁拉伸

3. 双手合十胸前拉伸

4. 体侧直肘屈腕拉伸

5. 体前直肘屈腕拉伸

6. 手指背屈辅助拉伸

7. 手指掌屈辅助拉伸

8. 手指分离拉伸

9. 直肘手腕内收拉伸

10. 直肘手部旋前拉伸

下肢肌群

1. 站姿大腿前侧拉伸

2. 弓步大腿前侧拉伸

3. 俯身大腿后侧拉伸

4. 坐姿体前屈腿部拉伸

5. 肋木架小腿后侧拉伸

6. 弓步小腿后侧拉伸

7. 屈膝小腿后侧拉伸

8. 坐姿单腿拉伸

9. 足底屈曲小腿拉伸

10. 跪姿后仰大腿前侧拉伸

11. 前弓步压腿拉伸

12. 仰卧单侧屈膝提髋拉伸

13. 仰卧髋关节旋转拉伸

14. 站姿髋关节内收拉伸

15 坐姿单侧臀部拉伸

16. 劈叉式拉伸

17. 坐姿髋关节外展拉伸

18. 趴式髋关节外展拉伸

19. 侧压腿拉伸

20. 对脚盘坐拉伸

21. 蹲姿臀部拉伸

22. 脚部屈肌拉伸

23. 脚趾分离拉伸

24. 踝关节旋转拉伸

25 仰卧屈髋屈膝辅助拉伸

26. 俯卧屈膝辅助拉伸

27. 仰卧单侧屈髋辅助拉伸

28. 仰卧单腿外展辅助拉伸

29. 后抬腿辅助拉伸

腰腹部肌群

1. 趴式腹部拉伸

2. 站姿腹部前倾拉伸

3. 手臂固定侧向拉伸

4. 跪姿后仰腹部拉伸

5. 仰卧单侧扭转拉伸

6. 站姿侧向倾斜拉伸

7. 仰卧侧向倾斜拉伸

8. 三角式拉伸

9. 猫式拉伸

10. 仰卧蜷缩式拉伸

11. 侧撑式拉伸

12. 仰卧脊柱后弯拉伸

13. 双人侧向倾斜拉伸

14. 辅助转体拉伸